Am - MA - C - 58

MEXICO AUJOURD'HUI

la plus grande ville du monde

Dans la même collection

— Crise de l'habitat et perspectives de co-développement avec les pays du Maghreb.

coordonné par L. QASMI.

— L'innovation dans l'industrie indienne des matériaux de construction.

F. DOST, J.-C. LAVIGNE.

— Construire en bois dans les pays en développement.

P. RABAROUX.

— Quelles politiques économiques pour la construction dans les pays en développement.

coordonné par F. DE VESVROTTE.

ISBN : 2-86600-345-4

Claude BATAILLON
Louis PANABIÈRE

Mexico aujourd'hui

la plus grande ville du monde

Ouvrage publié avec le concours
du Centre Régional des Lettres de Midi-Pyrénées

PUBLISUD

1 De l'exotisme à la prospective
Les villages inclus dans la ville gardent leurs processions (ici, Semaine Sainte). Tradition? L'homme de tête a son talkie-walkie en main. Les soldats romains sont à cheval, le policier aussi.

ABORDER LA VILLE

Mexico ne cessera jamais de fasciner -nous même mais aussi ses propres citoyens- par son double visage : cette plus grande ville du monde est à la fois un fruit du nouveau monde, aux portes de la technologie des Etats Unis qui seule a permis, pour le pire ou le meilleur, cette croissance sans frein. C'est la fille de New York et de Houston. C'est aussi la plus historique des grandes villes "latines", la seule qui plonge dans un passé indien qui n'a jamais cessé de l'alimenter, la plus grande ville du nouveau monde colonial pendant deux siècles : ville du métissage culturel et d'une sociabilité traditionnelle toujours vivante dans le quotidien et dans les liens sociaux qui ne cessent de se recréer au sein d'une mémoire collective.

De l'exotisme à la prospective

Avant d'analyser le phénomène urbain dans le champ d'expérience que constitue pour nous la ville de Mexico, il convient de définir et de préciser la perspective qui doit guider notre regard. S'il veut mieux comprendre la réalité latinoaméricaine, s'il veut mieux en faire son profit, il est indispensable que l'Européen adopte une nouvelle optique afin de ne pas s'égarer dans des interprétations fallacieuses. L'Amérique latine a été trop longtemps pour le "Vieux Monde" le lieu de l'exotisme, le "spectacle" hors de notre réalité, tour à tour paradis possible d'Eldorado et pitoyable sous-développement, mais toujours images plus ou moins projetées. Il est temps maintenant de lui reconnaître un autre statut.

Au cours d'une table ronde au Colegio Nacional de Mexico, en 1971, Octavio Paz déclarait : "Dans le discours historique et philosophique de l'Occident, l'Amérique fut considérée, alternativement avec honneur et convoitise, comme un *Corps* . Mais le Corps, nous le savons désormais, est aussi un langage". Il est temps pour nous de convenir que l'Amérique latine n'est plus à regarder pour rêver, mais à écouter pour réflechir et agir. Elle nous parle, et pas seulement d'elle, mais aussi de nous-mêmes, de nous tous. "Maintenant, nous sommes contemporains de tous les hommes" écrivait encore Octavio Paz, et il faut prendre à la lettre cette assertion. Les phénomènes sociaux et culturels de ce continent nous concernent, ils doivent être pour nous l'image amplifiée d'une dynamique

1

de civilisation dans une société mondiale en mutation dont les effets sont des leçons plus que des événements extrinsèques. Les problèmes universels sont là-bas aiguisés, les bouleversements sociaux, les remises en question culturelles y sont grossies parce que le substrat traditionnel, à cause des metissages d'hommes et de cultures, y est moins pesant et freine moins la dynamique des nouvelles mutations.

Le phénomène urbain en est un clair exemple. L'urbanisation effrenée, l'univers de la ville et des problèmes qu'elle pose aux hommes et aux Etats ne sont pas des réalités spécifiques de l'Amérique latine. Elles nous concernent tous.

Certes, nos villes d'Europe, mais aussi d'Amérique du Nord ou du Japon n'ont pas connu des rythmes de croissance comparables à ceux de Mexico et les connaîtront de moins en moins. Mais d'une part l'image urbaine de l'Amérique latine préfigure celle de l'Afrique et de l'Asie des prochaines décennies, situation qui va concerner la majorité de l'humanité avec laquelle nous coexistons déjà. Mais aussi d'autre part même sans forte croissance nous risquons de connaître les pathologies du déracinement et de l'anonymat, tout comme nous pouvons témoigner auprès de nos voisins d'Amérique latine de ce qui chez nous fait ici et là qu'une ville, un quartier, reste ou redevient un lieu de vie à notre échelle d'homme.

Pourtant dans ces pays ce fait social acquiert une telle dimension, se manifeste avec une telle outrance que nous pouvons y considérer le paradigme de ce que nous risquons de devenir, de ce qui nous menace. L'Amérique latine n'est plus, comme elle l'a été longtemps, un continent "arriéré", pour le meilleur et pour le pire ; elle est à l'évidence l'image possible de notre avenir. Le regard que l'on porte sur elle doit nous éclairer tout autant sur nous-mêmes. Les questions qu'elle nous pose sont aussi nos questions, ses problèmes seront nos problèmes.

Il n'est pour s'en convaincre que de considérer les aspects du phénomène urbain qui vont nous occuper tout au long de notre analyse. La prolifération cancéreuse et la plupart du temps sauvage d'une métropole, la centralisation abusive qui cause d'irrémédiables congestions, la démographie durablement incontrôlée et peut être incontrôlable, un milieu écologique de plus en plus délétère : tels sont les aspects géographiques de la ville de Mexico, la plus grande du monde ; mais ils sont aussi les réalités qui se profilent à l'horizon de toute évolution dans le monde contemporain.

2

Quant aux aspects humains et sociaux, pouvons-nous nous permettre de considérer avec détachement les problèmes de l'emploi posés par les fortes densités migratoires dans la ville, la violence et l'éclatement du noyau traditionnel familial qui en résultent ? Si Mexico nous en présente une image exacerbée, nous ne pouvons à l'évidence considérer cette image autrement que comme une menace.

D'autre part encore, pour ce qui est des conflits institutionnels et de gestion administrative, les problèmes pratiques d'organisation de la vie quotidienne : l'embouteillage des services, la nécessité de nouveaux contrôles, le statut de l'individu dans la collectivité, les approvisionnements et l'alimentation problématiques à cause des phénomènes de concentration et de saturation, le déséquilibre dans la relation ville-campagne sont autant de préoccupations qu'avec un peu de lucidité nous ne pouvons que partager.

Dans le domaine de la culture enfin, pouvons-nous être indifférents aux nouvelles modalités de communication, aux nouveaux mythes, symboles et univers imaginaires qui modifient l'homme urbain et orientent son comportement ? La mégalopole de México D.F. est la matérialisation d'un espace nouveau et d'un temps modifié. La perception de cet espace et de ce temps est la perception amplifiée de notre futur proche. C'est pourquoi notre étude et notre analyse doivent être considérées comme un regard prospectif. Elles nous permettront de connaître, dans la mesure de notre information et de nos possibilités, le visage pluriel de l'énorme capitale, mais surtout de dégager pour nous des éléments de prévision, de faire la lumière sur des questions indispensables, de corriger des perspectives sur d'autres et sur nous-mêmes. Notre finalité n'est pas de présenter un tableau de moeurs lointaines à des spectateurs curieux, mais plutôt de mettre des citoyens attentifs à l'écoute d'un avenir tout proche. Tel doit être le sens de notre travail et la valeur des considérations que nous serons amenés à présenter.

Notre vision de la plus grande ville du monde est nécessairement critique : ce rythme de croissance, ces dimensions gigantesques présentes et futures, nous les voyons négativement. Rappelons nous que c'est une mode récente que nous mêmes, comme les citoyens éclairés de Mexico, adoptons. Encore en 1970, en 1975 même, ceux-ci affirmaient leur puissance comme un record de l'optimisme. Bien des ambiguités subsistent encore entre ceux qui manifestent un désir de freiner pour les autres plus que pour eux-mêmes, ceux qui pratiquent un fatalisme devant l'inévitable et ceux qui croient qu'encore maintenant leur puissance et leur bien être dépendent d'une croissance qui seule oblige l'Etat mexicain et peut être aussi la communauté financière internationale, à subventionner plus que jamais ce qu'il est sans cesse plus difficile de gérer, à des coûts sans cesse croissants. On ne saurait juger au bout de trois ans seulement les effets de la politique du gouvernement de De la Madrid pour freiner cette croissance. En tout cas il a été puissamment aidé dans ce sens par la crise de 1982 à laquelle est venu s'ajouter le tremblement de terre de 1985. L'événement a fait en tout cas que ce freinage semble enfin admis comme une nécessité par de larges secteurs de l'opinion.

Les faits et les résonnances

Lorsque Michel Serres (*) veut souligner l'importance de la culture et des légendes pour la connaissance d'une civilisation, il utilise l'exemple de Cacus dans la mythologie romaine. Le pâtre Cacus vole des boeufs à Hercule, et pour ne pas être découvert, il entraîne les bêtes à reculons dans une caverne, afin que leurs traces, tournées vers l'extérieur, empêchent Hercule de les retrouver. Celui-ci est trompé par le stratagème et s'apprête à renoncer. A ce moment les boeufs mugissent et Hercule les trouve. "Les traces ont trompé Hercule et les mugissements l'ont détrompé... Il lit un texte qui le rend incertain et confus, il ouït des sons qui le ramènent au lieu d'où les traces l'avaient chassé".

Loin de nous la pensée d'exclure les "traces" pour la recherche de la vérité pour n'en retenir que le "son". Nous voudrions simplement en souligner la complémentarité. Actuellement, dans le champ des Sciences Humaines, on a coutume de distinguer, de façon plus ou moins explicite, des sous-ensembles qui sépareraient les sciences humaines exactes de la culture et de la littérature, en conférant en quelque sorte plus de crédibilité dans la connaissance aux faits et aux statistiques qu'aux symboles et aux mythes.

(*) Michel SERRES : *Rome, le livre des fondations*, Grasset, Paris, 1983.

4

Notre propos n'est pas de défendre la pertinence de l'une ou de l'autre méthode d'approche. Au contraire, il nous semble plus efficace d'essayer de les associer à part égale, ce qui n'est pas fréquent. L'observation minutieuse des phénomènes est tout aussi partielle que l'écoute des résonances symboliques d'un milieu. Les deux réalités, l'une institutionnelle et tangible, l'autre imaginaire et littéraire doivent être juxtaposées, leurs interférences reconnues si l'on ne veut pas avoir une vision dichotomique d'un phénomène. Les échos culturels ont autant d''importance révélatrice que les traces mesurables pour une connaissance plus vraie. Les deux faces d'une civilisation ne devraient pas être séparables.

L'énorme mutation qu'est en train de vivre Mexico ne se traduit pas simplement par le bouleversement des données démographiques, écologiques et sociales. Elle est aussi une transformation radicale de l'homme, de ses désirs et de ses expressions, de ses images et de ses rêves, de sa perception du contexte dans lequel il doit vivre. La résonance du phénomène urbain est plus que jamais essentielle pour la compréhension de l'ampleur du constat et de ses conséquences. La vérité scientifique doit être analysée et mesurée ; elle doit être également complétée par ses reflets dans les mentalités. Les deux champs d'analyse sont en osmose, le signe doit parfaire les données du réel et leur donner un sens.

C'est pourquoi nos démarches vers une connaissance de la capitale mexicaine actuelle seront conjointes. Il conviendra bien sûr de tracer les contours du nouveau cadre de vie que représente cette gigantesque agglomération, dans les chiffres et dans sa matérialité. Mais il sera aussi indispensable de considérer comment elle est perçue par ceux qui l'habitent, quel est le sens qu'ils lui donnent et les images d'existence qu'elle fait naître. La croissance démesurée se traduit par des faits et des chiffres, par des phénomènes démographiques et sociologiques, mais elle s'exprime également par des remises en questions culturelles et littéraires qui les mettent en lumière et permettent d'en mesurer les facteurs d'altération de l'individu et de sa perception de l'Autre.

Les problèmes cruciaux posés par l'adaptation des services et de l'administration sont autant de symptomes concrets d'une pathologie de la grande ville ; mais leur dramatisation mediatique et littéraire nous en dit la portée dans le comportement individuel, en dénonce la source de névroses et de conduites marginales. La vie quotidienne, travail, éducation, loisirs et alimentation, a une dimension urbaine quantitative qu'il est indispensable de déterminer ; son écho littéraire devrait donner de la couleur à ce qu'elle représente. De plus, on ne peut négliger le fait qu'un nouvel espace culturel se construit, que la communication acquiert des caractères spécifiques, et c'est l'institution imaginaire qui nous permettra d'en évaluer la teneur à travers les mythes et les modèles nouveaux. D'autre part, la configuration particulière du tissu urbain, de l'occupation des sols et de la politique d'organisation de l'habitat entraîne une vision nouvelle de l'espace ou des espaces ainsi qu'une remise en question des relations de pouvoir entre les autorités urbaines et l'individu.

Pour finir, les nouvelles interférences entre les modes urbains dominants et ruraux dépendants se reflètent parfaitement dans les productions culturelles. En un mot, de même que la réalité est indispensable à la fiction, il nous a paru essentiel de considérer la fiction comme complément indispensable de connaissance de la réalité. Cela, bien sûr, dans la mesure où le signe culturel n'infléchit ni ne voile l'expérience la plus objective possible des faits et de leur incidence. Qu'il nous suffise de croire, avec Cornelius Castoriadis, que : "L'institution est un réseau symbolique, socialement sanctionné, où se combinent en proportions et en relation variables une composante fonctionnelle et une composante imaginaire". (*L'Institution imaginaire de la Société* , Le Seuil, Paris, 1975).

Une image où Mexico et le Mexique coïncident une fois de plus s'est affirmée plus que jamais lors du *Mundial* de Juin 1986. Celle d'un pays -d'une ville- où les media, point de jonction avec la technologie mondiale, assurent une image de soi qui existe plus que tout dans la vision que les autres ont de ce que je suis, et que je produis à fin de leur donner à voir ce qu'ils attendent de moi.

Accoucher du Mundial neuf mois après le tremblement de terre, c'est confier à Televisa l'image de la ville, celle de la cohésion nationale, celle du folklore que les étrangers attendent, non pas tant pour les 100 000 spectateurs du Stade Aztèque, mais surtout pour les deux milliards de téléspectateurs qui pendant deux heures de finale ont arrêté leur vie.

La technique a bégayé pendant quelques jours, son ou image au choix ? C'est qu'à Mexico on sait faire fonctionner la technologie moderne, pour la télévision comme pour l'eau ou le métro, mais toujours à la limite de la rupture, entre l'exploit et la négligence. Le pari de la sécurité, devant lequel la Colombie a jeté l'éponge et qui donne tant de frissons aux Européens ? Il a été gagné par les 40 000 policiers et soldats, seule contribution de l'Etat mexicain à l'Evénement, dans ce pays où l'ordre public, lui aussi toujours au bord de la rupture, est un impératif fondamental dans la règle du jeu des relations avec les Etats Unis. Mexico gagne son pari, elle ne *peut* pas atteindre le basculement ?

Ici deux étrangers écrivent sur ce qu'ils aiment. Voit-on mieux de loin, de biais, mieux qu'on ne le peut en vivant immergé dans une réalité avec laquelle on coexiste en permanence ? Disons ce qu'est la tension, parfois extrême, de liens sans cesse distendus et recréés dans un monde de l'amitié, de souvenirs ressassés de loin, confrontés à nouveau tant de fois avec une réalité qui ne cesse de changer mais dont les racines sont à l'intérieur de nous : de quoi oser dire deux ou trois choses que nous savons d'elle. L'un et l'autre des auteurs ont tantôt vécu, tantôt voyagé dans cette cité, du début des années 1960 au milieu des années 1980. Etrangers certes, ils s'y sentent souvent, ils s'y croient parfois chez eux.

Août 1985 - Août 1986

7

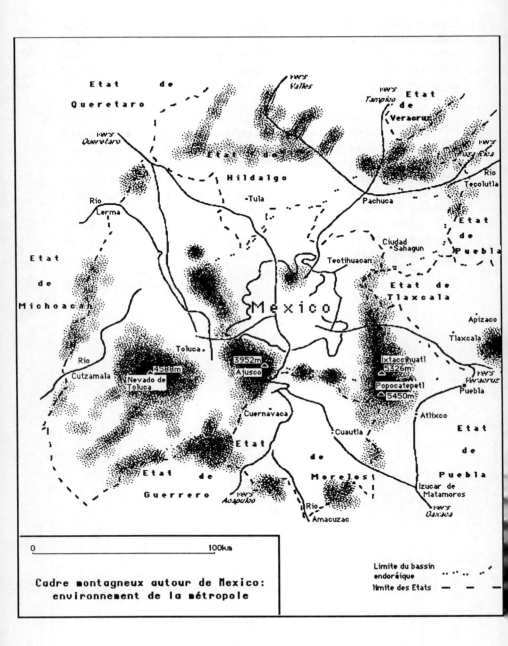

Cadre montagneux autour de Mexico:
environnement de la métropole

0 ———————————— 100km

Limite du bassin
endoréique ...··..·'
limite des Etats — — —

8

CHAPITRE I

QU'EST-CE QUE MEXICO ?

CADRE NATUREL ET OCCUPATION TRADITIONNELLE (*)

Parmi les grandes métropoles latino-américaines, Mexico est la seule située au coeur du continent, dans un bastion de hautes terres. Les autres -Buenos Aires, Rio de Janeiro, Sao Paulo- sont situées soit sur la côte Atlantique, soit à proximité de celle-ci. Certes, les Etats des Andes ont parfois pour capitale une ville de montagne : Bogota en Colombie, Quito en Equateur. On ne saurait comparer à Mexico ces villes de dimensions plus modestes. De plus, ces dernières ont, certes, un passé précolonial, mais la véritable capitale incaïque des Andes, le Cuzco, a été détrônée à l'époque coloniale par Lima, ville de la plaine côtière Pacifique. Au contraire, Mexico est l'héritière directe de Tenochtitlan, capitale de l'empire aztèque. Cette implantation au coeur des hautes terres de peuplement indien oblige à examiner de près un site original et son exploitation au cours des cinq dernièrs siècles.

Il y a en effet là un espace exploité dans tous ses détails depuis sans doute plus de six siècles, cas exceptionnel en Amérique. Chaque lieu, chaque source y a une histoire longue. Pas d'endroit qui ne soit chargé d'un sens connu anciennement.

Cadre naturel

Le cadre naturel dans lequel s'inscrit la ville de Mexico et, à l'heure actuelle, également ses banlieues et ses annexes, est remarquable par sa variété : les contrastes d'altitude, mais aussi la nature des sols offrent des

(*) Divers éléments de ce dévéloppement sont repris de : C. Bataillon et H. Rivière d'Arc, *Les grandes villes du monde : Mexico* , La documentation française, 1973. Traduction espagnole : *La ciudad de México* , Sepsetentas n° 99, 1973.

possibilités très différentes d'un point à un autre, tant pour l'occupation agricole, qui fut prédominante jusqu'aux récentes décennies, que pour les usages urbains ou récréatifs dont l'importance est définitivement prédominante.

Mexico se trouve, en effet, située dans un bassin au fond plat, à l'altitude approximative de 2 250 mètres, limité, sauf vers le nord, par des ensembles montagneux volcaniques vigoureux, qui culminent entre 4 000 et plus de 5 000 mètres. Le bassin de Mexico se trouve flanqué, à l'ouest comme à l'est, par deux autres bassins assez comparables tant par leur altitude que par leur cadre montagneux, celui de Toluca et celui de Puebla.

Terres tempérées et terres froides

Au sud du bassin de Mexico, comme de ses voisins, les altitudes s'abaissent au-dessous de 1 500 mètres dans un ensemble de bassins, vallées ou piémonts. A ces derniers correspond un climat tiède et une saison de pluies estivales atténuées, propres aux terres tempérées, par opposition avec les hauts bassins, où le gel est possible la nuit pendant plusieurs mois d'hiver et où les pluies estivales durent au moins cinq mois et sont plus fortes : ce sont les terres froides, aux possibilités agricoles plus limitées, mais aussi plus saines et en particulier exemptes de malaria.

Les terres tempérées présentent leurs meilleures possibilités agricoles au sud de Mexico, dans l'Etat de Morelos : vastes plans inclinés de sols alluviaux enrichis par les cendres volcaniques, pourvus de souces régulièrement alimentées grâce aux réservoirs des roches calcaires ou volcaniques, donnant des cours d'eau utilisables pour une irrigation par gravité.

Les terres froides forment trois bassins, eux aussi capables d'accueillir une agriculture grâce à l'humidité des sols entretenue par une saison des pluies suffisante. Ici aussi les cendres volcaniques donnent des sols fertiles et légers. Le bassin de Puebla possède les plus vastes labours, tandis que celui de Toluca, à 2 600 mètres, connaît des gelées plus durables. En outre, ce dernier, mal drainé, est occupé, en son centre, par les marécages du Rio Lerma. Le bassin de Mexico, entre les deux précédents, à la même altitude que celui de Puebla, connaît, cependant, des limitations au développement de son agriculture : c'est une cuvette endoréïque, dont les eaux se déversent dans le lac de Texcoco : la partie centrale de celui-ci concentre une forte teneur en sel et en natron, et son niveau naturel change au gré de l'abondance des pluies saisonnières.

Enfin, les montagnes sont boisées jusque vers 4 000 mètres et couvertes de névés et de glaciers au-dessus de 4 800 mètres. Les forêts mélangent aux chênes et aux autres feuillus : des conifères, pins et sapins.

La valeur de ces divers milieux a beaucoup changé au cours des cinq derniers siècles : selon leur densité, leurs techniques agricoles, leur capacité d'organiser des espaces plus ou moins vastes par leur administration et leur commerce, les groupes humains ont exploité, mis en valeur, privilégié tel ou tel aspect.

Occupation précoloniale

Nous connaissons, naturellement de manière incomplète, la situation de la région de Mexico avant l'arrivée des Espagnols (1519), malgré l'abondance de descriptions des conquérants émerveillés, les nombreuses chroniques indigènes, les cartes des *Codex* , et les restes archéologiques de mieux en mieux reconnus.

Les bassins de terre froide étaient, assurément, les plus peuplés: en se fondant sur des études prudentes, on peut attribuer à ceux-ci une densité moyenne de 40 habitants au kilomètre carré (mais certains auteurs envisagent des chiffres s'élevant jusqu'à cent). La culture du maïs prédominait, associée au haricot et à la courge, sur des champs utilisant aussi bien les terres humides des fonds que les versants de collines souvent aménagés en terrasses pour mieux retenir l'eau des pluies.

Les montagnes boisées n'avaient sans doute guère d'usages, mise à part l'exploitation du bois pour la construction ou le chauffage, pour la ville de Tenochtitlan en particulier. Mais les terres froides des collines, impropres aux cultures de maïs, ou les bords des terrasses de culture, servaient à cultiver une agave, le *maguey*, dont la sève fermentée permet la fabrication d'une boisson analogue au cidre, le *pulque*.

Dans le seul bassin de Mexico, les marécages des lacs d'eau douce étaient aménagés en une série de terres-pleins ou plates-bandes cultivées, séparées de canaux navigables en pirogue, l'ensemble portant le nom de *chinampas* : celles-ci occupaient la portion occidentale du lac de Texcoco ainsi que les lacs méridionaux (Xochimilco, Chalco). Ces jardins "flottants" permettaient des cultures intensives, de légumes certes, mais aussi de fleurs, dont l'importance était grande dans les cérémonies religieuses de Tenochtitlan. Les autres bassins (Puebla, Toluca) semblent n'avoir connu, comme production intensive, que des cultures de décrues plus rudimentaires, en bordure des cours d'eau ou des marécages.

Les terres tempérées, dans le Morelos actuel en particulier, étaient utilisées, outre la polyculture vivrière fondée sur le maïs partout présent, pour des cultures irriguées très spéciales : sans doute du coton, mais certainement du cacao, qui jouait dans l'économie aztèque à la fois le rôle de boisson de luxe, de produit rituel et de monnaie dans le règlement des échanges commerciaux.

Ainsi cette économie agricole très évoluée, tant pour le cacao que pour les cultures de *chinampas*, dépendait d'une vaste organisation, politique et commerciale, dont le centre était la capitale de l'empire aztèque, Tenochtitlan. Il nous faut comprendre à la fois la dimension de cet édifice politique, l'importance numérique de cette capitale et la raison de son implantation au coeur de cet Anahuac, terre au bord de l'eau, au coeur des montagnes volcaniques.

Héritiers d'autres empires, ou tout au moins de vastes organisations religieuses capables de construire les pyramides de Teotihuacan ou de Tula, les Aztèques sont des tard venus. Dans une région sans doute déjà acquise en partie à la langue *nahua* (la leur), les Aztèques se présentent, dans les chroniques, comme un petit peuple guerrier, venu de la marge septentrionale où le Mexique, peuplé de paysans, côtoie les populations de chasseurs et collecteurs guerriers (les Chichimèques). La pérégrination des conquérants les fait aboutir dans le bassin de Mexico vers 1267. Celui-ci est fort peuplé, organisé en principautés rivales : tantôt asservis ou utilisés comme mercenaires, tantôt réfugiés en bordure du lac, les Aztèques s'installent enfin sur une île où ils fondent Tenochtitlan en 1345. Leur puissance est assez bien assise, vers 1430, pour qu'avec la principauté de Texcoco ils dominent l'ensemble du bassin. La plus grande partie du XVe et le début du XVIe siècle permettent à Tenochtitlan de soumettre d'abord le Mexique centre-oriental, régions de langue *nahua* en tête, puis régions linguistiquement différentes. Leur domination s'étend ensuite à l'actuelle région de Oaxaca, tandis que les liaisons commerciales du domaine aztèque s'étendaient jusqu'au Yucatan et au Guatemala. Même si des évaluations plus élevées encore ont été avancées, on peut admettre que la zone du Mexique peuplé, soumise pour l'essentiel aux Aztèques au début du XVIe siècle, comptait de 12 à 15 millions d'habitants, qui connaissaient une paix civile suffisante pour que s'établissent des échanges commerciaux et le prélèvement d'un tribut au profit du peuple conquérant unificateur.

La ville de Tenochtitlan était à la mesure de cette organisation politico-fiscale et de ce système commercial. Si l'on admet que le système politique (mais aussi les faibles moyens de transport) obligèrent à laisser consommer une part importante du tribut par les classes dirigeantes locales, seul le reste allait à la capitale ; si l'on envisage que le commerce lointain ne portait guère que sur des produits de luxe (dont le cacao), on est induit à accepter, pour la population de Tenochtitlan, une hypothèse moyenne ou basse. Les surplus drainés vers celle-ci pouvaient faire vivre une ville d'au moins 60 000 habitants, et peut-être 150 000, tandis que le bassin de Mexico dans son ensemble pouvait en abriter plusieurs centaines de milliers -un demi million peut-être-, groupés dans plusieurs villes ou bourgades et sans doute dans de nombreux villages.

Cette ville était bâtie au milieu de *chinampas*, ce qui formait un habitat urbain assez lâche et bas, sauf au coeur monumental de l'agglomération. Ce site original mérite qu'on s'y arrête : une île fut d'abord un bon site défensif. Mais, par la suite, pour une cité grandissante, l'accès par voie d'eau, en barque, représentait le seul moyen de transport lourd (matériaux, ravitaillement), pour une civilisation qui, par ailleurs, ne connaissait que le portage à dos d'homme. Cet avantage du système de transport restera vigoureux même à l'époque coloniale pour laquelle le portage terrestre par mulet n'est qu'un progrès modeste et il ne sera détrôné, à la fin du XIXe siècle, que par la voie ferrée. Lacs et canaux permettaient, depuis Tenochtitlan, d'atteindre toute une série de bourgades dont Texcoco et Chalco. Trois chaussées unissaient la ville à la terre ferme et une digue séparait les eaux douces des *chinampas* de la portion orientale salée du lac de Texcoco. Cet ensemble s'inscrivait dans un carré d'environ quarante kilomètres de côté.

On peut interpréter les *chinampas* soit comme la technique agricole d'un peuple à l'étroit et contraint aux méthodes intensives dans un milieu difficile, soit plutôt comme l'activité de luxe d'une grande capitale d'empire largement pourvue de main-d'oeuvre, qui se procure ainsi les fleurs nécessaires aux cérémonies religieuses dont l'ampleur ne cesse de croître. Si l'on ne sait à peu près rien de l'habitat populaire d'alors, on connaît l'animation des marchés, la majesté et la masse imposante des palais et, surtout, de l'ensemble des temples qui surmontaient les pyramides. L'ensemble urbain fut détruit, pour l'essentiel, au cours du siège de 1521, puis les temples furent démolis afin d'extirper l'idolâtrie : à leur place, souvent avec les mêmes pierres, fut édifié le coeur monumental de la ville coloniale.

Les *chinampas*, les chaussées, la place centrale du Templo Mayor hantent les mémoires. Toute intervention d'urbanisme au coeur de la ville -comme pour les travaux du métro- est l'occasion de découvertes archéologiques, mais aussi de polémiques sur les destructions imprudentes des restes du passé.

Occupation coloniale

La conquête espagnole a été marquée, dans la région de Mexico, par un traumatisme profond, mais une bonne partie de la vie régionale s'est reconstituée, jusque vers la fin du XIXe siècle, sur des bases en partie comparables à celles du système indigène. Le traumatisme est d'abord démographique : la population de Mexico est détruite ou dispersée et le peuplement rural régional, décimé par des épidémies successives, s'abaisse à la fin du XVIe siècle à une densité inférieure à 10 habitants au km^2. L'habitat se rétracte et se regroupe partiellement, laissant de vastes espaces à l'emprise du colonisateur. Si l'économie paysanne se réorganise avec peu

14

de changements, toujours fondée sur le maïs, à côté l'espace est la proie des grands domaines coloniaux, où l'élevage tient une grande place, tandis que les forêts sont, sans doute, plus attaquées que par le passé grâce à des moyens techniques plus puissants : il est possible que l'érosion des sols et l'alluvionnement dans les lacs s'accentuent, au moins quand le peuplement s'accroît aux XVIIIe et XIXe siècles.

Le régime colonial, et plus généralement les liens avec l'ancien monde, déclenche une exploitation des mines d'argent dans le centre et le nord de la Nouvelle Espagne, dont la production est concentrée dans la capitale qui possède la Maison de la Monnaie. De même, pour la clientèle de cette capitale et de quelques autres villes, les terres tempérées connaissent une nouvelle exploitation qui remplace le cacao : la culture irriguée de la canne à sucre se développe dans l'actuel Morelos. Toutes ces spéculations permettent la concentration de fortunes importantes entre les mains soit de créoles, soit de l'église catholique. Ces richesses s'investissent en dépenses somptuaires, en particulier en palais et en lieux de cultes, dans la capitale elle-même, où réside l'essentiel de la classe privilégiée créole. Cette même capitale concentre une administration civile et militaire, qui, bien sûr, dépend de la couronne espagnole, mais fait vivre sur place un corps de fonctionnaires. Certes, la fiscalité coloniale draine le tribut ou l'impôt du cinquième sur l'argent extrait des mines vers l'Espagne: il en reste cependant une partie sur place, investie aussi en monuments publics ou en travaux d'intérêt général.

Reste à comprendre pourquoi la capitale du vice-roi s'est installée sur les ruines même de Tenochtitlan. En comparaison du Pérou, dont la côte Pacifique désertique est saine et où s'établit Lima, le port de Veracruz, chaud et humide, est un milieu difficile, menacé par les épidémies comme par la piraterie. Mais, surtout, à Mexico les Espagnols retrouvent un climat assez comparable à celui de Castille. Et, plus encore, ils ont pour politique, Cortès en tête, de reprendre à leur compte l'organisation de l'empire aztèque, qu'ils ont dominé sans difficulté du jour où ils en ont possédé la capitale. La principale richesse du royaume de Nouvelle Espagne, c'est sa population indigène utilisable comme main-d'oeuvre, surtout concentrée sur le plateau de terres froides. Le meilleur moyen de la tenir en main est de s'installer à la place du souverain aztèque. De même que chaque bourgade voit son temple détruit et remplacé par l'église des évangélisateurs, de même le centre politique et administratif est-il installé

2 Héritage colonial
Au coeur de la ville, au sanctuaire de la Guadalupe, les confréries de "danseurs aztèques" déploient leurs banières de la foi, nationale et catholique.

sur les ruines mêmes de la capitale ancienne.

Selon les conceptions de l'urbanisme des espagnols en pays pionniers, la ville reçoit un plan quadrangulaire, qui reprend, semble-t-il, au moins les axes des principales chaussées aztèques. La ville espagnole est délimitée par une frontière rectangulaire (la *traza*) au-delà de laquelle seulement les indigènes ont le droit d'habiter, au moins pendant les premières décennies. La place centrale (*plaza mayor* qu'on appellera *zócalo* seulement au cours du XIXe siècle) est bordée par la cathédrale et par le palais gouvernemental, construits par Cortès, capitaine général de la Nouvelle Espagne. Il faut moins de quinze ans après la prise de Tenochtitlán pour que la nouvelle capitale soit siège du vice roi, de l'*audiencia* (tribunal administratif) et de l'évêché ; quinze autres années pour qu'on y trouve l'archevêché et la plus vieille université d'Amérique.

Autour du centre monumental, les quartiers *(barrios)* s'organisent chacun autour de son église et de son cimetière. Très vite, les marchés ont été recontitués, liés aux voies d'eau comme avant la conquête: un site principal à l'aboutissement des canaux du sud, à l'est du centre monumental (actuellement marché de la Merced) ; un site secondaire bien relié aux plans d'eau menant au nord-est : près du centre indigène de Tlatelolco, le marché de la Lagunilla. Encore sur des sites religieux indigènes, d'autres lieux de culte chrétiens s'édifient. A l'emplacement de l'ancien temple de la déesse-mère, Tonantzin, au pied de la colline du Tepeyac, s'érige le sanctuaire de la vierge de Guadalupe qui, au cours du XVIIIe siècle et jusqu'au XXe sera le symbole de la patrie mexicaine. Sur une colline du nord-ouest de la ville s'élève un autre sanctuaire fréquenté : près de Naucalpan, celui de Nuestro Señor de los Remedios.

Ainsi la croissance de la ville a repris : sans doute rattrape-t-elle, dans le courant du XVIIIe siècle, la population de Tenochtitlan et la dépasse-t-elle à la fin du siècle. Ceci suppose une extension des quartiers sur des terres que menace l'inondation. Or l'urbanisme espagnol n'est pas celui des *chinampas* adaptées au milieu lacustre. Chaque fois que les pluies d'été, et surtout d'automne, s'accentuent plus qu'il n'est habituel, les crues des cours d'eau remplissent les lacs et menacent la ville, parfois inondée des mois durant avant que l'évaporation n'ait raison des eaux accumulées : Mexico paie cher un site de bassin endoréïque qui avait fait la fortune de Tenochtitlan. Deux périls menacent la ville : l'un, direct, provient du lac de Texcoco, qui reçoit les débits venus des cours d'eau des versants occidental et oriental du bassin comme ceux des lacs méridionaux de Chalco et Xochomilco ; l'autre, indirect, provient des cours d'eau septentrionaux (Cuautitlan en particulier) qui se déversent dans les lacs de Xaltocan et de Zumpango, situés à peine plus haut que le lac de Texcoco ; en cas de crue exceptionnelle, ces lacs septentrionaux se déversent dans le lac de Texcoco. Ce dernier péril est temporairement écarté par le drainage des lacs du nord vers le Río Tula, par le tunnel de Nochistongo, en 1606. Plus ou moins complété par des barrages de retenue sur les affluents, l'ouvrage se détériore et s'effondre assez vite. Les finances de la Nouvelle Espagne ne sont assez prospères pour reprendre et compléter le système qu'au XVIIIᵉ siècle, quand les mines d'argent donnent à plein : en 1788 le canal de Nochistongo, approfondi et transformé en tranchée à ciel ouvert, draine vers le Río Tula tout le bassin depuis le lac de Texcoco, tandis que,

dans les années suivantes, les lacs du nord et le Río Cuautitlan sont correctement reliés au canal : la ville est alors à l'abri, dans l'état où la visitera Alexandre de Humboldt.

Mexico est alors la plus grande ville d'Amérique, que New York ne dépassera que loin dans le XIXᵉ siècle. Cependant ce splendide organisme urbain n'est guère valorisé dans la conscience collective actuelle de ses habitants : ville espagnole et conservatrice, seuls quelques uns de ses éléments isolés ont valeur de symbole : la Guadalupe bien sûr, la cathédrale, le Palais National, celui de l'Ecole des Mines ou San Ildefonso, siège de l'Université traditionnelle.

Retouches du Mexique indépendant

L'indépendance du Mexique ne va guère changer la situation technique ou socio-politique de la ville de Mexico coloniale. Celle-ci, appuyée sur un haut clergé grand propriétaire foncier et sur une administration d'ancien régime, fait vivre tout un petit peuple qui dépend du pouvoir établi et profite indirectement du drainage de richesses opéré par la capitale vice-royale. L'organisation des métiers et corporations donne à la vie sociale une cohérence qui se maintiendra jusqu'au milieu du XIXᵉ siècle et laissera des traces jusqu'au coeur de l'époque révolutionnaire du début du XXe. Si les premiers journaux du pays naissent ici au XVIIIe siècle, l'insurrection libérale et nationale éclatera exclusivement en province, d'abord dans les villes du centre-ouest, de San Miguel Allende à Guadalajara. Au contraire, quand l'Espagne se fait libérale, c'est rapidement et facilement que la Mexico conservatrice accepte d'accueillir un nouveau pouvoir national : le vice-roi et ses troupes se retirent et Iturbide, empereur éphémère, y fait son entrée, le 27 septembre 1821, pour instaurer un Mexique indépendant mais conservateur.

Les conditions de la vie régionale changent peu à ce moment. Au lieu d'être un lieu de transit du pouvoir et de la fiscalité, Mexico redevient un centre autonome ; mais les mines d'argent connaissent un déclin marqué, tandis que le gouvernement central, jusqu'au milieu du siècle, subit une instabilité presque permanente. La paix civile s'étend rarement à l'ensemble du territoire et les communications se détériorent. Ceci explique que les amorces d'industrialisation, dans les textiles en particulier, soient, à ce moment, vouées à l'échec : le marché est trop restreint et la situation financière trop incertaine. La ville s'accroît donc assez lentement et garde sa physionomie : autour du centre monumental vivent toujours les familles aristocratiques créoles et leurs clients, ainsi que le clergé ; les classes populaires -métisses essentiellement- vivent à la périphérie, et les faubourgs se distinguent assez mal des bourgades voisines, qui, cependant, gardent l'usage des langues indigènes, ont une activité agricole prédominante et luttent pour préserver leurs terres collectives contre les empiètements des bâtisseurs privés.

Le milieu du XIXe siècle apporte les premiers changements à Mexico : après une période difficile (occupation nord-américaine en 1847) les libéraux au pouvoir procèdent à la nationalisation des biens du clergé catholique (1859). La mise en vente des terrains et édifices que celui-ci possède en ville amorce le changement dans la société urbaine, les classes élevées quittant le vieux centre, tandis que les terrains nouvellement mis sur le marché foncier servent à des logements populaires, à moins que ceux-ci n'occupent les vieux palais qui menacent ruine. Maximilien d'Autriche gouverne à Mexico un second empire mexicain conservateur, protégé par les troupes françaises (1863-1867). Il accentue l'exode des classes riches loin du centre, puisque le nouvel empereur s'installe un palais sur la colline de Chapultepec et ouvre l'avenue de la Reforma, axe du quartier aristocratique qui unit le nouveau palais à la ville coloniale : les

3 Retouches du Mexique indépendant
L'imagerie populaire des calendriers publicitaires superpose la mexicanité indigène, la religiosité coloniale, les héros éponymes depuis l'Indépendance jusqu'à la Révolution.

nouvelles demeures de style classique n'ont plus de patio, mais un jardin extérieur.

Mexico s'accroît plus rapidement encore à mesure que la république restaurée par Juarez, puis "consolidée" en une dictature positiviste par Porfirio Diaz (1876-1911), développe une politique économique de reprise en main du territoire national, de grands travaux de communications et de développement capitaliste. Les voies ferrées unissent la capitale à Veracruz, puis, à travers le centre et le nord du pays, aux divers points de la frontière nord-américaine. Le marché de la capitale elle-même, mais aussi de la province mexicaine, permet une première croissance industrielle qui profite à Mexico.

A mesure que les quartiers du centre se dégradent pour accueillir des classes populaires plus nombreuses, les couches aisées s'installent dans les quartiers neufs du nord-oust ; les nouveaux quartiers ne sont plus des *barrios* organisés autour de leur église, mais des lotissements homogènes *(colonias)* de villas moyennes ou luxueuses. Avec l'expansion de l'espace urbain, naissent les tramways : d'abord à mules, puis électriques. Ils desservent quelques axes, jusqu'à plusieurs bourgades de la portion occidentale du bassin (Tacuba, Tacubaya, San Angel) où les familles riches acquièrent ou construisent des maisons de campagne *(quintas)*. Notons que Mexico ne semble pas avoir connu de fiacres : elle est passée directement de l'équipage à cheval des gens riches au train, qui à l'époque n'est à la portée que des classes moyennes qui voient s'étendre leur espace, tandis que les pauvres restent concentrés dans les zones centrales.

Les industries s'implantent en bordure des nouvelles voies ferrées, surtout au nord et à l'est de la ville. Mais l'expansion territoriale de cette dernière la rapproche des marécages. Les risques d'inondation s'accroissent, sans doute, en une période de déboisement plus intense, sur les flancs du bassin. Comme au XVIIIe siècle, il faut attendre une époque de prospérité et de pouvoir politique stable pour investir dans de grands travaux ; les plans proposés dès 1856 ne sont mis à exécution que sous Porfirio Diaz : c'est par un tunnel que le seuil est franchi pour atteindre le río Tequixquiac, affluent de droite du río Tula (le seuil est en effet à 2 300 mètres, au lieu de 2 250 pour le canal de Nochistongo). L'ouvrage est terminé en 1900 : il sera, d'ailleurs, doublé d'un second tunnel creusé en 1940-1946.

C'est au tournant du siècle, aussi, que commencent les pompages dans les nappes du bassin quand les sources ne suffisent plus à alimenter la population urbaine. La technologie importée des pompes, à vapeur puis électriques, permet d'utiliser ces nouvelles ressources, tout comme les nouveaux transports permettent une expansion de l'espace urbain.

L'oeil du promeneur intègre encore actuellement en une même vision du centre de la ville ce qui fût la marque de la société coloniale et les traces de cette modernité desuète des années 1900 : quelques édifices à charpentes métalliques et verrières (le musée de El Chopo, ancien domicile du dinausore), quelques noms (San Lazaro, qui fut la gare du train de Puebla et nomme encore une station de métro).

CROISSANCE URBAINE DU XXE SIECLE

Jusqu'au début du XXe siècle, Mexico s'accroît modestement et ses problèmes ne sont pas radicalement différents de ceux de Tenochtitlan ou de la ville vice-royale : selon la conjoncture politique elle stagne ou connaît une prospérité plus ou moins durable, mais jamais une forte croissance permanente. Au contraire, pendant les huit premières décennies de ce siècle nous voyons l'agglomération prendre une ampleur incomparable: elle devient millionnaire en 1930, dépasse huit millions vers 1970 et quatorze vers 1980. C'est qu'ici entrent en jeu des mécanismes nouveaux : à l'ombre d'un pouvoir de plus en plus efficace, la démographie change de rythme tandis que se construit un puissant appareil économique qui concentre, en particulier, une part exceptionnellement élevée de l'industrie mexicaine.

Pouvoir politique

La façade du pouvoir de Porfirio Diaz restait celle de la république restaurée par Juarez : un régime libéral et fédéraliste selon la constitution. Cependant, le pouvoir présidentiel assurait un rôle prépondérant à l'exécutif fédéral, plus encore grâce à la réélection permanente de Don Porfirio. Celui-ci tenait en main un gouvernement face auquel les pouvoirs locaux des gouverneurs d'Etats s'effaçaient d'autant plus que leur choix dépendait aussi du président. La révolution qui chasse celui-ci en 1911 a, bien sûr, affaibli le pouvoir central de Mexico, mais il se réorganise -en particulier sous la présidence de Calles- avant même la création du Parti National Révolutionnaire, en 1929. Celui-ci, ancêtre de l'actuel Parti Révolutionnaire Institutionnel, reconstitue la puissante machine des élections présidentielles, et le président, pour six ans, assure un pouvoir qu'il partage peu, donnant ainsi au gouvernement central et à la capitale nationale une prédominance qui n'a cessé de croître.

Moyens financiers: Etat, banques, prêts

Cette puissance gouvernementale se marque, en particulier, par les moyens financiers dont elle dispose. S'ajoutant à la prédominance de la fiscalité fédérale, le système bancaire de l'Etat joue un rôle important. Sous le Porfiriat, deux banques privées de Mexico disposaient du privilège d'émission des billets de banque à l'échelle nationale : la Banque de Londres et du Mexique, la Banque nationale du Mexique. Face aux banques d'émission provinciales, ces banques faisaient circuler, à elles deux, en 1907, environ 60 % des billets. Emporté par les inflations de la révolution, le système est reconstitué, avec la création de la Banque du Mexique en 1925, organisme public cette fois, qui, avec les banques privées et l'Etat, dirige la politique de crédit au sein de la Commission nationale bancaire. On doit noter que, dès 1940, l'investissement de l'Etat représente environ 40 % de l'investissement total au Mexique, et que 90 % de l'investissement d'Etat est le fait du gouvernement fédéral. Le gouvernement a donc le moyen de favoriser la capitale si besoin est : en 1958 l'investissement fédéral par tête d'habitant aurait été cinq fois plus élevé dans le District fédéral qu'à Guadalajara ou Monterrey. Les deux dernières décennies n'ont fait que maintenir cette tendance.

Le drainage des capitaux par le système bancaire privé favorise aussi la capitale, qui seule possède les grands établissements disposant de succursales dans tout le pays : en général les prêts dépassent les dépôts dans la capitale et quelques grandes villes, situation compensée par plus de dépôts que de prêts dans les petites villes et les zones rurales.

Enfin l'endettement extérieur mexicain, qui s'est énormément accru au cours de la décennie 1970, a favorisé la capitale. En effet cet endettement en dollars vient compenser un déficit commercial : or si la balance commerciale de la province est souvent équilibrée ou bénéficiaire, celle du District Fédéral au contraire est en permanence déficitaire, et de plus en plus, pendant cette décennie. Ce sont les coûteux équipements de la capitale -entre autre- qui ont ainsi pu être financés.

Equipements

La politique d'équipements publics est donc, elle aussi, centralisée aux mains du gouvernement fédéral, et cette situation favorise la capitale. Celle-ci s'est trouvée mal placée par rapport aux sources d'énergie de la première révolution industrielle : le charbon importé d'Angleterre par voie ferrée coûtait, au début du siècle, presque deux fois plus cher à Mexico qu'au port de Veracruz. Les premières chutes d'eau équipées, quand commença la production électrique, étaient assez éloignées de la capitale, mais, cependant, les Etats voisins concentraient, en 1911, 80 % de la puissance électrique installée au Mexique (hydraulique ou thermique). Dès que des centrales hydroélectriques importantes furent créées, Mexico en profita (chute de Necaxa, dans l'Etat de Puebla, au rebord de la Sierra Madre orientale). Bientôt naquirent en ville de grosses centrales thermiques alimentées par les produits pétroliers.

Actuellement, les organismes publics dont les bureaux sont à Mexico contrôlent la production pétrolière, nationalisée depuis 1938 (société Pemex), et l'équipement électrique, peu à peu nationalisé dans les années 1960. A la politique de production d'énergie à proximité de la ville (centrales thermiques, raffinerie d'Atzcapotzalco), s'est substituée une politique d'implantation de centrales thermiques au-delà des banlieues, ainsi que l'importation de produits pétroliers raffinés dans d'autres régions et celle de courant électrique en provenance des grandes centrales hydroélectriques lointaines. Si, dans les années 1940 et 1950, la consommation électrique n'était parfois pas satisfaite, la situation s'est détendue par la suite, en particulier grâce aux grosses centrales thermiques proches de Teotihuacan et de Tula : permanence des lieux symboliques d'ouvrages pharaoniques.

Mexico a aussi bénéficié d'équipements de transports, financés par le gouvernement fédéral principalement. La quasi totalité du réseau ferré, construit à l'époque de Porfirio Diaz, a été destiné à unir politiquement et économiquement Mexico à son port, Veracruz, puis aux grandes villes de province et aux Etats-Unis. Ce réseau, dont la construction et l'exploitation ont été à l'origine concédées à des sociétés privées, perd une partie de son importance à partir des années 1930 où naît un réseau routier qui assure, en particulier, des liaisons très fines avec les campagnes proches de la capitale : celle-ci, déjà maîtresse des liaisons commerciales à longue distance, affermit alors son emprise sur la clientèle paysanne dont nous avons vu l'abondance.

L'équipement de la ville pour ses propres transports urbains -décrits ci-dessous- s'est amplifié à mesure que s'étendaient les zones construites. L'emploi de main-d'oeuvre dans cette branche s'est accru très rapidement, en chiffre absolu, entre 1920 et 1960, mais, dès 1940, cette activité représente une part décroissante de la main-d'oeuvre de la capitale : c'est qu'alors au transport public, source directe d'emploi, se substitue partiellement l'automobile individuelle. Ainsi l'emploi dans ce secteur stagne à partir de 1960.

Commerce

L'activité commerciale a directement bénéficié des transformations des moyens de transports convergeant vers la ville. Les commerces de gros ont disposé de la clientèle propre de Mexico qui croissait en nombre et haussait son niveau de vie, puis de la clientèle de la région alentour, fortement peuplée. Ils concentraient donc avantageusement les importations, ou disposaient des fabriques de la ville: dès la fin du XIXe siècle, cette concentration s'est opérée pour les tissus, souvent produits sur place, mais aussi vendus par de grands magasins modernes ; l'ensemble, depuis la fabrique jusqu'à la vente au détail, en passant par le commerce en gros, appartenait souvent à des étrangers, français ou espagnols (Palacio de Hierro, Puerto de Liverpool). Ce grand commerce traditionnel a été, en partie, supplanté à partir des années 1940 par des chaînes commerciales nord-américaines (Sears and Roebuck en tête). Toute cette activité, d'abord fortement groupée dans le vieux centre colonial, commence alors à migrer vers les grands axes plus récents : Reforma et Insurgentes.

Cette expansion du grand commerce ne fait qu'accompagner une croissance générale de l'activité commerciale diversifiée, souvent très petit métier qui emploie beaucoup de main-d'oeuvre pour de petits profits. En réalité, Mexico, ville à fonction commerciale essentielle jusqu'en 1940, voit la part de sa population active occupée dans ce secteur diminuer sans cesse : plus du quart, à cette première date, un peu plus du huitième seulement en 1970. C'est que la concentration des techniques commerciales s'accompagne d'une relative économie de main-d'oeuvre, encore accentuée pendant la décennie 1970 où l'emploi dans ce secteur diminue légèrement.

Secteur industriel

L'ampleur prise par les activités industrielles dans l'agglomération de Mexico est, au contraire, significative des changements profonds qui marquent la ville. Tout ce que nous avons vu sur le rôle de l'Etat, au sujet de la concentration, dans la métropole, des moyens financiers, des disponibilités énergétiques, des moyens de transports, ne doit pas faire penser à une industrialisation "par l'Etat". L'industrie porfirienne reposait principalement sur les capitaux privés étrangers. Elle s'est accrue plus vite dans la capitale qu'en province, mais sans que cette prédominance soit encore très marquée. La période révolutionnaire est défavorable à l'industrie dont la capacité d'emploi diminue, en chiffre absolu et par rapport à l'ensemble du pays. C'est à partir de la reconstitution économique des années 1920-1930 que cette activité démarre. Elle bénéficie de tous les avantages techniques et financiers énoncés ci-dessus, mais aussi d'une sécurité qui n'est rétablie que plus tard dans certains secteurs de la province. De plus, c'est ici que viennent parfois se réfugier les capitaux privés, sauvés par des propriétaires fonciers atteints par la réforme agraire (après 1930 surtout).

Si les entreprises à capital d'Etat jouent un faible rôle à Mexico, celui du gouvernement dans l'industrialisation de la capitale est, cependant, essentiel, mais indirect, sous la forme de la politique dite de substitution d'importations. Un tel phénomène a été favorisé dans tous les grands pays latino-américains par les deux guerres mondiales, périodes pendant lesquelles les vendeurs de matières premières accumulent des devises, ne peuvent importer facilement des produits industriels fabriqués et sont, ainsi, induits à chercher à les fabriquer eux-mêmes. Mexico sortait à peine des troubles révolutionnaires à la fin de la première guerre mondiale et n'a

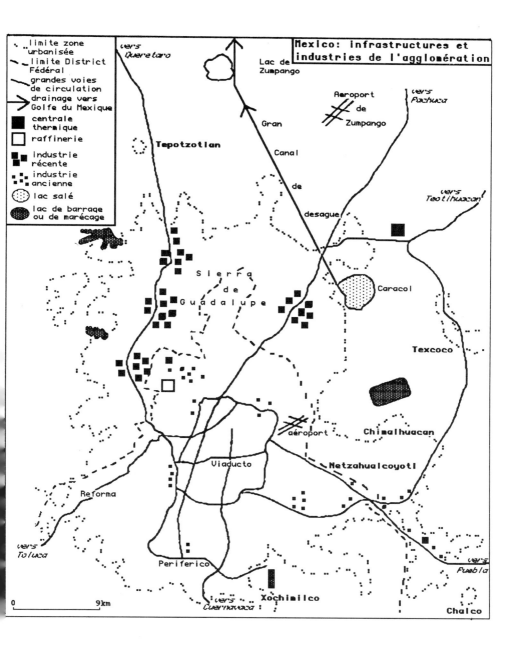

Mexico: infrastructures et industries de l'agglomération

Légende:
- limite zone urbanisée
- limite District Fédéral
- grandes voies de circulation
- drainage vers Golfe du Mexique
- centrale thermique
- raffinerie
- industrie récente
- industrie ancienne
- lac salé
- lac de barrage ou de marécage

vers Queretaro

Lac de Zumpango

Aeroport de Zumpango

vers Pachuca

Gran Canal de desague

Tepotzotlan

vers Teotihuacan

Sierra de Guadalupe

Caracol

Texcoco

Chimalhuacan

aéroport

Netzahualcoyotl

Viaducto

Reforma

vers Toluca

Periferico

vers Cuernavaca

Xochimilco

vers Puebla

Chalco

0 _____ 9km

27

donc pu profiter notablement de la conjoncture. Elle en a profité, au contraire, pleinement en 1940-45, période pendant laquelle l'industrialisation est relancée vigoureusement. Mais, surtout, cette conjoncture favorable est prolongée jusqu'aux années 1960 incluses par une politique systématique de freinage aux importations de biens industriels de consommation et d'accueil aux investissements étrangers, principalement nord-américains, dans les entreprises, principalement industrielles, qui importent alors facilement les biens d'équipement ou les semi-produits qui leur sont nécessaires : le contexte financier international de cette politique est énoncé ci-dessus.

Pourquoi cette politique fiscale et douanière a-t-elle profité principalement à Mexico, plutôt qu'à d'autres villes moyennes ? C'est, incontestablement, parce que la centralisation du pouvoir politique et administratif incitait à se placer dans la capitale elle-même. La complexité des démarches, la nécessité d'une information administrative minutieuse obligent à des contacts personnels constants. Les professions d'ingénieurs, d'avocats et autres spécialistes et techniciens élevés sont, ici, organisées de telle manière que les mêmes hommes sont à la fois employés des grandes firmes privées à capital principalement étranger et fonctionnaires ou consultants d'entreprises publiques ou des services du gouvernement fédéral. Ajoutons à cette situation le poids d'une corruption administrative de plus en plus dénoncée à partir de la décennie 1970 : c'est à l'ombre du pouvoir fédéral que l'on peut faire fortune, à mesure que le secteur public se développe, grâce au boom pétrolier entre autre. Ainsi s'explique que l'essentiel de l'industrialisation, dans les secteurs techniquement avancés, se soit réalisé à l'ombre de la capitale. Simplement, après 1960, cette ombre s'est étendue plus loin, jusqu'aux villes situées à 150-200 km, dès lors rapidement jointes par autoroutes : les déconcentrations industrielles ont donc pu atteindre ces villes sans rompre leurs liens avec ce corps technique, juridique et politique, mi-privé, mi-public, qui domine la ville de Mexico.

Population active de l'agglomération de Mexico (1900-1980)
(en milliers d'habitants)

	1900	1910	1920	1930	1940	1950	1960	1970	1980
Population de l'Agglomération	390	560	740	1100	1757	3050	5177	8752	14500
Population active par secteur :									
Industrie	70	90	75	124	175	356	701	1080	1643
Commerce	37	51	51	60	153	187	305	364	322
Services	122	186	129	139	165	332	589	977	674
(services publics)	9	15	15	46	69	?	?	169	?
Transports	5	6	9	24	39	60	102	112	116
Agriculture	44	52	36	42	38	51	46	70	238
Domestiques	40	54	154	401	82	178	280	-	
Insuffs. spécifié									1 827

A ces avantages spécifiques d'un régime politique très centralisé, où les liens personnels restent essentiels, les industriels ont, bien sûr, ajouté tous ceux d'une grande ville : économies d'échelles liées à l'importance du marché local, économies d'agglomération liées à l'interconnection des activités de pointe, plus encore dans les services que dans l'industrie proprement dite, marché de main-d'oeuvre ample et diversifié.

Ainsi, entre 1940 et 1960, les emplois d'industrie s'accroissent massivement dans la métropole, passant de 30 à 40 % de la population active de l'agglomération. En même temps, la part de l'activité industrielle nationale s'accroît très fortement : 13 % en 1920, 21 % en 1940 et 38 % en 1960. Cependant, depuis cette date, si la masse de l'industrie continue à croître dans l'agglomération, un ralentissement très net se fait sentir : d'un taux de croissance de 100 % pendant la décennie 1950, on passe à 50 % pendant la décennie 1960, pour remonter à une croissance de 60 % pendant la décennie 1970, stimulée par le boom pétrolier. Corrélativement, la part de la population active de l'agglomération employée par l'industrie s'abaisse légèrement (38,5 %) ainsi que la part de la population industrielle de l'ensemble du pays (36 %). Ce tassement de l'industrialisation de Mexico s'explique par l'accroissement des coûts : terrains, services, énergie, eau sont moins chers ailleurs, ce dont profitent des villes peu éloignées et bien reliées par autoroutes comme nous le verrons.

Des cadres des services au sous-emploi

Si nous avons laissé ces derniers secteurs pour la bonne bouche, c'est que leur analyse statistique se heurte à des difficultés exceptionnelles. Plus que les branches d'activité, ce qu'il faudrait pouvoir distinguer à Mexico, c'est la *qualité* des emplois du point de vue de leur insertion dans les entreprises modernes, leur stabilité et le type de revenus qu'ils assurent à leurs salariés. Notre tableau montre la stagnation de 1970 à 1980 du commerce et des transports. Il en est de même de l'industrie de transformation qui connaît simplement un transfert de localisation du District Fédéral vers la banlieue dans l'Etat de Mexico. Ainsi les secteurs à productivité moderne ont très peu embauché en dix ans. Alors quels sont donc les secteurs d'activité où se créent des emplois pendant cette décennie récente ? Certes les services publics et privés du secteur moderne, que la statistique ne permet pas de cerner : éducation, santé, bureaux ministériels ou d'entreprises publiques, activités paracommerciales de la gestion, de la publicité, des assurances, services techniques en tout genre : la classe moyenne est formée de cadres, et elle s'accroît incontestablement.

Mais les secteurs instables, mal encadrés par l'entreprise, souvent peu qualifiés, parfois à très faible revenu, s'accroîssent plus encore. C'est au cours de la décennie 1970 que le consensus s'est établi pour avouer l'existence d'activités informelles ou marginales et tenter -pas dans la statistique nationale régulière qui s'essouffle à suivre le phénomène- de les repérer. Les métiers peu qualifiés de la construction connaissent des fluctuations brutales et sont partiellement exercés par des "marginaux" peu qualifiés : le boom pétrolier a gonflé remarquablement les activités du bâtiment (croissance décennale de 59 % dans l'agglomération de Mexico). Pour le reste, les statistiques attribuent les métiers des marginaux à tel ou tel secteur au gré de directives incertaines. Du coup les agriculteurs, en fait bien rarement doués d'une activité à plein temps et vivant de métiers variés à la périphérie de la ville, gonflent leurs effectifs dès 1970 et plus encore dix ans plus tard. Parallèlement les petits emplois des services, ceux de domestique en particulier, gonflent la statistique de 1970 et s'en retirent en 1980. Et plus que tout, un secteur d'emplois "insuffisamment spécifiés", encore très modeste en 1970, s'affirme enfin comme le plus nombreux en 1980 : le sous emploi, comme nous le verrons, est concrètement vecu comme un bricolage de multiples emplois instables, assurant la survie de familles pour qui le "chômage" (statistiquement négligeable à Mexico) n'a pas de sens, puisqu'elles ne connaissent ni revenu fixe, ni emploi stable, ni son corollaire -l'indemnité après licenciement.

Sous emploi et statistique à Mexico

(en milliers d'emplois)	District Fédéral 1970 - 1980		Etat de Mexico 1970 - 1980		Total 1970 - 1980	
- Industrie de transformation	665	407	246	505	911	912
- Construction	112	321	62	138	184	459
- activités insuffis. spécifiées	87	1398	70	642	157	1550

NB: par simplification, le tableau inclut la totalité de l'Etat de Mexico et non pas sa zone conurbée seulement, ce qui ne modifie pas notablement la vision du transfert des activités marginales d'un secteur à l'autre et le gonflement global de celles-ci.

4 Sous-emploi
Aux grilles de la cathédrale, sur le Zocalo, lers corps de métier de la réparation et du batîment; outillage minimal. Attendre le client:chômage et petite entreprise.

Si l'on s'est attaché d'abord à décrire les moteurs de la croissance économique de Mexico, celle-ci est naturellement indissolublement liée à la croissance démographique et spatiale de la ville; le bâtiment, les équipements urbains, la satisfaction des besoins de la masse de population accumulée représentent, bien souvent, en contrepoint, un facteur permanent, sans cesse croissant, peu sensible à la conjoncture, de cette expansion de l'économie urbaine. Or il serait inexact de dire que la population a seulement été "attirée" à Mexico pour y remplir les emplois créés. Surtout au début du siècle, mais jusque dans les décennies récentes, le principal facteur de cette croissance démographique est "naturel" et nous y reviendrons plus loin.

*
* *

Si dès les années 1950, Mexico de "petite" ville se transforme en grande métropole, personne alors ne s'en inquiète, en dehors des milieux littéraires assaillis par la *menace* d'une modernité encore bien modeste. C'est que dans la vision des techniciens, des politiques, de la classe moyenne toute entière, de grands modèles existent, que l'on souhaite imiter car ils n'ont rien de négatifs : Buenos Aires bien sûr, mais aussi Rio et São Paulo. La critique des écrivains, elle, se fait au nom d'une ville du passé récent, celui de leur enfance des années 30 : la vie quotidienne des quartiers étant toute proche d'un centre familier. En comparaison Anzures et Polanco sont au bout du monde. Ces quartiers à leur tour seront le rêve d'enfance de classes moyennes des étudiants de 1968, pour qui alors Tlatelolco et Ciudad Satélite sont des zones suburbaines. La génération actuelle des étudiants de l'année du Mundial aura ses rêves à Tlalpan et à Villa Coapa, où elle a cotoyé les fils des réfugiés du cône Sud des années 1970.

LA VILLE FAIT PEAU NEUVE : ESPACE D'AGREMENT OU DE DESAGREMENT

"C'est cela la région la plus transparente de l'air ?
Qu'avez-vous donc fait de ma haute vallée métaphysique"
A. Reyes, 1940

C'est au milieu du siècle, autour des années 50, qu'une transformation radicale, une mutation fondamentale s'effectue dans le Mexique. Le pays va très rapidement bouleverser son image, changer radicalement son visage. L'option politique, qui équivaut à un virage important, du "développement stabilisateur" remet en question l'espace et le temps, les coutumes et la culture, le *paysage* mexicain. Ce que le peintre José Luis Cuevas a appelé le "rideau de cactus" va se déchirer, l'image rurale du Mexique des volcans et des déserts, des hauts plateaux et des champs d'agave s'efface par faire place à l'urbanisation accélérée, à l'industrialisation centralisée et aux concentrations urbaines. Le Mexique fait irruption dans la "Modernité" brusquement, voire brutalement. La capitale, celle que les chroniqueurs avaient appelée "la Cité des Palais", que Gutierrez Nájera avait dépeinte comme une pittoresque agglomération, ville provinciale aux allées bordées d'arbres et aux petits métiers, va devenir la Métropole. Dans *La région la plus transparente* , en 1958, Carlos Fuentes parle de "corne d'abondance de déchets", "Ville poignée d'égoûts". La mutation est devenue métamorphose. Le Mexique urbain est né. Quelques dates, quelques faits rendront compte de ce bouleversement : de 1945 à 1965, en vingt ans, les images du passé font place aux voies de futur. Mexico devient "contemporain" du monde moderne, avec les avantages de l'actualisation et les inconvénients sociaux de la modernisation accélérée. Au cours de ces vingt ans, dans la capitale métropole, on construit en 1945 un stade pouvant réunir 110.000 spectateurs et des arènes pouvant en contenir 45.000 : on entre dans la voie des records mondiaux de concentrations humaines. En 1951 la première voie rapide est construite au Viaducto Piedad : les grandes voies urbaines vont commencer à sillonner la ville au mépris des vieilles maisons qui les gênent et de la circulation piétonière. Les lignes d'autobus se multiplient (en 1942 il n'en existait que très peu vers les quartiers résidentiels, qui seuls poussaient leurs tentacules loin du centre). La même année on entreprend la construction des grands ensembles de cité urbaines : la physionomie de l'habitat se modifie, la vie dans l'univers concentrationnaire commence. En 1958, à Tlatelolco, 102 édifices seront construits qui abriteront 90.000 habitants. Les premiers supermarchés apparaissent, bouleversant les rythmes de vie et les habitudes alimentaires.

A partir de 1950, la télévision commerciale diffuse des modèles de vie urbaine et promeut une société de consommation sur les modèles nord-américains. En 1952, l'établissement de la journée continue dans les bureaux et les usines instaure un nouveau temps urbain. Et surtout, de 1952 à 1965, le nouveau visage de la ville se profile, par la multiplication des larges avenues de circulation, de parcs d'agrément et de fontaines publiques (104 en 8 ans) qui visent à faire de la ville un univers complet, fermé, où la nature, même artificielle, n'est pas à chercher ailleurs. L'auteur de ces radicales transformations, le baron Haussmann du Mexico actuel, est un personnage dont la trajectoire politique est significative des options nouvelles du pays : Ernesto Uruchurtu. Cet homme public eut une brillante carrière politique, semblable à celle des chefs d'Etat. Pourtant le sommet de ses responsabilités gouvernementales fut la régence du District Fédéral. C'est surtout à partir de lui que la fonction de gouverneur du D.F. fut l'équivalent ou presque de celle de Président de la République. Ce haut magistrat, secrétaire général du PRI sous Miguel Aleman, puis ministre de l'Intérieur, a occupé les plus hautes fonctions municipales au cours de deux mandats clés pour le développement urbain de la métropole : de 1952 à 1958 et de 1964 à 1966. Son nom est attaché à la transformation de la capitale. C'est lui qui a fait édifier le nouveau type d'habitat et qui a multiplié les parcs (le mexicain de la rue, toujours excessivement caustique à l'endroit de ceux qui le gouvernent, prétendait qu'il mettait des fleurs partout dans la ville parce qu'il ne savait pas où était enterrée sa mère). Les deux faces de la ville actuelle sont inscrites dans son destin politique : on lui doit l'élargissement de l'espace urbain d'une part ; d'autre part sa faillite politique (sa démission en 1966) a été provoquée par une violente campagne menée contre lui à cause de la démolition pour urbanisation des logements du quartier prolétaire de Santa Ursula. La notoriété et la déchéance d'Uruchurtu sont l'image du Mexico des 20 ans qui ont marqués sa transformation : l'accession au statut d'une grande capitale des temps modernes et, conséquemment, l'apparition des symptômes d'une pathologie urbaine difficilement contrôlable. La mégalopole naissait.

Le maître de la décennie 1970, celle du débordement urbain hors du District Fédéral, est Hank Gonzalez. Carrière exemplaire elle aussi. C'est l'appui du syndicat de l'enseignement qui fait sa puissance et sous le règne de Luis Echeverria il gouverne l'Etat de Mexico de 1970 à 1976 : c'est le principal protagoniste du *Viaje al Centro de México* de F. Benitez. De 1976 à 1982 il devient le régent du District Fédéral dans le gouvernement de J. Lopez Portillo. D'abord homme du contrôle politique sur les immenses banlieues pauvres de la ville, puis promoteur -à grand profit dit-on- de l'aménagement du coeur urbain pour l'automobile : les vois rapides *(ejes viales)* sont censés améliorer la circulation automobile et ménager des couloirs spéciaux, jamais respectés, pour les autobus, face aux flux qui ne cessent de s'embouteiller.

De "La région la plus transparente" à Smogopolis

La dynamique de centralisation et d'agglomération urbaine avait commencé, bien sûr, avec la politique de Porfirio Diaz à la fin du XIXe siècle. Mais c'est aux moments forts de l'institutionnalisation de la Révolution, quand le Parti National Révolutionnaire est devenu le PRI, dans les années 50, que Mexico est devenue la tête de l'immense pieuvre qui tient le pays entier. Le monopole politique, le contrôle de l'administration à partir du centre où s'agglomère la clientèle au moment de l'"étape constructive" sont les moteurs de l'excessive concentration et de la centralisation inouïe. Hors du District Fédéral, point de salut, tant pour la politique que pour l'économie. Résultat : en 1970, la capitale a le monopole des services et presque totalement de l'industrie : 92 % des appareils de précision, 85 % des produits pharmaceutiques, 81 % du matériel électrique, 90 % du commerce en gros des produits industriels, 95 % des livres et des disques... les chiffres parlent d'eux-mêmes. Ce développement est effrayant et en 1972 le gouvernement s'alarme de cette situation. Le Président Echeverría, par le Décret de décentralisation de juillet 1972, essaie de fomenter le développement régional en aidant les industries qui voudraient s'installer hors du District Fédéral. Mais il est trop tard, on n'infléchit pas une dynamique en essor. Entre 1971 et 1975, malgré ces mesures, 65 % des industries nouvelles s'établisent dans la métropole. Un dilemme se pose pour le pouvoir... si l'on freine le développement du D.F., on freine l'économie nationale, à court terme bien sûr. Mais, et c'est un enjeu politique, quel gouvernement est prêt à courir le risque du long terme ? Priorités économiques ou priorités écologiques et sociales ? En attendant et très rapidement, la pression démographique et la concentration industrielle s'accentuent. La capitale est le lieu presque unique de la croissance économique, elle est le pôle d'attraction de la population, elle est le théâtre de la vie politique et culturelle. Conséquences : elle devient un "géant alarmant" (M. de la Madrid), une "Bombe à retardement" (*National Geographic* , août 1984). Elle devient surtout un lieu encombré d'hommes et de nuisances. La ville elle seule est en 1984 plus grande que 16 pays d'Amérique latine, 21 pays européens, 20 pays asiatiques et 31 pays africains. Les services ne suffisent plus, l'habitat se dégrade et surtout l'atmosphère devient irrespirable, invivable. Ces problèmes seront évoqués en détail au long de cet ouvrage. Il convient cependant d'en préciser d'emblée le décor général. L'embouteillage des transports, la difficulté des déplacements enlèvent aux métropolitains une grande partie de leur temps de loisir.

La contamination atmosphérique atteint un point de non-retour. Les vapeurs contaminantes perturbent la santé physique et mentale des citoyens. Des exemples : les usines d'huile pour savon et d'aliments pour animaux dégagent tous les jours à 7^h, 12^h et 24^h des gaz toxiques qui affectent la tête et l'estomac, provoquent la chute des cheveux. L'usine Jumex envoie dans la rue, par des tuyaux, des résidus chimiques qui saturent l'air d'ammoniaque. L'usine Magnesio S.A., dégage des fumées et des poussières toxiques qui provoquent des maux de tête et empestent l'atmosphère... la liste pourrait continuer.

Ainsi, qu'en est-il de "la région la plus transparente" ? du "haut-plateau metaphysique" ? En mars 1985, une centaine d'artistes et d'intellectuels s'alarment et publient un manifeste signé par J.P. Cuevas, O. Paz, S. Elizondo, M. León Portilla, Juan Rulfo, R. Tamayo, Carlos Monsiváis, G. Zaid, Mario Lavista, etc... : "Nous qui vivons sous ce champignon visqueux qui nous recouvre jour et nuit, nous avons le droit de vivre ; c'est pourquoi nous demandons que le gouvernement cesse ses discours et ses plans qui jamais ne se réalisent et qu'il agisse immédiatement pour défendre et protéger l'habitat de cette ville de la mort lente à laquelle nous ont condamnés depuis des années la corruption et la négligence". (*Tiempo* , 18-3-85).

La centralisation industrielle, plus qu'un échec, est une menace. La "région la plus transparente" est devenu "Smogopolis".

Cependant, si les hommes ou les pouvoirs publics agissent face à l'irréparable (on ne peut plus dire *avant* l'irréparable) ce sera pour freiner, infléchir, aménager, et lentement, peut être améliorer : la manière dont, chaque jour, les *chilangos* supportent la nuisance -mais aussi maintiennent des modes de vie ou inventent et bricolent le goût de leur vie,

malgré tout, c'est cela qu'il nous faut déceler, car c'est eux qui forgent la ville de 20 millions d'habitants, inéluctable, et dont nous souhaitons seulement qu'elle tarde le plus possible à venir.

Le droit de vivre

"Aucun homme n'est capable de connaître tous les règlements, les codes, la paperasserie nécessaires pour vivre aujoud'hui dans une grande ville".

J.J. Blanco

Le développement démesuré de la population et la complexité des structures entraînent un développement démesuré des instances de contrôle et de l'appareil administratif et de gestion dans la capitale. De plus en plus l'homme de la ville est étranger au code qui régit ses comportements. Les mesures institutionnelles s'éloignent de jour en jour des réalités particulières et des désirs individuels en fonction de l'intérêt d'un groupe immense et anonyme. Il n'y a que le Pouvoir qui connaît vraiment le code du citoyen. L'administration urbaine est le Leviathan qui écrase l'individu, souvent plus qu'il ne le protège. "L'organisation est un des bras de la terreur urbaine" écrit J.J. Blanco. C'est le Pouvoir qui décide qui doit être expulsé et qui doit être admis, qui détermine le pourquoi et le comment. Il ne reste à la foule que le droit à la soumission, la peur du gendarme, le devoir de payer pour des travaux collectifs dont on ne profite pas toujours. La juridiction est un poids pour l'individu beaucoup plus qu'une réglementation des relations sociales. La Ville est un Etat dans l'Etat, et son code est plus une répression qu'une possibilité d'expression.

Pourtant, les droits publics et privés du citoyen sont continuellement remis en cause par l'entité urbaine ; la nécessité de vie privée et de territorialité est constamment violée. Le résultat est grave :

déviations du comportement, manifestations pathologiques d'agression, névrose collective, tension et peur. Il serait temps peut-être de penser aux droits spécifiques du citoyen d'une mégalopole. Il conviendrait, pour le bien de tous, de mettre en place (constitutionnellement pourquoi pas ?) une juridiction spéciale des *droits urbains* minimaux, afin que l'institution soit l'émanation des nécessités du citoyen plus que des besoins généraux d'un Pouvoir. Julio García Coll et Mario Schjetan, dans *Mexico Urbano* (FCE, 1975) proposent fort justement des mesures juridiques de protection, un droit urbain auquel pourrait avoir recours un citoyen. En premier lieu, il faudrait établir des *mesures légales de sécurité* afin de le prémunir contre la violence endémique. Puis des *mesures de protection sanitaires* contre la pollution, le bruit et tout ce qui inhibe les potentialités vitales. En un mot le droit à respirer. Le troisième point est le *droit à la communication* qui devrait éliminer le plus possible les éléments parasitaires, obstacle à l'interaction sociale. Le quatrième serait le droit au *choix de mode de vie* : le citoyen devrait avoir la possibilité, même dans la mesure de ses moyens, de choisir son style de vie et ses patrons culturels. Le point suivant sur lequel les auteurs précités mettent l'accent est le *droit à la beauté* qui garantirait un minimum esthétique de cadre d'existence. Enfin, dans un pays au statut démocratique par Constitution, la législation urbaine devrait préserver le *droit à l'équité* , afin que tous puissent jouir au moins de conditions égales d'occupation de l'espace et de l'accès à l'environnement. De nouveaux dangers naissent pour l'homme dans la ville, donc de nouvelles lois devraient pouvoir le protéger. Un droit urbain pourrait être conçu comme recours contre les agressions d'une nouvelle forme de civilisation. Ces voeux pieux, s'ils sont utopiques actuellement, n'en ont pas moins le mérite de mettre l'accent sur des modalités sociales récentes qui déterminent un statut nouveau de l'individu urbain.

Ces lignes reflètent la protestation de la large classe moyenne de la capitale. Nous verrons que la vision de *ceux d'en bas* est peut être antinomique. En effet pauvres et moins pauvres, au moins jusqu'à la crise de 1982 ont à juste titre vu *leur intérêt* quand ils ont quitté leur province ou leur campagne : l'oppression du cacique local, l'absence d'emploi stable, rémunéré, gratifiant, se double ici du manque d'espoir ; à la capitale, au moins quelques uns accèderont à cette sûreté et à cette liberté revendiquée ci-dessus et c'est de cet espoir que se nourrît le choix de la grande ville et de ses nuisances ; la pollution est compensée par l'hopital, l'insécurité par l'espoir de l'école et de l'université pour les enfants.

Par ailleurs, pour les pauvres des bas quartiers périphériques de la mégapole, l'insécurité est tempérée par tous les chefs protecteurs -autres caciques, bien sûr- qui détournent la loi à leur profit, mais aussi au profit de leurs protégés. Le pouvoir face aux citoyens, énorme dans la mégapole, sans visage ni responsabilité, se résout en un labyrinthe d'autorités contradictoires que le politicien protecteur sait manipuler à son niveau, corrompu et corrupteur, capable d'obtenir de l'Etat des bribes sans cesse arrachées à un budget qui donnera l'école, le robinet, le goudron de la rue, grâce à quoi, paradoxalement, le *chilango* reste un privilégié par rapport à son cousin resté dans sa bourgade.

CHAPITRE II
ET POURTANT ELLE CROIT

La formidable expansion de la plus grande ville du monde, décrite ci-dessus dans son contexte politique et économique, est telle que les repères font défaut. Comment nommer cet ensemble protéiforme, première manière de le connaître ? Qui gère cet espace et cette population ? Ici gestion de la réalité et connaissance de celle-ci supposent des outils statistiques et cartographiques qu'on ne peut utiliser qu'avec prudence. L'image de la ville, elle aussi, s'est retournée. Enfin la vie quotidienne de la fécondité, de la jeunesse et de l'immigration sont des angles d'approche de cette croissance que personne ne maîtrise.

FICHES SIGNALITIQUES

Les noms de la ville, les noms des urbains

Traditionnellement, le nom de *Mexico* est à la foi celui d'une ville et celui d'un état national, depuis l'indépendance. Le nom de la ville est donc venu en premier : celui que les espagnols ont donné à la capitale aztèque, Tenochtitlan, en utilisant le nom de l'ethnie *mexica* (devenue *los mexicanos*), précisément ceux que les espagnols appelèrent *aztecas* et dont la langue est appelée nahuatl par les savants.

Le nom de la ville a donc désigné la cité remodelée par les espagnols après sa destruction, avec la titulature espagnole de *Ciudad* (dotée de prérogatives ou *fueros* , d'un conseil, etc.). On a vu que ce nom de *Mexico* concerne une ville qui au XIXe et surtout au XXe siècle accroît son espace administratif pour coïncider à partir de 1970 avec le District Fédéral.

Dès le XIXe les connaissances hydrographiques permettent d'identifier l'unité endoreïque du *bassin* de Mexico, appelé *Valle* de Mexico, même si en castillan le terme de *cuenca* serait plus exact : bien des traductions au français parlent en conséquence de *la vallée* de Mexico.

On identifie parfois la capitale et sa banlieue à cet ensemble hydrologique reconnu administrativement pour la gestion de l'eau, problème essentiel du Valle.

Dès que l'agglomération s'est étendue hors du District Fédéral, peu avant 1960, il a fallu délimiter -et nommer- le nouvel ensemble. Les deux sigles utilisés parallèlement sont AMCM (Area metropolitana de la ciudad de México) et ZMCM (Zona metropolitana de la ciudad de México) : on incorpore à cette unité de nouveaux municipes à mesure que l'urbanisation les atteint. Moins courante est la formule synonime de ZMVM (Zona metropolitana del Valle de México) qui veut insister sur l'urbanisation hors de la ville initiale.

Divers termes désignent des blocs urbains appartenant à la conurbation, hors du D.F. : dans les années 1960 "N-T-Z" (Naucalpan-Tlalnepantla-Zaragoza) désignait la principale croissance industrielle (le dernier est *Atizapan* de Zaragoza) ; la croissance orientale vers les années 1970 est appelée parfois dans la presse "Neza y anexas" (municipe de Netzahualcoyotl) ; enfin les urbanistes futurologues de l'Etat de Mexico désignent au début des années 1980 les expansions urbaines vers le Nord comme *Valle de Cuautitlan-Texcoco* et vers l'Est comme *Valle de Ayotla*, du nom des principales localités anciennes prises dans le tissu de la connurbation.

Les gens de la capitale, pendant longtemps, n'ont pas de nom, puisque le terme de *mexicanos* ne peut désigner que les gens de l'ethnie traditionnelle *nahua* ou tout simplement les citoyens de la République mexicaine. Le terme traditionnel de *chilangos* est le sobriquet donné par les gens de Veracruz à ceux de la capitale : il apparaît dans la presse dans la décennie 1970. Celle-ci utilise à l'occasion au début des années 1980 le terme de *deefeños* ou *defeños* pour désigner les habitants du District Fédéral. Au même moment se répand le terme de *mexiquenses* pour désigner les ressortissants de l'Etat de Mexico et plus particulièrement ceux de la banlieue de la capitale parmi ceux-ci.

Insistons sur cette familiarité des noms, dans ce tissu urbain sans limite. Les délégations ou les municipes (dont le système est décrit par ailleurs) sont généralement bien connus, car ils portent les noms des pueblos d'autrefois. D'autres parmi ceux-ci, qui n'ont plus de statut administratif depuis 1929^(Tacubaya, Mixcoac) sont aussi dans toutes les mémoires, car ils restent des noeuds importants du paysage urbain par leurs carrefours, leurs églises, leurs marchés. Seuls les quatre délégations du centre ville, nées en 1970, sont mal identifiées, car elles ne portent pas de nom de lieu, mais ceux de quatre éponymes de l'identité nationale et révolutionnaire. Autre éponyme de délégation, Madero sert en fait de double à *la Villa* , c'est à dire au sanctuaire de la Vierge de Guadalupe.

A un niveau plus fin les noms des *barrios* ou ceux des lotissements ou *colonias* sont connus de leurs habitants, et de l'ensemble de la population pour ceux des zones centrales ou des noyaux commerçants fréquentés. Ces noms sont duement répertoriés et correspondent à des unités reconnues, même si les incertitudes orthographiques ou l'usage répété du même toponyme dans diverses zones gène la localisation. Il en est de même pour les noms de rues (ou les numéros désignant celles-ci), souvent répétitifs. La numérotation le long des rues est généralement ordonnée, mais parfois discontinue selon le modèle américain qui prévoit une future subdivision des lots ou des maisons, aboutisant à des chiffres dépassant le millier pour certaines longues artères.

Localement un toponyme peut couvrir un territoire de plusieurs colonias, connues généralement en raison d'un litige foncier qui a défrayé la presse : ainsi *los culhuacanes* désigne, à proximité du pueblo (village) de Culhuacan et de ses écarts (barrios), un groupe de six ejidos devenus un ensemble de *colonias* litigieuses dans les deux délégations de Coyoacan et d'Ixtapalapa. De même pour les colonias désignées comme *los Padiernas* dans la délégation de Tlalpan au pied de l'Ajusco.
Cette richesse de la toponymie est reprise dans les noms des stations de métro, représentés par des idéogrammes destinés à une population qui vers 1970 était encore partiellement illétrée. On est encore loin des difficultés d'une ville beaucoup plus moderniste, comme Caracas, où l'essentiel du repèrage, au milieux de voies et autoroutes qui ne sont pas des rues, est formé par les grands immeubles connus par leur nom. Remarquons enfin que malgré l'immensité du tissu urbain, et à l'exception des quartiers périphériques pauvres restés encore ignorés par l'administration, tous ces noms de rues et de *colonias* figurent dans des plans munis de répertoires alphabétiques, vendus au public et mis à jour annuellement.

5 Les appareils politico-administratifs
L'ange de l'Indépendance, sur Reforma. Lieux symboliques de la nation pour la capitale fédérale <et lieux de revendication syndicale.

Par contre la tentative de la fin des années 1970 de mettre en place des numéros de codes postaux (comme dans tout le pays) se poursuit lentement, sans que ceci pénètre notablement dans la mémoire des citoyens jusqu'à présent.

Les appareils politico-administratifs de la Capitale

Ce que nous avons dit ci-dessus sur le rôle du pouvoir politique fédéral dans la croissance de la capitale depuis un siècle, mais surtout depuis les années 1930, nous conduit à souligner les enjeux actuels dans la gestion de cette métropole.

Rappelons que c'est en 1929 que l'autonomie municipale de la Ciudad de México et des autres municipalités au sein du District Fédéral a pris fin. A cette date la *Ciudad*, agrandie, passe sous administration fédérale directe comme les douze Délégations suburbaines, dont les populations, à l'époque, sont effectivement physiquement séparées de la capitale.

Les décennies passant, ces délégations suburbaines sont progressivement incluses dans l'espace urbain et en 1970 une réforme administrative du District Fédéral décide que l'ensemble de celui-ci forme la Ciudad de México. L'ancienne ciudad est divisée en quatre délégations qui s'ajoutent aux douze autres qui cessent d'être "suburbaines" (en fait dès ce moment seule Milpa Alta méritait encore ce qualificatif). Parallèlement, dès 1950, un premier municipe de l'Etat de Mexico est inclus dans l' "Aire métropolitaine", suivi de 4 autres en 1960, puis 5 en 1970. En 1980 l'un de ceux-ci a été subdivisé en deux (Cuautitlan plus Cuautitlan Izcalli) et à ces onze municipes déjà conurbés pourraient être adjoints sept autres ; mais dès cette date, c'est l'ensemble de l'Etat de Mexico qui est pris dans le jeu politique de la métropole.

Rappelons le poids des deux partenaires. Le District Fédéral, 6, 8 millions d'habitants en 1970 et 8,5 en 1980, n'atteindra peut être pas les 10 millions en 1990 et verra sans doute sa population stabilisée en l'an 2000. L'Etat de Mexico accueille 1,9 millions d'habitants dans ses banlieues conurbées en 1970 et 5 en 1980. Celles-ci atteindront sans doute plus de 10 millions en 1990. Mais dès avant, l'ensemble de l'Etat fédératif sera la première masse démographique du pays. Nous verrons plus loin qu'il fournit plus de la moitié de l'eau consommée dans la métropole, or il s'agit du principal goulot d'étranglement à la croissance de celle-ci.

En ce qui concerne le District Fédéral, c'est le siège des pouvoirs politiques, mais aussi le lieu des mécanismes budgétaires qui comme nous l'avons vu permettent d'obtenir les subventions pour investir dans les grands équipements. Il est aussi le lieu de collecte de la plus grosse masse fiscale du pays. Ce District est gouverné par un régent nommé par le Président -qui a rang de ministre fédéral- et des plus importants. A côté, l'Etat de Mexico dépend d'une capitale (Toluca) située à 60 Km à l'ouest du coeur de la métropole (mais à une centaine des banlieues les plus lointaines de l'est de celle-ci, les plus pauvres). Cette capitale d'un demi million d'habitants en 1980 profite des ressources fiscales d'une vaste banlieue industrielle et doit gérer dès maintenant le plus gros Etat de la Fédération. Ici le Gouverneur est un personnage élu -selon les mécanismes du Parti au pouvoir bien entendu. Sa base électorale est plus sûre dans les zones rurales de l'Etat (1,89 millions de gens) ou dans sa capitale (0,5) que dans la banlieue de la métropole ; il dispose au niveau fédéral d'un pouvoir de négociation sans cesse croissant (à cause de la banlieue) et peut être amené à en faire profiter prioritairement le reste de ses administrés, à Toluca ou à la campagne. Parallèlement, ce gouverneur hérite sans cesse des problèmes urbains les plus gros, à mesure que le régent du District Fédéral peut agir au contraire pour résoudre avec de gros moyens les difficultés d'une population qui s'accroît de moins en moins vite. Notons enfin que le calendrier électoral de l'Etat de Mexico coïncide avec celui de la Fédération : le sexennat de son gouverneur commence et termine en même temps que celui du Président de la République et du régent qu'il nomme dans son équipe ministérielle, ce qui permet d'espérer une certaine coordination politique.

Si les bureaux du D.F. ont longtemps été concentrés au centre ville, la réforme de 1970 a donné au 16 délégations non pas des pouvoirs de décision, mais des tâches de gestion (état civil, police, services publics) et des moyens budgétaires en même temps qu'on leur a affecté ou construit des bâtiments administratifs ou culturels. En outre des conseils de délégations ont été élus, jouant un rôle consultatif. Des débats politiques sont périodiquement engagés dans la presse pour l'élection d'un conseil pour l'ensemble du District, mais sans succès. Dans l'Etat de Mexico, le régime municipal normal mexicain fonctionne, avec un conseil municipal et un maire élu -ici encore selon les procédures du parti au pouvoir bien sûr. A deux reprises l'urbanisation d'énormes surfaces agricoles ou vides appartenant à un municipe a conduit les députés de Toluca à prononcer la création de nouveaux municipes : début des années 1960, Netzahualcoyotl, le plus gros scandale foncier de l'histoire de Mexico ; début des années 1970, Cuautitlan Izcalli, ville nouvelle de classe moyenne restée assez modeste.

Les autorités municipales, faute de moyens fiscaux importants, dépendent étroitement du gouvernement de l'Etat fédéré. Toluca, dans les années 1970-76 surtout, a mené une politique de restauration ou de construction des centres des chefs lieux municipaux et de leurs bâtiments publics. L'administration en place depuis 1983 multiplie l'installation de postes polyvalents (état civil, police, bureau du trésor où payer impôts et factures d'eau et d'électricité). Rapprocher les bureaux des citoyens est donc à l'ordre du jour. Rappelons que tant les délégations que les municipes de la métropole gèrent des masses de population qui s'échelonnent en 1980 entre 40 000 et un million et demi d'habitants pour chacun d'entre eux.

Cuentas Alegres : La Capitale en chiffres et l'espace urbanisé

La croissance urbaine de Mexico est difficile à cerner et à définir dans l'espace : seule une photo aerienne à jour permet de le faire, mais il faut interpréter celle-ci, en généralisant progressivement le dessin à mesure qu'on en réduit l'échelle, ce qui chaque fois oblige à choisir soit une limite minimale qui exclut des vides à l'intérieur de l'espace urbanisé (collines encore préservées, zones agricoles, parcs nationaux), soit au contraire une limite maximale qui inclut les franges en cours d'urbanisation rapide, même si elles sont encore peu peuplées. Les documents publiés à grande échélle sont déjà anciens : les cartes régulières au 1/100.000e datent de 1961 pour la ville et de 1952 pour sa banlieue nord ! Celles au 1/50.000 datent de 1975, mais d'après photos aeriennes de 1971. Chaque année paraît un plan de la ville mis à jour, avec ses nouvelles rues et *colonias* (*Guía Roji*). Mais précisément il traduit une information urbanistique officielle qui laisse de côté les occupations "illégales", ou tout au moins n'en tient compte qu'avec le retard des constatations officielles. C'est cependant grâce à ce document que notre dessin de la zone "construite" a pu être réalisé.

Cet espace urbanisé se traduit en chiffres de population d'unités adminstratives consignées dans les recensements décennaux, complétés par des évaluations toujours partielles, dont les données de base sont rarement explicites. Que savons-nous de cette croissance numérique de la grande métropole ? Que depuis qu'on s'en inquiète vraiment, au début des années 1960, les prévisions ont toujous été dépassées par les recensements postérieurs ; et qu'enfin les sous-estimations sont toujours plus importantes pour l'Etat de Mexico, zone de banlieue, que pour le District Fédéral, coeur de la ville mieux administrée.

Ainsi le meilleur démographe de la capitale, L. Unikel, évaluait douze ans plus tôt, en 1968, ce que serait la grande Mexico de 1980 à 12,3 millions en hypothèse très basse (qui supposait un freinage très intense des migrations), à 13,6 millions en hypothèse moyenne et à 14,5 en hypothèse haute : c'est ce dernier chiffre, peut être sous évalué, que nous donne le recensement de 1980, après des corrections en hausse à partir des données détaillées. Ces corrections n'ont été données que globalement et non pour chaque circonscription administrative de base.

Nous ne pouvons éviter de faire, en 1985, une évaluation de la population de la capitale d'après le recensement de 1980 et de projeter celle-ci en 1990. Notons que dans ce domaine les hypothèses relevées dans la presse vont de l'extrêmement bas avec le Conseil National de la Population jusqu'à des hauteurs invraissemblables, correspondant à des confusions multiples entre nouveaux urbains, qui incluent ceux qui naissent à la ville, et nouveaux migrants.

Evaluation de croissance annuelle dans la presse

	Taux migration %	Taux naturel %	Total %
- Conapo selon Uno Más Uno 14.11.82	1,7	1,8	3,5
- M.Messmacher selon Uno Mas Uno 4.3.83	0,57	?	?
- Uno Más Uno 30.10.83 (J.Reyes Estrada)	6	?	?

Nos propres hypothèses, volontairement basses, supposent que la baisse de fécondité amorcée en 1980-82 se poursuive et que la crise limite durablement l'incitation à la migration vers la capitale, amenant vers celle-ci un nombre constant de 300.000 personnes par an (c'est à dire une proportion décroissante de la population, équivalente au départ à 2 %, soit le chiffre probable de 1980).

(en millions d'habitants)

Population 1980	Croît Naturel 1980-85 (+2,5% annuel)	Migration 1980-85	Popul. 1985	Croit. Nat. 1985-90 (+2,25% an.)	Migrat. 1985-90	Popul. 1990
14,5	1,8	1,5	17,8	1,9	1,5	21,2

Ainsi, l'évaluation ci-dessus prévoit que les 20 millions d'habitants seront atteints au plus tard quand s'achèvera la présidence de M. de la Madrid, à la fin de 1988...

Si nous voulons voir de plus près comment cette population prévisible va se répartir à l'intérieur de l'espace urbain, il faut à la fois connaître les tendances actuelles de la fecondité selon les milieux sociaux à l'intérieur de la capitale et les tendances de la croissance naturelle selon la composition par âge des différents quartiers. Nous disposons pour cela d'indicateurs grossiers, mais utilisables pour chaque unité administrative de base : la composition par âge et par sexe de la population en 1980 lors du *Censo* .

Indice de la fécondité, la proportion d'enfants de moins de 5 ans rapportée aux femmes de 15 à 39 ans varie de 35-42 % dans le centre ville peuplé de classes moyennes ou aisées, à 50-56 % dans les banlieues du District Fédéral (mélange de classes moyennes et basses) et à 65-72 % dans les banlieues pauvres, essentiellement dans l'Etat de Mexico. Mais la croissance naturelle dépend plus globalement de la composition par âge des population : ainsi le centre ville, où la population âgée est importante, a 9 enfants de moins de 5 ans pour 100 habitants ; les banlieues du D.F., où les adultes jeunes sont proportionnellement plus nombreux, 11 à 13 % ; et les banlieues de l'Etat de Mexico, où les adultes jeunes récemment installés prédominent, 14 %.

C'est selon ces résultats que nous avons supposé l'évolution démographique des composantes de la capitale entre 1970 et 1980.

Hypothèses de croissance naturelle annuelle	%	Croissance Décennie 1970-1980	%
Centre ville	2,2		24
Banlieue D.F.	3,0		34
Etat Mex. banlieue	3,5		41

Population A.M.C.M. (millions)

I Chiffres du *Censo*

	1970	1980	Croît.nat.	Solde migration 70-80	Total crois. 70-80
Centre ville	2,90	2,60	0,69	- 1,0	- 0,3
Banlieue D.F.	3,96	6,23	1,34	+ 0,93	+ 2,27
Banlieue Et Mexico	1,76	4,44	0,72	+ 1,96	+ 2,68
TOTAL	8,62	13,27	2,75	+ 1,89	+ 4,95
II Chiffres corrigés					
D.F.	6,99	9,30	2,16 [3]	0,15	2,31
Banlieue Et.Mexico	1,90	5,15	0,77	2,48	3,25
TOTAL	8,89 [1]	14,45 [2]	2,93	2,63	5,56

(1) Messmacher 1979
(2) Fiches SPP rectifiées
(3) Taux composé de 31 % sur 10 ans

Les deux calculs du tableau utilisent le premier les chiffres détaillés publiés du *Censo* , l'autre des évalutations officielles faites postérieurement et qui corrigent des sous-évaluations manifestes. Il faut noter que la marge d'erreur est plus forte dans l'Etat de Mexico que dans le D.F. et plus forte en 1980 qu'en 1970... Dans le premier calcul, les pertes du centre ville sont supérieures aux gains migratoires de la banlieue-DF et le solde migratoire positif de la banlieue-Etat de Mexico n'atteint pas 2 millions en dix ans. Dans le second calcul, plus vraissemblable, le solde migratoire de l'ensemble du DF est très faiblement positif tandis que celui de la banlieue-Etat de Mexico est supérieur à 2 millions. Mais même dans ce second calcul la croissance naturelle de l'ensemble métropolitain est supérieure à sa croissance migratoire.

En ce qui concerne la croissance démographique 1980-90, nous croyons trop hasardeux d'essayer des projections chiffrées "fractionnées" pour les différentes parties de l'agglomération. En effet l'on peut considérer que l'ensemble de la population de la capitale connaît une dynamique globale qui évolue lentement (comportement de fécondité selon les milieux sociaux et les classes d'âge, pouvoir d'attraction économique de la capitale sur les migrants, choix des provinciaux de migrer vers la capitale plutôt que vers d'autres villes ou vers les Etats-Unis, etc.), mais que celle-ci se répartit dans l'espace urbain selon des situations sociopolitiques ou urbanistiques beaucoup moins prévisibles et sujettes à des variations à court terme (soit dans le District Fédéral, soit dans l'Etat de Mexico : laisser-faire ou contrôle sévère sur les terrains ; fournitures de services publics "populistes" ou restrictives ; rénovations ou infrastructures favorisant plus les entreprises que l'habitat, etc...).

Cependant on peut prévoir que le D.F. s'accroîtra moins vite que son solde naturel (par solde migratoire négatif) dans les dernières années de la décennie 1980-90 ; par ailleurs c'est vers 1990 au plus tard que, dans une hypothèse de 21 millions dans l'aire métropolitaine, la population de "mexiquenses" aura dépassé celle des "defeños". De toute façon nous savons que dès 1985, pour l'essentiel, les problèmes de croissance brute appartiennent à l'Etat de Mexico (invasions de terres, nouveaux besoins de transports, nouveaux besoins d'eau, etc.) tandis que les banlieues du D.F. doivent essentiellement améliorer pour une population *déjà installée* l'accès à des services déficients (régularisation de la situation foncière, amélioration des transports et des adductions d'eau, mise en place des égoûts manquants) et que le centre-ville doit faire face à des problèmes de concentration exagérée de population diurne, et de lutte pour l'usage rénové des sols des zones de taudis détruits (bureaux contre logements, logements populaires contre logement aisé).

Il faut rappeler que notre projection démographique étant plutôt basse, tout accroissement plus rapide de l'ensemble risque d'accentuer les problèmes "aux deux bouts" : ceux d'une population encore plus démunie dans l'Etat de Mexico, ceux d'une accumulation d'activités de services encore plus grande au centre ville, liée aux besoins d'une agglomération encore plus grande où la hausse des prix des terrains du centre est encore plus rapide.

Toujours est-il que Mexico, plus grosse que Le Caire ou São Paulo, a peu de chances d'être prochainement dépassée par ces dernières dont le taux de croissance semble un peu inférieur. Et pour ce qui est de New York ou Tokyo, qui selon certaines évaluations larges ont une population supérieure à Mexico, l'une comme l'autre ont des taux de croissance très inférieurs à cette dernière : rien ne permet d'imaginer dans ces conditions que Mexico ne soit pas, dès 1985 et dans les 15 ans à venir, la plus grande ville du monde.

	Population	(année)	taux de croissance (% annuel)
New York	17,19	(1980)	0,1
Tokyo [1]	11,6	(1980)	1,2
Reg. metro Tokyo	28,7	(...)	...
Mexico	17	(1983)	5
São Paulo	14	(1983)	4
Le Caire	11	(1980)	4
Londres (Région SE)	18	(1981)	0,17

Source : Cahiers IAURP n° 74, Déc. 1984

(1) La configuration axiale de la région métropolitaine de Tokyo rend la comparaison difficile avec les autres grandes métropoles : on peut alors comparer les 30 Km de l'axe de cette région avec les 55 Km de l'axe Mexico-Toluca, à peine interrompu par la sierra. Mais inversement la coupure rural/urbaine est beaucoup moins marquée qu'au Mexique dans un Japon central qui n'a plus guère de familles paysannes à plein temps : c'est donc à Tokyo toute la population de la région qui est réellement conurbée, alors que ceci est loin d'être vrai pour la population de l'Etat de Mexico. Si l'on peut comparer entre elles des capitales aux fonctions comparables, les régions urbaines sont plus dissemblables, en raison de modèles de peuplement, urbains ou ruraux, historiquement très différents.

Mais au bout du compte ...

"Cette ville...
Après avoir joui d'elle pendant vingt ans
je l'ai vue se dépecer
se défaire devant mes yeux
ce n'était plus une ville, c'était un cauchemar
un de ces cauchemars dont on se reveille
en criant
et le cadavre est toujours là"
Isabel Freire

Les chiffres de la croissance sont impressionnants mais il y a encore autre chose au bout du compte. L'organisme se développe et les proportions sont immenses, mais un organisme peut être malade s'il a du mal à satisfaire ses besoins d'existence. Recensons quelques uns des besoins et nous aurons la mesure du péril. Pour apporter une solution au problème de la circulation, en 1986 les avenues devraient comporter vingt voies chacune. Pour l'approvisionnement quotidien en services, chaque habitant a besoin de 39 litres d'eau, de 2 kgs d'aliments, de 5 kgs de combustible... faisons les multiplications et nous verrons aisément les conditions précaires d'existence des citoyens d'une telle capitale. Par ailleurs un tel approvisionnement occasionne des déchets, des tonnes d'immondices et de particules nocives de carburant dans l'atmosphère. Difficilement nourri, difficilement évacué, comment un organisme peut-il bien se porter ? L'environnement ne peut que contribuer à l'ébranler. Selon une enquête effectuée par les étudiants d'Architecture de l'UNAM (*México urbano* , FCE, 1975), les maux de l'excès de croissance urbaine peuvent être classés en cinq catégories et rendent compte du statut pathologique de l'homme urbain:

1) Le bruit incessant des véhicules, les dangers de la rue, font qu'adultes et enfants évitent de sortir et la vie hors de chez soi disparaît.
2) Le piéton a perdu son territoire et les machines exercent une domination totale du territoire, ce qui provoque un état d'angoisse et de tension.
3) Les difficultés d'emploi, le regroupement en bandes des jeunes inoccupés font régner une atmosphère d'insécurité et de violence.
4) Le manque d'eau et l'excès des déchets font naître des conditions d'hygiène lamentables et dangereuses pour la santé.
5) L'espace extérieur (aires végétales) se raréfie et se détériore. Les lieux de

loisir, de jeux et de promenade disparaissent et le résultat en est une frustration sociale qui provoque des tensions. Mexico compte 2,5 m^2 d'espaces verts par habitant, alors que Paris en a 7,4 et New York 14.

Ainsi la statistique débouche sur la pathologie et la croissance sur l'univers délétère. Dans *Palinure de Mexico* (1984), Fernando del Paso donne une image de la ville perçue par delà les chiffres et qui en est le contrepoint : "Quand j'allais atterrir à Mexico et que j'ai contemplé cette horrible et immense ville du seul point de vue où elle peut encore paraître belle, comme une mante de velours noir constellée de pierres précieuses, comme un interminable essaim de vers luisants, comme un champ de saphir où paissent les étoiles : d'en haut et de nuit. Parce que d'en bas, et de jour, cette ville où le destin nous a fait naître et vivre (et si c'est le destin, nous n'y pouvons rien, comme dit Fuentes), cette ville est une ville malade, monstrueuse, grise et misérable : et sa misère sans lumière et sans germes, sans rédemption, déborde sur la vallée, les montagnes, les forêts et les déserts où elle vit, mais elle meurt plus qu'elle ne vit et il meurt d'amibiase et de parasitose, de gastroentérite et de faim, notre pauvre peuple".

LA LITTERATURE : DU NOPAL AU PANDEMONIUM

"Qu'on m'enterre dans la montagne
au pied des champs d'agave"
Jorge Negrete

"Pan : todo. Demonium : diablo
D.F. Pandemonium : de todos los diablos"
Jesús Camacho Morelos

Dans un article intitulé "La ville et le roman" *(Estudios americanos*, n° 67-68, Vol. XIII, 1957, p. 276-283) Arturo Torres Rioseco écrit : "La littérature présente sans aucun doute une évolution thématique parallèle aux changements sociologiques de nos villes". Cette affirmation est particulièrement remarquable au Mexique. Dans la première partie du XIXe siècle, au moment où l'Etat Mexicain naissant cherchait à construire une nation, la littérature eut pour fonction de dessiner le profil d'un pays dans son ensemble, et le cadre rural idyllique ou pittoresque prit une large place dans les récits et la fiction. Quand s'opéra le phénomène de centralisation du pouvoir et l'amorce de l'industrialisation, la ville et le milieu urbain apparurent. L'oeuvre de Manuel Gutiérrez Nájera, à la fin du siècle, en est l'exemple le plus représentatif. Mexico prend corps dans cette oeuvre et une entité géographique et sociale se matérialise à l'image d'un reflet, en miniature, de Paris, ville lumière pour les Porfiristes. Toutefois, cette ville a, malgré ses immeubles, une atmosphère paisible de ville provin-ciale où il est agréable, au cours des promenades au long des allées bordées d'arbres, de croiser des calèches, des artisans ambulants et de pittoresques dandys. Bien sûr, c'est là le départ de l'évolution du décor urbain : la vie nocturne sous les premières lumières électriques, les quartiers mal famés et les premières nuisances, la densité humaine et les embarras de circulation. Mais il faudra attendre soixante ans pour que ce corps géographique et social se développe et devienne une concentration convergente de la vie et de l'image du pays. La Révolution a déplacé le théâtre de l'existence mexicaine dans les campagnes où la lutte fait rage, où se joue le destin de la nation. C'est aux environs des années cinquante, au moment de l'institutionnalisation de l'appareil révolutionnaire, que le nouvel organisme social se met en place et aboutit, avec les choix politiques de centralisation administrative, de développement industriel et de cosmopolitisme, a la capitale, lieu géométrique et humain, premier plan du pays moderne "contemporain de tous les hommes". Le roman de Carlos Fuentes *La région la plus transparente* , en est l'exemple le plus significatif. La ville est dans cette oeuvre le reflet de la mise en place du Mexique actuel, le creuset où viennent se mêler et se brouiller toutes les racines et les traces de l'histoire du pays. A l'histoire éclatée répond l'espace éclaté de la métropole. Fuentes installe le décor d'un univers nouveau qui bouleverse les données sociales et l'imaginaire collectif.

La grande ville, "Corne d'abondance de poubelles" est un lieu à la fois immense et emmuré. Les odeurs, les bruits et les lumières rendent plus dense la perception d'un monde matériel tangible et plus épais que les seules impressions visuelles des descriptions littéraires précédentes. Un décor est planté. Les problèmes humains apparaissent aussi : l'attrait de la capitale qui est pour les provinciaux un miroir aux alouettes, un endroit où "l'on gagne vite de l'argent". La ville est la synthèse et la concentration de la pluralité des types et des classes, le point de rencontre et la cohabitation des différences, mêlées en apparence seulement : "Ville aux frontières imperceptibles matériellement, mais grillagées et hermétiques spirituellement". Enfin, les dangers de la capitale, nuisances, pollution, violence et solitude sont évoquées comme une menace pour le futur. Avec ce roman, l'image d'un Mexique aux immenses paysages, aux volcans et aux cactus, aux deserts infinis, aux hauts plateaux "metaphysiques" comme les avait nommés Alfonso Reyes, s'efface et l'univers concentrationnaire apparaît. Le nouvel horizon de l'homme se profile. Cette prise de conscience est importante et elle est l'image d'une mutation sociale réelle et irreversible. Pourtant il convient de préciser qu'elle est encore théorique. La ville de *La Región más transparente* est plus une image qu'une réalité. Les lieux et les personnages, malgré la précision de certaines références, sont avant tout symboliques, ils sont des problèmes existentiels posés plus que vécus. La nouvelle modalité de civilisation est signifiée. Le roman a le mérite d'être prémonitoire et d'ouvrir une perspective, mais la ville est encore un décor qui soutient des problèmes historiques et ontologiques fondamentaux. Au cours de la même période, Juan Rulfo, Agustin Yañez, José Revueltas situaient une problématique comparable dans des atmosphères rurales.

Quoi qu'il en soit, la mutation s'était opérée, et de même que le déséquilibre démographique s'inversait réellement entre les campagnes et la ville, de même la littérature urbaine allait progressivement et rapidement prendre le pas sur le décor rural. En quelques années, que nous pouvons dater de 1960 à 1970, la littérature va déplacer presque radicalement son décor à l'unisson de la géographique humaine. Le roman, pour un temps, va être une chronique de la capitale, puis il va faire parler la capitale, il va la faire vivre et palpiter, le symbolisme disparaîtra au profit de l'épaisseur multiple et complexe du quotidien d'une réalité nouvelle. L'environnement urbain présenté comme le décor labyrinthique *du Mexicain* va se transformer en une présence fondamentale où se meuvent, habitent et existent *les Mexicains* . Le portrait d'une réalité va devenir réalité substantielle.

Sous l'influence du "New journalism" nord américain de Norman Mailer ou de Truman Capote, des écrivains vont s'appliquer dans leurs oeuvres à faire la chronique d'un nouveau milieu urbain prépondérant. Il ne s'agit plus de l'image d'une ontologie éclatée, de la projection matérielle d'une structure idéelle, mais à l'inverse des conséquences sur le comportement et l'existence d'une atmosphère quotidienne bien présente. Elena Poniatowska est la plus représentative de ces écrivains journalistes et se distingue dans un genre qui va donner à la littérature mexicaine une orientation primordiale : un récit mêlant l'entrevue, la recréation d'atmosphère et le portrait verbal, essentiellement dans le contexte urbain. La ville prend la parole. Dans un langage qui leur est propre, les "Fils de Sanchez" et les étudiants, dans des collages de voix et d'attitudes, s'expriment, se font voir et se font entendre. ELena Poniatowska et le poète Jorge Emilio Pacheco recensent et mettent en forme les modalités d'une nouvelle existence et les conséquences culturelles et de comportement des problèmes humains vécus: enfants livrés à eux-mêmes dans la jungle des rues de la capitale, désespoir devant les difficultés de subsistance, d'emploi et de communication, violence endémique, pollution et souillure.

La littérature est devenue désormais le signe de la civilisation urbaine : un temps, un espace, une perception du corps, un comportement et des relations, pour tout dire une structure radicalement nouvelle et un imaginaire collectif bouleversé font de la littérature le signe vrai du Mexique urbain contemporain.

Cette nouvelle structure fut exprimée surtout aux alentours des années 70 avec l'apparition du mouvement appelé "La Onda" par Margo Glantz. Même s'il ne faut pas exagérer l'importance de la vague romanesque qui a eu beaucoup de succès pendant un temps avec les oeuvres de Gustavo Sainz, José Agustín, Parménides García Saldaña, on doit convenir que ces auteurs représentent une étape clef de la littérature mexicaine. Ils n'ont pas fait école dans le sens strict du terme et on peut considérer leur thématique comme un mouvement ponctuel correspondant plus ou moins à l'esprit de soixante huit, mais ils coïncident de façon très significative, au-delà des modalités particulières d'écriture et de thèmes, avec un changement radical de décor et d'atmosphère qui ne fera que se confirmer par la suite. Ils sont le moment où la littérature mexicaine, comme la société qui en est le contexte, passe vraiment de l'univers rural à l'univers urbain. Avec *Gazapo* et *Compadre lobo* de Gustavo Sainz, *De Perfil* de José Agustín, la ville devient, plus qu'un décor, le personnage principal du roman. L'intrigue, le comportement, les relations humaines et les faits sociaux découlent des conditions de vie urbaine. Ces jeunes écrivains prennent conscience -et nous font prendre conscience- du fait que les signifiants imaginaires traditionnels de la littérature se sont déplacés. L'environnement principal qui détermine l'homme mexicain n'est plus ce qu'il était et il faut renouveler les mythes, les symboles, le langage et les rapports sociaux à partir d'une nouvelle réalité qui est la ville. Celle-ci devient désormais le thème presque exclusif de l'expression, la seule voie initiatique de la formation des individus. Le décor est celui des rues bruyantes et embouteillées, de la foule et des annonces lumineuses.

Les rapports avec l'institution sont l'affrontement avec la police urbaine, la famille éclatée, l'école et l'Université dont les fonctions sont remises en cause. Le travail et la souce de revenus sont la recherche des expédients, la pluralité des activités, la nouvelle picaresque dans la jungle de la métropole. L'éducation sentimentale passe par les bandes de jeunes, les "pandillas" et par les bordels et les boîtes de nuit. La culture est celle diffusée par les médias, télévision et radio, qui fondent des mythes nouveaux et offrent les modèles de la jeunesse urbaine universelle en mutation : le rock, la bande dessinée, le cinéma nord-américain. Le langage refuse l'académisme des discours officiels et la rhétorique traditionnelle, le jargon de la rue remplace la correction de la norme nationale. Les thèmes de la vie nocturne, des éclairages artificiels, des sirènes de police et d'ambulances sont récurrents. La ville, univers de pollution atmosphérique, de violence, de chaos, renouvelle les sensations, les perspectives, les concepts de soi-même et de l'autre, et elle offre une nouvelle vision du milieu, une nouvelle forme d'idéologie. La fête acquiert d'autres dimensions; l'alcool et éventuellement la drogue deviennent des adjuvants pour le déséquilibre écologique et affectif.

Il ne faut pas se tromper. Certains ont voulu voir dans ces romans des oeuvres plus ou moins aliénées : "Ce sont les premiers écrivains "gringos" du Mexique" (Monsiváis). C'est une interprétation erronée. S'ils ont quelque chose de nord-américain, c'est qu'ils ont perçu que leur réalité est maintenant celle des pays urbains industrialisés, et la meilleure réponse à ce grief est celle de José Agustín : "Nous n'avons pas pris des nord-américains une culture de Shopping-Center mais ce qu'elle a de plus vital et de plus rénovateur". En fait, comme certains écrivains "gringos", ils se sont mis à l'unisson du nouveau moule de leur civilisation : celui des grandes concentrations humaines dans les grandes cités.

D'ailleurs, la littérature postérieure aux romans de "la Onda", celle des années quatre-vingt, ne fait que souligner et accentuer l'atmosphère urbaine dans l'expression et la presque exclusivité thématique de la capitale. En premier lieu, dans la presse de ces années-là, s'est développé et enrichi le genre "Chroniques de la cité", qui, plus que de la prose journalistique, nous offre de très belles pages littéraires dans les récits de José Emilio Pacheco, José Joaquín Blanco, Roberto Vallarino, Guadalupe Antoni et d'autres. Si l'on réunissait ces portraits de Mexico dans une anthologie nous obtiendrions un remarquable ouvrage où la ville serait l'image axiale d'une expression significative. Par ailleurs et plus précisément, les documents sociaux qui mettent l'accent dans des ouvrages littéraires sur les problèmes politiques ou existentiels du Mexicain sont fondamentalement des documents sur la ville. *Yo Porro*, d'Olga Duron, au-delà du témoignage sur le problème des universités et des groupes marginaux parasitaires, est un paradigme des effets de la vie urbaine sur l'individu. Enfin, les oeuvres les plus marquantes de ces dernières années dans la littérature mexicaine sont exclusivement situées dans la capitale qui en est l'élément essentiel. Deux exemples choisis parmi les plus représentatifs. *Yo se lo dije al Presidente* , de Roberto López Moreno, où dans un recueil de nouvelles l'auteur recrée et signifie les bidonvilles, les cités perdues, les tas d'immondices, le milieu des prostituées et de ceux qui dans les bas quartiers, font de la boxe pour prolonger lucrativement leur existence quotidienne, les avaleurs de feux qui se brûlent la gorge aux carrefours, la violence des fins de semaine de la jeunesse. *Púberes Canéforas* de José Joaquín Blanco, où apparaissent le cynisme décadent des intellectuels blasés, les jeunes "chichifos" qui se prostituent pour accéder au monde de la consommation, la violence de la police et la corruption. Dans toutes ces oeuvres, quel que soit le propos, documentaire ou fiction, Mexico District Fédéral est le lieu essentiel, moteur des êtres et des actes, milieu qui exclut les autres univers de la tradition littéraire. Nous aurons le loisir de revenir sur ces phénomènes, mais nous pouvons d'ores et déjà affirmer que la littérature a suivi l'évolution sociale et qu'elle la reflète. D'un pays aux multiples facettes nous passons progressivement et totalement à une énorme ville qui absorbe tout ce qui n'est pas elle et qui bouleverse les images traditionnelles. La littérature Mexicaine est actuellement la littérature de Mexico. C'est aussi à travers elle que nous pourrons peut-être mieux recenser les problèmes qu'elle pose et dire ce qu'elle est. Texte et contexte équivalent.

GENS DE LA CROISSANCE

La fécondité de la ville de Mexico est exceptionnellement élevée pour une agglomération "moderne", même si la situation se modifie dès les années 1960 pour les classes moyennes et au cours de la décennie suivante pour les milieux populaires. C'est cette haute fécondité qui fait toujours de Mexico une ville d'enfants et de jeunes, peuplée d'écoles débordées, même si le flot scolarisable a cessé d'augmenter. En effet les chiffres de natalité annuelle comme ceux que le recensement de 1980 donne pour les classes d'âge jeunes convergent : le nombre des enfants tend à se stabiliser.

Si les hautes fécondités se sont maintenues ici aussi longtemps, on peut l'expliquer par la convergence de bien des facteurs : maintien de comportements traditionnels même dans les classes moyennes jusqu'à la décennie 1970 ; durable prospérité de cette dernière décennie maintenant une vision optimiste de l'avenir des enfants ; conditions de vie familiale relativement faciles quant au coût des logements -en comparaison d'autes très grandes capitales- et surtout quant à celui du service domestique très bon marché : dans toute l'agglomération, la proportion de femmes, surtout pour les classes d'âge à partir de 15 ans, est majoritaire et ceci de façon plus marquée à mesure qu'il s'agit de quartiers aisés : nul doute que la présence de domestiques logées au sein des familles explique l'essentiel de ce déséquilibre entre sexes.

Sex ratio (% d'hommes sur la population totale)

District Fédéral	47,9
Etat de Mexico	49,6
Total République Mexique	49,4
Délégation à fortes populations féminines :	
B. Juarez	44
M. Hidalgo	45
Cuaultenac	46
Coyoacan	47
G. Obregon	47
V. Carranza	47

Natalités

	Mexique	D.F.	Etat de Mexico	Total agglom.	Chihuahua	N.León
1960	46	43	47	44	44	47
1970	44	43	37	41	40	44
1980	36	32	26	30	31	32

Commentaire : La médiocre qualité des déclarations d'Etat civil dans les banlieues de l'Etat de Mexico est en partie compensée par des déclarations reportées vers le District Fédéral.

Ville de jeunes, les enfants dans la ville

> "Un petit crieur de journaux m'a dit un jour : Maintenant je suis habitué au bruit du centre-ville. Et c'est ce bruit et ce mouvement qui me plaisent".
>
> Elena Poniatarska

> "Le temps était venu d'être dur : il fallait devenir des hommes, être forts pour résister au temps du malheur... et pour cela, s'abîmer en nous-mêmes, se blinder"
>
> G. Sainz, *Compadre lobo* , p. 58

L'afflux de population, s'il est en partie composé de mi- grants, est avant tout constitué par les naissances. Nous avons pu voir plus haut le nombre impressionnant de jeunes et d'adolescents de moins de vingt ans. L'accroissement continu de population dans cette catégorie d'âge, en particulier la quantité d'enfants de moins de quinze ans, bouleverse les données sociales et caractérise le panorama humain de la grande ville. Toute expression urbaine, qu'elle soit sociologique ou littéraire, ne peut éluder ce phénomène de jeunesse. Il est une chance pour le futur, un symptôme de vitalité prochaine du pays, une promesse de puissance démographique, mais il est aussi dans l'immédiat une source de problèmes sérieux et une menace pour la stabilité sociale.

L'analyse démographique donne une idée quantitative du peuplement de la ville, mais il faut aller plus loin et en mesurer les conséquences qualitatives si l'on veut rendre compte plus profondément de ce phénomène. Le nombre important et sans cesse croissant des enfants a des effets considérables sur les mentalités, la quantité affecte la qualité. En premier lieu se pose le problème de l'éducation et de la formation. Malgré les efforts réalisés par le Ministère de l'Education Publique, le nombre des écoles est insuffisant, même si dans une journée se succèdent trois horaires pour groupes différents (matin, midi, soir). Les classes sont surchargées, les effets de l'éducation sont la plupart du temps bien faibles. En outre, dans les catégories sociales moyennes et basses, c'est-à- dire celle où il y a le plus d'enfants, le travail productif de ces enfants est rendu impérieux par l'insuffisance de ressources du chef de famille, et l'éducation scolaire est perçue comme un obstacle au labeur plutôt que comme un instrument d'ascension sociale. Un enfant interrogé par Elena Poniatowska lui a répondu de façon très significative : "je n'aime pas l'école parce qu'on n'y gagne pas d'argent". Ainsi les enfants sont dans la rue, exerçant les professions parallèles de laveurs de voiture, cireurs, vendeurs de journaux ou de friandises achetées en gros, ou enfin, en dernière instance, se livrant à des activités "anti-sociales", tels le vol ou la prostitution. Ils se retrouvent la plupart du temps dans la rue, à la rude école du système D, pour aider à la subsistance de la famille, et la conséquence est qu'ils se séparent de plus en plus de cette famille, entraînés par l'exemple d'aînés vers des activités à la limite de la légalité qui se révèlent plus lucratives.

L'école de la vie est pour eux l'école de la ville. Les courants de mutation de civilisation qui circulent dans la métropole les affectent les premiers. Journalistes et écrivains, tels Elena Poniatowska, José Emilio Pacheco et bien d'autres, donnent fréquemment l'image de l'enfant urbain, livré à lui-même, marqué par l'âpreté de la lutte pour subsister, influencé et modifié par les sollicitations publicitaires et mercantiles, n'ayant d'autre préoccupation que l'immédiat et perméable plus que tout autre aux modes culturelles diffusées par les médias. Leurs modèles sont ceux de la bande dessinée et du roman-photo, les vedettes du sport et du Rock. Ils sont plongés, sans possibilité d'esprit critique et de choix, dans des courants qui les entraînent et qui les forment, loin des modalités normatives traditionnelles ou scolaires, dans un tourbillon vertigineux où se noie leur personnalité. "Pour les gamins de moins de quatorze ans qui pullulent dans les rues en se gâchant la vie, rien n'est un affront. Les cris, les coups de pied, le sang, les coups, les grossièretés sont partie inhérente de leur vie, ils sont leur environnement naturel" écrit Elena Poniatowska.

Ainsi, cet afflux de jeunes, promesse de vitalité nationale, peut être pour la ville perverti à la base, l'espoir peut devenir danger. Mais c'est dans le monde des adolescents, de quinze à vingt ans, que se précisent les caractéristiques de cette formation. Là encore, et c'est très révélateur, la presse et la littérature abondent d'exemples qui permettent de mesurer les conséquences de la croissance urbaine. L'adolescent est le héros le plus fréquent de la littérature des vingt dernières années, témoignage de l'importance de cette catégorie d'âge dans la métropole. C'est que le jeune homme, qui est partout dans l'expression de la réalité urbaine, du fait divers au roman, est essentiel par le nombre et surtout par le reflet qu'il représente de la naissance de l'homme urbain. Il est le lieu d'un nouvel imaginaire, l'exemple d'un comportement spécifique et du déplacement des sources de la personnalité. Le "Porro" interrogé par Olga Duron (Duron, Olga, *Yo*

Porro , ed. Posada, 1984, Mexico) déclare : "On est obligé de se former à partir des modes de la rue, plus qu'à partir des exemples des parents, de la religion. On s'adapte mieux à ce qu'on vit davantage". Le milieu de la "Pandilla", de la bande, est plus important et plus marquant que le milieu familial. Les conséquences sont considérables. Les adolescents, livrés pour la plupart à eux-mêmes, se séparent et se differencient du Monde des adultes. La communication ne passe plus et la continuité de comportement est rompue. Les jeunes, qui portent en eux le poids du futur, s'affirment seuls par un langage, des modes vestimentaires et des manières de vivre qui nient le monde des adultes. Ils sont une réalié intrinsèque, et cette réalité, totalement indépendante, est celle dont le volume est le plus important dans le contexte urbain. Ce sont donc eux qui signifient le mieux les altérations apportées par la croissance démographique, ce sont eux qui expriment le mieux la qualité de cette quantité. Dans tous les témoignages que nous en avons, ils sont porteurs et signes de la problématique urbaine. La ville est leur univers exclusif. L'espace et le temps de ce phénomène social est leur milieu naturel et leurs modaliés d'adaptation portent la marque de la mutation essentielle de la nouvelle forme de civilisation. Ils se donnent d'abord une liberté radicale par rapport à la famille dont ils ne dépendent plus. Leur univers de commmunication à peu près exclusif est celui de la rue, des copains.

Leur cellule est la bande. Ils ont de plus en plus conscience d'être non pas des continuateurs mais des innovateurs. Le "Porro" déclare : "Le propre de notre génération, c'est qu'elle se situe à une époque de changement radical. Depuis dix ans, il y a une rupture avec tous les genres qui a bouleversé ce qui était établi, toutes les formes du conservatisme ". Ils ne se perçoivent pas comme une transition mais comme une réalité définitive. Bien sûr ils ont conscience que leurs chemins sont parfois quelque peu dévoyés, mais ils vivent le drame et assument leur nouvelle condition. Il y a là toute la problématique du phénomène urbain.

Des côtés négatifs mais aussi des côtés positifs dont les moindres ne sont pas la maturité, la lucidité et une forme de responsabilité. L'un des romans les plus significatifs sur l'adolescence est l'oeuvre de Gustavo Sainz *Compère loup* , qui dessine et précise ce nouvel univers, réel et imaginaire, qu'est la ville pour les adolescents. L'indépendance, qui frise la marginalité, avec ses codes et ses valeurs est le référent essentiel, pour ne pas dire unique. Les rapports avec l'Institution, non plus familiale mais sociale, s'en trouvent évidemment modifiés. Le groupe ayant ses propres lois, la loi est objet de méfiance, voire d'agressivité. Les affrontements, verbaux et parfois physiques, avec toute forme d'institution sont très fréquents. Conscients de vivre dans un monde où les données structurales sont modifiées, l'adolescent accepte mal ou pas du tout des codes que son expérience sociale lui fait paraître inadéquats, incompréhensibles parfois. Cette forme de révolte contre les cadres institutionnels n'est pas ici un moment de jeunesse traditionnel, un geste d'affirmation, elle est beaucoup plus fondamentale et radicale ; on la sent souvent définitive.

Le deuxième caractère essentiel du comportement urbain de l'adolescent est la méfiance, l'indifférence ou l'hostilité envers l'appareil organisé du travail, de la productivité. La cause évidente en est bien sûr le chômage, la difficulté de trouver du travail, les carrières totalement saturées si l'on envisage d'exercer dans la ville. L'avenir professionnel n'est pas perçu comme une voie tracée à laquelle un effort normal permet d'accéder. La subsistance est plutôt assurée par des expédients, des activités temporaires, les élans passagers du "qui vivra verra". Cette attitude est caractéristique des moments de profonde mutation sociale et la mentalité picaresque des bouleversements sociaux du XVIe siècle trouve là une parfaite analogie.

Cette insouciance conduit évidemment à une méfiance envers les formes traditionnelles de la formation. La voie initiatique de la personnalité passe de moins en moins par l'école ou l'Université. C'est dans la rue que se trouve la connaissance et que se forgent le tempérament et les réflexes d'adaptation sociale. L'étude, la reflexion à partir des livres, n'est pas perçue comme adaptée au contexte nouveau. Ainsi la réflexion, la méditation et la pensée sont moins valorisées que l'instinct, la sensation et la sensualité. D'où un glissement éventuel vers l'alcool ou la drogue, en tous cas l'absence de crainte devant les produits qui aliènent le raisonnement. Les mots, après avoir remplacé les choses, sont pour ces adolescents insuffisants à signifier ou à expliquer l'environnement nouveau. Gustavo Sainz fait dire à l'un de ses personnages :"la nécessité intérieure de se saôuler est liée à la proximité de ce point où l'on ne peut plus rien faire ni plus rien dire avec des mots".

Dans cette ville où le chaos est fondamental, l'ordre des mots et la rigueur des idées sont obsolètes. L'ivresse et la nuit rendent mieux compte que la raison et la clarté de l'univers où il faut vivre. C'est pourquoi le thème de la nuit, de la vie nocturne est beaucoup plus qu'un mode de vie éventuiel. Il est le symbole essentiel de l'existence dans la région qui n'est plus transparente. Le mode dyonisiaque est beaucoup plus adapté aux circonstances que le mode apollinien.

Ainsi, nous pouvons voir que les données démographiques modifient considérablement, pour ne pas dire radicalement, les données qualitatives de la vie urbaine. La croissance démesurée de la population s'exprime par un paysage humain essentiellement composé d'enfants et d'adolescents. Placée dans un contexte qui bouleverse l'environnement traditionnel, cette catégorie sociale, à la fois affectée par le changement et moteur de la mutation, est l'image de la conséquence de la croissance. Elle en représente d'une part les dangers, les possibilités de fourvoiement et de péril social, mais elle est aussi la marque de la volonté de s'adapter, malgré les imperfections de ses balbutiements, à une nouvelle configuration de l'univers humain. Elle porte en elle la nécessité de se modifier, d'accorder les mentalités à des données nouvelles. En un mot, elle est le signe d'un dynamisme social qui comporte ses erreurs, ses menaces et ses dévoiements, mais aussi ses élans et son envie de vivre sa réalité, d'être "contemporain" de son monde et de ses problèmes. Elle témoigne de la difficulté d'être jeune dans une ville explosive et aussi de la responsabilité nécessaire de construire et d'affirmer de nouvelles modalités d'existence.

Bonnes à tout faire

"Dis donc, elle n'est pas mal ta boniche, elle baise ?
Tu l'as jamais draguée ? Laisse-la moi, non ? A voir si je me la fais".

José Agustin, *De perfil*

Une bonne partie des migrants, et plus particulièrement l'élément féminin trouve comme occupation en ville des travaux de domesticité. Comme il y a abondance de demande et que la main d'oeuvre ne manque jamais dans ce domaine, il n'y a guère de difficulté à trouver du "service", même et souvent pour un salaire de misère et contre une alimentation peu onéreuse et un logement exigu mais presque toujours plus confortable que celui qu'on a laissé au village. Les bonnes logent sous les toits, d'où leur qualificatif de "gatas", "chattes" qui leur est attribué dans la capitale.

Le standing d'une famille peut se mesurer à la qualité des domestiques féminins employés et même si actuellement les salaires ont tendance à monter, la classe moyenne basse peut s'offrir le luxe d'abriter et d'utiliser de la domesticité féminine. Il s'établit d'ailleurs de véritables filières de migration pour ces emplois, et souvent des domestiques en place, quand elles vont en vacances dans leur village ramènent des parentes ou des amies pour la famille ou les voisins. De véritables noyaux de diverses provinces se constituent et la bonne peut être une spécialité régionale. Certains préfèrent celles de Oaxaca, d'autres vantent les mérites de celles de Puebla, etc... Le nombre de domestiques n'est pas nécessairement synonime d'aisance matérielle, car on peut avoir plusieurs bonnes très peu payées ou une domestique zélée et experte qui perçoit un salaire un peu plus conséquent.

Le fait d'être au service d'une famille de la classe moyenne -classe prédominante à Mexico- est un facteur de modification pour ces jeunes filles qui viennent de la campagne. Car, contrairement aux rapports traditionnels de la bourgeoisie avec la domesticité, les Mexicains ont, malgré des relations de hierarchie et d'autorité, une attitude souvent familière avec leur bonne qui peut avoir souvent l'impression de faire partie de la famille. La maîtresse de maison les traite souvent plus comme des enfants qu'on dresse que comme des serviteurs. Ainsi, les "gatas" peuvent avoir l'illusion d'accéder aux avantages d'un statut social supérieur, même si elles n'en ont que des miettes. Elles peuvent bénéficier des vêtements que les patronnes ne veulent plus, de l'utilisation des appareils ménagers modernes et, ce dont elles ne se privent pas, de la radio et de la télévision qui sont le fondement de leur formation intellectuelle et surtout sentimentale. La vie sous les toits, souvent, n'est pas triste, et l'heure du feuilleton télévisé est un moment sacré. Les châines ne s'y trompent pas qui placent les feuilletons aux moments creux des travaux ménagers. Les bonnes sont ainsi formées par l'idéologie du feuilleton et du roman photo dont elles sont des consommatrices assidues. Cela a une énorme conséquence dans la mesure où elles sont souvent chargées de la garde et de la formation des enfants. Dans la mesure en effet où la fonction spécifique de telles émissions et de cette littérature est de véhiculer le désir de consommation et de créer des modèles sociaux, elles deviennent les relais d'une culture urbaine dont nous verrons plus loin le profil et les conséquences.

L'univers imaginaire de la domesticité est une caricature de celui du roman populaire et de la "dolce vita" des nantis de la société urbaine. Dans leur vie culturelle et sentimentale, les bonnes ne font que singer un mode de vie en lui-même artificiel et leurs mythes ne sont que le reflet déformé de ceux de la société de consommation. L'énorme succés des feuilletons télévisés et des romans photos d'une débilité déconcentrante est dû à ce public particulièrement nombreux, attentif et prêt à recevoir n'importe quel message avec une naïveté dangereuse pour elles et pour les autres. Car le rôle qu'elles jouent dans la famille urbaine est loin d'être négligeable. Dans un milieu familial souvent éclaté où le père est absent la plupart du temps et où la mère, même si elle est là, a de moins en moins une présence domestique, c'est la bonne qui assume souvent la fonction maternelle. C'est elle qui sert les repas aux enfants et dans bien des cas qui les prend avec eux. Quand les parents sont au dehors, ce qui, avec les problèmes de déplacement et le rythme de vie urbain, est très fréquent, c'est avec les bonnes que les enfants passent une bonne partie de leur existence, devant la télévision ou à écouter des chansons sentimentales à la radio, ou encore à suivre des conversations sur les idoles populaires sur les terrasses où on étend le linge. Dans la littérature urbaine, il est frappant de constater que ce qui constitue traditionnellement l'affectivité entre mère et fils se déplace vers les relations entre la bonne et l'enfant. Une scène relatée par José Agustin dans *De Perfil* peut illustrer ce glissement : "Nous arrivâmes tous les trois, Violette (c'est sa mère, qu'il appelle par son prénom), Carlota del Rosario (la bonne) et moi. Violette alla dans sa chambre après avoir échangé quelques mots avec moi, et la bonne me servit un repas réchauffé -Allons, prend un peu plus de haricots, me dit-elle, tu devrais manger davantage". L'attention portée à l'enfant est plus le fait de la bonne que de la mère.

Plus tard, au moment de l'adolescence, la bonne joue un autre rôle qui est aussi déterminant. C'est à elle que peut être dévolue l'éducation sentimentale, c'est à dire l'initiation sexuelle du jeune homme. La domestique est une proie facile et pratique pour faire ses premières armes. Un proverbe circule parmi les adolescents de la Ville de Mexico : "Para carne buena y barata, no hay como carne de gata", ce qui pourrait se traduire approximativement par : "Si tu veux pour pas cher toucher des miches, rien ne vaut celles de ta boniche". Ce contact peut être important pour la formation d'une mentalité d'enfant. D'une part c'est le sentimentalisme du roman à quat'sous, de l'autre un espèce de rut animal qui ne peut que renforcer le sentiment machiste de mépris pour la femme.

Dans tous les cas, dans le substitut maternel de la petite enfance, soit dans le substitut amoureux de l'adolescence, ce qui est remarquable c'est le caractère artificiel et même fallacieux des échanges affectifs. D'autant que le plus souvent les bonnes quittent fréquemment leur place quand elles ne sont pas renvoyées ou bien alors, entraînées par le bovarysme à bon marché que leur apportent les conditionnements culturels des médias, elles suivent imprudemment un manoeuvre et elles ont le destin des heroïnes de feuilletons : "séduite et abandonnée". L'image de la mère, l'image de l'amante sont ainsi très souvent des reflets partiels, éclatés, flous et trompeurs. La mouvance migratoire de la domesticité n'a pas alors que des conséquences démographiques, elle peut aussi modifier dans une certaine mesure les idéologies de l'individu urbain en remettant profondément en cause des sentiments traditionnels.

Migrations : De l'été bucolique à l'océan des solitudes

"Il abandonna à jamais l'été bucolique de sa terre natale et l'Orient scintillant des étoiles précieuses qui se perdirent dans la gélatine sans amour de la grande ville. En compensation, il se laissa glisser sur les bords des horloges et succomba à la fascination que lui offrait la région des discordes. Il (affronta) les sillons fétides de la cité et l'océan des solitudes récurrentes".

F. del paso, *Palinure de Mexico*

Mexico ne cesse de croître : pour V.A. Maldonado (Hacia una nueva capital ? FCE, 1974) chaque jour le District Fédéral compte 1650 personnes de plus ; 1200 par naissance, 550 par immigration. Ces chiffres bien sûr, varient au fil des années, mais le shéma reste. De nombreux enfants naissent, de nombreuses personnes arrivent à la capitale. Le phénomène migratoire est le facteur le plus crucial et le plus problématique du développement urbain. Ce développement peut être perçu comme une explosion de modernité, d'industrialisation, de richesse, et il fonctionne bien évidemment comme mirage, un pôle d'attraction, même s'il est dans la plupart des cas un miroir aux alouettes. La fascination s'exerce sur ceux qui viennent à la capitale parce que leurs conditions de vie ne les satisfont pas. Les difficultés économiques sont sans aucun doute la cause essentielle de cet afflux vers la ville.

Dès les années 50, le chef de famille de nombreux paysans devait occuper des travaux saisonniers urbains pour parvenir à joindre les deux bouts. Par la suite les conditions ne sont encore dégradées : la croissance démographique à la campagne, les parcelles de terrain minuscules et la terre épuisée, la disparition progressive du petit commerce local à cause du monopole des propriétaires des camions de transport de subsistances, et surtout les bas salaires octroyés aux journaliers ont rendu la vie difficile, voire insupportable pour nombre de paysans qui n'ont eu d'autre recours que l'émigration. Cependant, outre le facteur principal économique, il est un facteur psychologique non négligeable et qui n'est peut-être pas assez souligné par les chercheurs en démographie. La ville est un recours vital, certes, mais elle est aussi et dans une large mesure, un univers fascinant pour des gens qui se sentent déplacés par rapport aux mythes et aux modèles qui leur parviennent par le canal des médias, la télévision parfois, le cinéma souvent, la radio presque toujours. Parce qu'au bout du compte, dans la plupart des cas, la vie à la ville est aussi une faillite économique à laquelle s'ajoutent des conditions écologiques nuisibles à la santé. Mais elle est surtout le lieu de la consommation, le cadre du merveilleux moderne prôné et loué par les émissions de radio et les campagnes publicitaires. C'est à la ville que se trouvent les images de confort, les automobiles, les réfrigérateurs, les vêtements à la mode, tout l'appareil fascinant d'une société qui conditionne ses membres à acquérir certains objets et certains comportements. Comment ne pas se sentir exclu quand on a sous les yeux et dans les oreilles la vision et l'écho d'un mode de vie auquel l'environnement rural ne donne pas accès ? Psychologiquement et en vertu du système social et médiatique qui diffuse des mythes et des modèles urbains, la ville fonctionne comme un aimant, elle est pour les paysans et les indigènes de la campagne, le lieu vital indispensable, hors duquel il est impossible de se sentir un homme moderne. Elle est le centre qui absorbe ou efface la périphérie ; hors d'elle, point de salut puisqu'elle concentre toutes les possibilités de vivre dans le temps qui est le notre. C'est aspect est important, car si notre société, selon Mac Luhan, est un village par le fait de la consommation diffuse des informations à tous, ce village ne peut être qu'une ville pour celui qu'on pousse à s'accorder aux nouveaux modèles de vie. Le Prince Charmant du bovarysme actuel habite un appartement confortable dans un pent-house, est vêtu à la dernière mode, mange des hamburgers dans des restaurants à l'américaine et roule dans de luxueuses automobiles. Ce pôle d'attraction, de fascination est un facteur également essentiel de l'attrait de la capitale.

Le résultat de cette immigration est là encore, comme pour les causes, un problème économique pour ville. Le chômage, le sous-emploi, la délinquance, les difficultés de logement et les cités perdues, la difficile adaptation d'une main-d'oeuvre rurale non préparée aux technologies modernes des activités urbaines sont les conséquences matérielles de l'exode qui conduit de la campagne vers la capitale. Mais il entraîne aussi un avatar humain qu'il faut considérer. L'arrivée plus ou moins massive de catégories sociales et humaines différentes donne un visage nouveau à l'univers urbain. Ces gens venus de toutes parts, des lieux les plus divers du Mexique et provenant de milieux et même d'ethnies si variées dans un pays aux multiples visages, vont concentrer dans la ville les différences et constituer un lieu social et humain de plus en plus varié. La configuration urbaine devient une mosaïque de types et de gens, d'autant plus que si, dans les années précédentes, les immigrés faisaient des efforts pour s'intégrer aux modalités d'existence de la ville, leur multiplication et les difficultés économiques qu'ils rencontrent leur donnent de moins en moins les moyens de cette adaptation. Alors ils restent à la ville tels qu'ils furent dans leur milieu rural. Le résultat en est la constitution de nombreuses marginalités.

Les manières d'être, de parler, de se vêtir, ne se fondent plus mais coexistent, parfois en renforçant les barrières qui les séparent pour sauvegarder ce qui leur reste d'individualité. Les "Marías", les "Juanas", les "pepiteras" coexistent avec les "tehuanas" ou les "Mazahuas", les types les plus divers se côtoient sans plus chercher à se mêler, les différences se renforcent pour se protéger. Ce qui devrait être un "Melting pot" devient un cloisonnement et le mirage s'efface. Les migrants étaient venus pour s'intégrer à une image qu'on leur avait présentée comme assomption et ils n'ont fait que transporter leur réalité pour l'accumuler sur les autres.

Ricardo Garibay, dans un ouvrage qui reflète assez bien ce que peut être le Mexico actuel : *Lo que es del César* présente un personnage qui signifie parfaitement la situation du migrant, "Milusos", le paysan jeté dans le tourbillon de la capitale. Il est venu parce que, dit-il "Ici tu es quelqu'un, là-bas non". Pourtant, ici, il passe du métier de portefaix au marché, à celui de ramasseur d'ordures, d'esclave dans les bains de vapeur, de manoeuvre, de balayeur sur le périphérique, de veilleur de nuit dans un immeuble, avec des stations en prison ou dans un hôpital. Mais à travers toutes ses mésaventures il reste lui-même, vêtu deses hardes de paysan, utilisant le langage qui fut toujous le sien, acceptant tous les types d'exploitation. En fait il est venu pour être quelqu'un mais il n'a pas changé. Il illustre bien le mirage. Il est simplement venu ajouter sa marginalité à celle des autres. La ville attire et rejette à la fois, c'est là le phénomène le plus remarquable de ce fait social qui est un marché de dupes. L'alternative est simple et elle est désesperante. Le paysan à la campagne se sent exclu de la civilisation, il se sent marginal. Il émigre à la ville pour s'intégrer et il ne rencontre là qu'une autre forme d'exclusion, certainement plus cruellement ressentie.

Ce départ de l'ilôt de la périphérie vers l'"Océan des solitudes" est évidemment un problème social et humain qui ne fait qu'ajouter à la pathologie de la grande ville. Cependant, à y regarder de plus près, tout n'est pas négatif et comme pour tout le reste, il ne nous appartient pas de condamner Mexico, D.F., mais plutôt de le considérer comme un phénomène de civilisation beaucoup plus universel dont cette capitale est le lieu de diagnostic sans doute le plus apparent.

Cette mosaïque de types humains, même fortement cloisonnée, ce visage de la campagne qui est venu se montrer, se révéler dans la grande ville, a des effets positifs dont le plus important est celui de la compréhension et d'une possible acceptation de la différence. Etant donné que, si nous ne voulons pas renforcer les barrières de haine qui peuvent nous détruire, il est de plus en plus urgent d'accéder à cette acceptation, la multiplicité de la concentration urbaine peut être le moyen d'arriver à la connaissance de l'autre et à l'ouverture à ce qui n'est pas soi-même. Dans les rues du Mexico actuel on peut voir maintenant des paysans et des indigènes qui n'ont plus honte de leur identité ethnique, qui même d'une certaine façon la proclament et la revendiquent, parfois même l'exploitent. Il existe des cas où des femmes en entrant comme des bonnes dans une famille, ont changé de vêtements, de coiffure et de comportement, mais après s'être mariées en ville avec des hommes de leur communauté, reprennent leur vêtements et leurs coutumes vernaculaires. Cela prouve d'une part qu'il y a une meilleure acceptation des différences de la part de certaines classes sociales urbaines qui ne considèrent plus le "paysan" ou l'indigène comme des attributs folkloriques de leur société mais comme des personnes avec des problèmes humains ; d'autre part la multiplication des communautés marginales fait que chacune d'entre elle, pour se préserver de l'extinction de l'individualité, prend mieux conscience de son originalité et renforce ses caractères propres. La mentalité colonialiste qui voudrait effacer les excentricités disparaît progressivement et le Mexicain de la ville accède peut-être à une identité, à une ontologie qu'il a si longtemps cherché. Il peut assimiler un passé ou les racines qu'il a sous les yeux et en faire une base pour construire un futur que lui offre la vie quotidienne de la grande métropole, en prenant conscience de sa situation particulièrement contemporaine de "race cosmique" comme l'avait défini Vasconcelos.

L'ambiguité de la situation du migrant vers la métropole correspond à celle du "rural" lui-même, si divers et si mal connu : nous le voyons chez lui, dans son hameau ou sa bourgade, attaché à son terroir, dépourvu des services du monde moderne et nous l'imaginons bientôt *transplanté* dans la capitale. Mais ce jeune homme n'a guère de travail là où se trouvent sa maison, ses parents, son enfance : il est allé déjà peut-être plusieurs fois travailler dans des Etats-Unis qui ne sont plus guère les champs de laitue -ou de coton- des années 1940 ou 1950. Son travail là-bas, pour clandestin qu'il fût, l'a sans cesse mis en contact avec une vie technique à laquelle il n'est pas resté étranger : manoeuvre en usine, domestique de maison, gardien dans un entrepôt, balayeur d'une boutique ou d'un hôtel, mais de plus en plus souvent en contact avec ses cousins installés dans le pays, logés, vivant en ville avec leurs enfants, ouvriers qualifiés, mécaniciens de garage, employés, vendeurs, voire exploitant à leur compte un restaurant. Même si ce clandestin est dans une ferme isolée, où il reste à traire et soigner les vaches, il y apprend le tracteur, la trayeuse électrique, les aliments composés du bétail. L'énorme volant de main d'oeuvre de plusieurs millions de Mexicains qui va et vient du Mexique aux Etats-Unis est pénétré de la modernité biaisée d'une technologie connue par raccroc, d'une consommation contemplée et partiellement pratiquée. Une part de ces gens sont les candidats à la vie de la capitale mexicaine.

Et même ceux, et surtout celles, qui n'ont jamais quitté la province mexicaine y connaissent par l'école, par la télévision, par le roman-photo, les modes de vie urbaines. Et dans ces bourgades, de plus en plus, la vie quotidienne s'apparente à celle des quartiers pauvres de la grande ville : le pétrole et surtout le gaz ont remplacé le feu de bois de la cuisine ;

l'électricité est arrivée, malgré ses pannes et ses fantaisies d'horaire ; l'eau du robinet est au coin de la rue ou chez le voisin ; on achète une partie du maïs à la CONASUPO, que l'on fait moudre au moulin électrique et que la machine du quartier transforme en tortillas. C'est *l'espoir* d'aller plus loin qui conduit à partir à la Ville.

Dans la vision de la croissance urbaine que nous montre la presse ou la littérature, c'est la migration qui apparaît comme un *acte* de croissance, repérable, évitable peut-être, qui menace d'invasion ceux qui déjà ont fait de Mexico leur ville. Il est alors normal d'identifier les *nouveaux* habitants des quartiers périphériques qui se créent à de nouveaux arrivants. Or nous savons que les mouvements internes à l'espace urbain sont beaucoup plus complexes, et mènent vers les nouveaux quartiers les jeunes adultes qui partent des quartiers plus anciens surpeuplés. Mais surtout la dimension atteinte par la capitale est telle que le flux des migrants, même croissant, est presque en permanence (sauf pendant la décennie 1960-70 peut-être) moins important que la simple dynamique locale de la croissance naturelle urbaine. Ce sont des enfants qui font de Mexico la plus grande ville du monde, et parmi ceux-ci, ceux des mexiquenses de l'Etat de Mexico.

Aguas!*

*Attention! Le cri de celui qui, autrefois, vidait son pot de chambre depuis sa fenêtre...*Uno mas uno*, 30-3 -1983: la saison sèche... Guadalupe Antoni. La caricature de Ahumada est du 15-1-1984.

Une semaine! Oui, Chalchiuhticue, une semaine sans eau. Tu penses, nous, ceux des Lomas, comme à Netzahualcoyotl. Huit jours sans douche. Huit jours à se mettre desodorant sur desodorant, parfum sur parfum pour essayer de de cacher les vastes odeurs. Je me sentais humide, collante. Le cheveux gras collé (pas d'eau non plus au salon de coiffure). Jour après jour, mes habits n'avaient plus l'air de rien: l'importé semblait fait au Mexique. J'avais l'air d'une pauvresse, misérable et sale. Les couches de smog et de poussière ont commencé à me faire un masque brun sur la figure. La nuit je rêvais à mon sauna et à mes sels de bain. Comment penser que les Lomas, la zone résidentielle de Mexico, avaient pu tomber si bas? Tu aurais vu dans quel état était le jardin! Mes hortensias, mes azalées,mes camelias et mes roses de France ont commencé à se flétrir. Et le comble, ces jours là le camion à ordures ne passait pas. Et les mouches! Des millions, camuses pansues et vertes, on aurait dit qu'elles arrivaient de Netzahualcoyotl directement chez nous. Entrant et sortant des chambres, des salons, de la salle à manger, la bibliothèque et surtout les salles d'eau. Non, je te jure que je sais comment j'ai supporté. Et demande moi comment étaient les cinq voitures de la maison, sans les laver si longtemps. Un matin, j'en pouvais plus et je suis allé me doucher au Club Chapultepec. Et ma surprise à voir une queue de voitures arrivées de Tecamachalco, La Herradura, Polanco, Bosque de las Lomas. Ils étaient tous là, désespérés, l'œil chassieux, ébouriffés, la joue plissée par la marque de l'oreiller. J'ai dit bonjour à toutes les connaissances et je me suis mis à la queue. Une ambiance d'asphyxie et de terreur. D'abord à cause de l'odeur et ensuite les injures qui fusaient contre le gouvernemet d'avant et l'actuel. Même que certains étaient avec tous leurs

México Desierto Federal Ahumada

bagages assortis à la trousse de Christian Dior: "Après la douche, je vais tout droit à l'aéroport et je plante là ce cochon de pays plein de drogue et de dévaluation,et tout sec en plus." Et ils brandissaient leur billet pour *Vail*...Des furieux, journal au poing, montraient les déclarations de Hank Gonzalez, non je veux dire Ramon Aguirre, que l'eau du Cutzamala allait continuer à manquer...Plus suante et déprimée que jamais, je vais chez ma soeur au Pedregal: tu me croiras pas, là non plus pas d'eau, ni de gaz, ni d'électricité; plus de savon ni de champoing, et encore moins de dentifrice.

J'ai pesé, c'est *too much*. J'étais au bord des larmes: mais, sans doute le coup de colère, même mes larmes étaient sèches. Et enrentrant chez moi un énorme embouteillage sur le périphérique, ety je suais encore plus et la voiture sentait le *hell*. Je n'y voyais plus tant le pare brise était sale. Ma Mustang avait l'air les mexicains, en plus d'une bonne bouche, avaient besoin d'un exorcisme (*limpia*). Rosita, ma cuisinière, dit que dans son quartier c'est toute l'année qu'ils sont sans eau. Les pauvres, non?

CHAPITRE III
MARCHE OU CREVE : LES SERVICES URBAINS

Les équipements publics pour la plus grande ville du monde répondent à une demande complexe et pressante. Paradoxalement, si les "Deefeños" n'ont pas de gouverneur élu pour les représenter, ils ont des moyens de pression sur les pouvoirs publics beaucoup plus efficaces que les provinciaux pour obtenir des investissements : c'est l'image de marque gouvernementale qui est en jeu mais c'est aussi le niveau de vie -ou la qualité de vie- d'une classe moyenne qui précisément participe plus que personne dans le pays à la gestions des affaires publiques, et peut se faire entendre dans une presse soucieuse, au nom du populisme issu de la révolution, de défendre des intérêts qui sont les siens.

Dans ces conditions la capitale obtient des budgets d'équipement qui sont financés soit par le circuit interne du déficit budgétaire -et c'est un moteur éventuel de l'inflation- soit sur les emprunts au système bancaire international -et c'est un moteur de l'endettement public en devises, comme nous l'avons évoqué au chapitre I. Dans les deux cas les nouveaux équipements sophistiqués sont négociés à un niveau très élevé et le mode d'amortissement est soumis essentiellement à des considérations politiques.

Les coûts de fonctionnement et d'entretien sont rarement payés intégralement par les usagers -politique populiste oblige- et les déficits sont couverts par le budget fédéral, mais avec une pression critique grandissante des technocrates, nationaux ou non, à ce sujet. Le ministre des finances soulignait que les recettes fiscales du D.F. couvraient 1/3 des dépenses de celui-ci en 1973 (en y incluant le service de la dette contractée pour les équipements), proportion qui s'abaissait à 1/8 en 1983. Les consommateurs, depuis 1983, paient cependant de plus en plus cher les services publics. Par ailleurs les traditions d'entretien et de maintenance des réseaux sont assez limitées, si bien qu'au milieu des années 1980, où de nouveaux investissements sont difficiles, on voit une dégradation de certains services -ce que le tremblement de terre de 1985 et ses sequelles de désorganisation n'a fait qu'accentuer : la ville est donc un organisme très puissant, mais de plus en plus fragile et les risques de blocage dans les systèmes d'eau, d'égoût, de transport, tendent à se multiplier.

Notons enfin ici un point de ressemblance entre Mexico et la Tokyo décrite par Augustin Berque [*] : la sociabilité dans ces deux villes est celle du quartier et de la famille, de la coutume et des bonnes moeurs plus ou moins maintenues. Charme qui attache le citoyen -ou le visiteur- à la Ville. Mais l'espace fonctionnel de la technique urbaine, lui, est largement étranger à ses habitants. Sans même parler de violence et de sécurité, qui croit ici aux disciplines collectives de l'eau et de l'égout, du terrain vague, de la rue et de ses trottoirs, de l'autobus ou du métro ? Chacun se sent étranger à l'environnement urbain et le vit comme une jungle. Apprendre les gestes qui économisent les ressources et les espaces reste une longue marche por les citoyens de la plus grande ville du monde.

MEXICO SUR POMPAGE : LE GOULOT D'ETRANGLEMENT PHYSIQUE

La plus grande ville du monde est sans aucun doute, celle dont le site morphologique et hydrologique aboutit aux plus grandes difficultés d'approvisionnement en eau. Aucun fleuve de gros débit ne coule à proximité ; le site même de l'agglomération est un bassin endoréïque comportant de faibles réserves; sauf celui de Toluca, tous les bassins voisins sont situés en contre bas, avec eux aussi des réserves limitées. Les cours d'eau à gros débits des deux versants, Pacifique et Atlantique, sont très éloignés et encore beaucoup plus bas. Par ailleurs l'alimentation des cours d'eau et des nappes n'est assurée par les pluies que pendant une saison de six mois à peine ; les quatre mois chauds précédant celle-ci, de Février à Mai, connaissent chaque année une crise pendant laquelle la consommation pour l'irrigation vient en concurrence avec celle de la ville.

Cette situation donne une acuité particulière à un problème qui, dans d'autres grandes capitales du Tiers-Monde, est aussi banal que celui de la circulation. Ici le manque d'eau est un fantôme qui rôde. Thème politique presque aussi important que celui de la possession du sol urbain, si bien que nous disposons à ce sujet d'un dossier de presse fourni, dont l'analyse mérite quelques remarques.

(*) *Le Japon, gestion de l'espace et changement social*, Paris, Flammarion, 1976.

Notons d'abord que l'essentiel du matériel traité par les journaux est fourni par les services publics eux-mêmes : dossiers, communiqués, déclarations, jusqu'au niveau du régent du D.F. et à celui du Gouverneur de l'Etat de Mexico. Si les dossiers techniques peuvent être parfois sérieux, les déclarations des hauts personnages qui puisent dans ceux-ci sont en général modulées soit pour rassurer,soit pour avertir de l'énormité du problème. Tantôt c'est l'admonestation, le rappel à l'ordre des citoyens devant la fraude et le gaspillage, tantôt l'assurance que les autorités s'occupent de tout et vont continuer à répandre sur les sujets du prince leurs bienfaits efficaces.

Il s'agit (à la différence de la circulation, visible journellement, ou des problèmes fonciers, accessibles pour qui a une culture juridique) de questions techniques fort abstraites, où le chiffre *ne dit rien :* s a manipulation volontaire est facile, sa critique l'est beaucoup moins, si bien que les journalistes donnent rarement des explications globales et claires. Pour illustrer ceci d'un exemple, pour 1983 et 1984 la capitale a frolé deux fois la catastrophe "sèche", chaque fois au début de la saison d'étiage et à cause du système le plus récemment mis en oeuvre, celui du Río Cutzmala. En 1983 ce fut une panne de quelques jours sur une pompe de l'intallation d'épuration (donc un problème de réparation et de pièce détachée). En 1984, pendant quelques deux mois il fallut réduire le pompage dans le barrage en raison de son niveau très bas (faible pluviosité locale des étés 1982 et 1983): en tirant plus d'eau on aurait envoyé trop de boues dans les tuyauteries. C'est que la marge de manoeuvre est nulle, car les travaux ont prix deux ans de retard avec la crise qui commence en 1982, par rapport à une consommation qui s'accroît au rythme de la population urbaine. Chaque fois le débit des déclarations officielles et des commentaires des journalistes s'est accéléré, révélant de proche en proche tous les éléments du système.

Notons comment cette information de presse a du mal à s'adapter au rythme lent de la réalisation technique. D'une part les dossiers bien au point fournissent des tableaux fixes et rigides : une situation connue depuis plusieurs années, que l'on peut rappeler presque rituellement dans ses composantes rassurantes. D'autre part, l'évènement du jour ou du mois, évoqué par l'exemple ci-dessus. Entre les deux il est beaucoup plus difficile de concevoir l'évolution inéluctable, au terme de 2, 3 ou 5 ans, d'une consommation en fait jamais complètement connue, comme d'imaginer l'effort planifié des ingénieurs sur des chantiers qui durent des années, effort qui se transforme en bulletins de victoire souvent prématurés ou en pronostics pessimistes qui noircissent une situation déjà sombre pour peser au plus haut niveau sur les arbitrages budgétaires. Enfin, si les services du District Fédéral fournissent des dossiers concernant l'ensemble de l'agglomération, ceux de l'Etat de Mexico sont beaucoup moins précis, or c'est là que l'essentiel de la croissance urbaine se produit actuellement.

La production de l'eau : lutte sur les nappes phréatiques

De par la morphologie du bassin de Mexico (Valle de Mexico) et de ses voisins, depuis les temps de la fin du XIXème siècle où les sources n'ont plus suffi à alimenter la ville et où les pompes à vapeur puis éléctriques ont pu être importées, ce sont les nappes superficielles qui fournissent l'eau à une ville qui n'a pas de cours d'eau permanent important sur lequel prélever des débits croissants.

Les pompages ont d'abord puisé dans les nappes de la zone urbanisée elle-même. Ils sont le fait des particuliers vite dépassés, des usines, puis des services publics du D. F. qui tente de s'assurer le monopole et interdit aux privés les installations sauvages toujours dénoncées et jamais éliminées, surtout dans le secteur industriel. On a étendu ensuite les pompages aux zones rurales, particulièrement au Sud du Valle à proximité des Chinampas.

C'est vers 1940 qu'on met en chantier le début du système du Haut Lerma dans le bassin de Toluca : un tunnel perce la sierra et l'eau est prise, non dans ce fleuve mais dans la nappe des zones lacustres ou marécageuses qui le bordent, par une série de puits réunis par un canal. Ce système commence à fournir de l'eau à Mexico en 1951 et s'étend progressivement jusqu'à la fin de la décennie 1970 de plus en plus au Nord. Si l'infrastructure de lignes électriques, routes, tuyauteries et pompes est complexe, au moins ces nappes situées 400 m. plus haut que Mexico ne

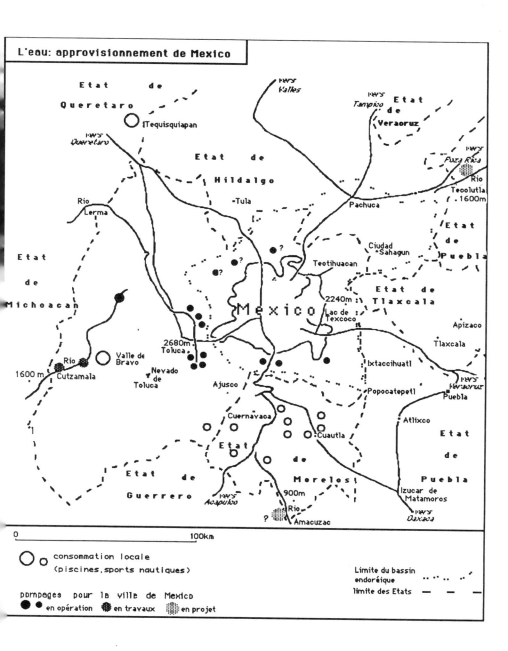

L'eau: approvisionnement de Mexico

Etat de Queretaro

ιΤequisquiapan

ΡΑΥΣ Ventes

ΡΑΥΣ Tampico

Etat de Veraoruz

Etat de Hildalgo

Rio Lerma

-Tula

Pachuca

ΡΑΥΣ Pura Rica

Rio Teocolutla .1600m

Etat de Puebla

Ciudad .Sahagun

Teotihuacan

Etat de Tlaxcala

2240m Lac de Texcoco

Apizaco

Tlaxcala

Etat de Michoacan

MEXICO

2680m Toluca.

Rio Cutzamala

Valle de Bravo

Nevado de Toluca

Ixtaccihuatl

1600 m

Ajusco

Popocatepetl

Puebla

ΡΑΥΣ Veraoruz

Atlixco

Etat de Puebla

Cuernavaca

Cuautla

Etat de

Morelos

Izucar de Matamoros

Etat de Guerrero

ΡΑΥΣ Acapulco

900m

Rio Amacuzac

ΡΑΥΣ Oaxaca

0   100km

○ ○ consommation locale
(piscines, sports nautiques)

pompages pour la ville de Mexico
● ● en opération ⬢ en travaux ▨ en projet

Limite du bassin
endoréique

limite des Etats — — —

79

nécessitent-elles pas d'énormes dépenses d'énergie, puisque l'écoulement principal se fait par gravité.

L'ensemble de ce système de pompage comporte des conséquences hydrologiques dangereuses dans la mesure où les débits prélevés sont toujours excessifs, ce qui entraîne un abaissement du niveau des nappes.

Dans le Sud du Bassin de Mexico ce sont les Chinampas qui souffrent ainsi que l'ensemble des zones agricoles de terres humides proches des marécages. Dans le bassin de Toluca les terres agricoles situées autour des deux ombilics marécageux sont les premières atteintes, mais plus récemment vers le Nord les collines du pays mazahua. Les problèmes sont beaucoup plus aigus dans la tache urbaine de la capitale, où depuis les deux dernières décennies du XIXème siècle on constate des affaissements inégaux du niveau du sol en raison de la dessiccation des argiles lacustres qui forment le plus souvent le soubassement. Selon A. Vanneph, la localisation des destructions du tremblement de terre de septembre 1985 s'explique en partie par ces dessications des argiles. Relevons les principales tensions sociales -et les efforts techniques- relatifs à cet abaissement du niveau des nappes.

En ce qui concerne le Bassin du Lerma, il appartient à l'Etat de Mexico : c'en est la zone rurale la plus dense, principal contrepoids politique à la croissante population urbaine des banlieues de la capitale. Le gouvernement de Toluca doit donc ménager quelque peu cette part rurale de son opinion publique et en conséquence freiner les exigences du District Fédéral. Les besoins des agriculteurs sont partiellement préservés en Février-Mai, quand les semailles nécessitent des arrosages d'appoint avant l'arrivée de la saison des pluies. On peut même penser que certains d'entre eux profitent de l'infrastructure de pompages et de desserte mise en place pour l'alimentation de la capitale. L'information sur les débits qui leurs sont reservés est bien sûr incertaine. Dans les déclarations officielles en provenance du D.F. les chiffres oscillent autour de 2,5 m^3/s. Faut-il s'étonner que, à la *même* date du 17 Mars 1983, le Gouvernement de l'Etat de Mexico rassure les paysans du nord du bassin de Toluca en leur garantissant... un débit de 5 m^3/s pour leurs irrigations jusqu'aux pluies ?

Dans le bassin de Mexico, les problèmes agricoles sont secondaires par la masse des agriculteurs concernés, dépourvus de poids politique. Dans ces conditions, en période d'étiage, pour tenir compte des besoins des urbains,des déclarations officielles annoncent le forage de puits nouveaux, ou la remise en état des anciens dont le débit a diminué. Et ceci bien que le principe général officiel soit qu'il faut cesser tout pompage nouveau, lutter contre les pompages clandestins et diminuer les débits puisés officiellement afin de mettre fin aux affaissements du sol. Ces affaissements ne sont visibles que là où, dans le centre, des édifices anciens (en général coloniaux), affaissés notablement et parfois maintenant de guingois, coexistent avec des édifices récents -donc moins affaissés- et surtout avec ceux qui résistent intégralement grâce à la technique des fondations flottantes. Beaucoup plus graves finalement que ces phénomènes pittoresques sont les déformations des réseaux de distribution d'eau et d'égouts, aboutissant d'une part à des dislocations provoquant des fuites (stimulées bien sûr par l'importante sismicité locale), d'autre part à la formation de contre pentes et siphons qui obligent à substituer localement des pompages aux écoulements par gravité. Plus les éléments du réseau de tuyaux sont anciens, plus ils ont subi de déformations.

Les déclarations officielles suggèrent que sur des pompages dans le Bassin de Mexico de l'ordre de 38 m^3/s [*], plus de la moitié viennent en excès et devraient progressivement être supprimés por mettre fin aux affaissements. C'est bien sûr un mirage : ce rêve suppose une "croissance 0" de l'agglomération que personne ne peut imaginer même à moyen terme. On fait état cependant de travaux en cours sur les versants du bassin qui permettraient d'éviter une partie du ruissellement en saison des pluies. Celui-ci ne fait "naturellement" qu'empirer, tant sur les zones déboisées que sur la tache urbaine de plus en bétonnée. Les évaluations (nécessairement imprécises) font état d'une réalimentation moyenne des nappes représentant un débit de 20 m^3/s et espèrent que les travaux sur les versants accroîtront cette recharge de 5 m^3/s : le déficit dû au surpompage resterait de l'ordre de 13 m^3/s... Ajoutons que si *dans l'ensemble* les roches volcaniques poreuses abondent sur les versants du bassin, limitant l'écoulement et favorisant la recharge des nappes, cette situation géologique favorise la pollution des eaux infiltrées, car le filtrage de l'eau est faible.

(*) Des chiffres s'élevant à 60 m^3/s (22 de plus...) s'expliquent par l'évolution des pompages hors D.F., au nord de la ville, mal connue et peut être volontairement minimisée par les autorités de l'Etat de Mexico.

Vers 1983 le pompage en nappe phréatique fournissait 95 % de l'eau de l'agglomération. Par contre depuis 1982 tous les débits nouveaux proviennent de ponction dans des barrages de retenue alimentés par des cours d'eau et tous les espoirs futurs reposent sur ce type d'alimentation.

La production de l'eau : OPA sur les barrages

Des débits concentrés dans des cours d'eau importants ne peuvent être trouvés qu'en s'éloignant toujours plus de Mexico, et surtout en descendant dans des basses terres. Ces cours d'eau sont parfois déjà partiellement barrés de retenues de plus en plus volumineuses à mesure qu'on va vers l'aval des réseaux hydrographiques. Ces retenues, dans des sites accidentés, ont été installées à partir du début du XXe siècle pour une production d'électricité qui profitait aux consommateurs de la capitale. Tous ces sites sont à des centaines de mètres en contrebas de celle-ci, ce qui nécessite des systèmes de pompage puissants -et fragiles.

Actuellement les travaux commencés en 1978 en plein boom pétrolier ont porté sur les têtes du río Cutzamala, affluent du Balsas, pourvues de plusieurs barrages, à la limite de l'Etat de Mexico et de celui de Michoacan, dans une zone où ce dernier Etat a peu d'intérêts agricoles ou urbains à faire valoir. Les différents cours d'eau concernés débitent 105 m^3/s. On compte leur en prélever 19 sur six barrages. La station d'épuration comporte six élements, chacun d'un débit de 4 m^3/s, en tête d'un tube de transport de 120 km, débouchant dans le système du Haut Lerma semble-t-il.

A partir de 1982 les retards s'accumulent sur ces chantiers et en 1984 il fallait avouer qu'ils atteignaient au moins deux ans sur les prévisions antérieures à la crise. Ce sera en gros l'ouvrage du sexennat de De La Madrid, puisque c'est en 1988 qu'il doit s'achever. Heureusement on peut espérer que les investissements initiaux ont été les plus lourds (les tubes de transport) et que la capacité technique s'est rodée dans les premières années (stations d'épuration de gros débit pour traiter une eau boueuse). Enfin rappelons qu'on s'est attaqué à un réseau hydrographique déjà en partie dompté par les installations électriques. Le tableau ci-joint donne l'échéancier très approximatif. A peu près toute cette stratégie technique se développe dans l'Etat de Mexico ; or on sait que la croissance démographique actuelle et future de la capitale se produit dans celui-ci : le gouvernement de l'Etat est ici demandeur de capitaux à la Fédération pour sa propre population, et fournisseur de l'eau.

Mais dès maintenant les échéances futures obligent à poursuivre et deux réseaux hydrographiques supplémentaires sont convoités. Le premier visé, pour lequel les travaux devraient commencer en 1988, est un autre affluent du Balsas,l'Amacuzac, sur lequel on pense prélever 13 m^3/s. Il s'agit de l'émissaire de l'ensemble des écoulements du Morelos et il semble qu'on envisage le captage tout au Sud de cet Etat, ou plus en aval dans l'etat de Guerrero : si, pas plus que pour le système du Cutzamala, on ne dépasse ici à vol d'oiseau la distance de 150 Km de la capitale, les altitudes depuis lesquelles il faudra pomper seront inférieures à 1000 mètres, alors qu'on restait au dessus de 1600 (et plus souvent 2000 m) dans le système précédent. En outre aucun barrage de retenue n'existe sur le réseau de l'Amacuzac, si bien que l'infrastructure est d'autant plus coûteuse.

On peut s'étonner qu'aucun projet n'envisage de pomper dans les têtes beaucoup plus proches de ce réseau, directement au pied méridional de l'axe néovolcanique qui forme un excellent réservoir, perméable et fortement arrosé par les pluies. C'est que ces eaux proches sont déjà l'enjeu d'une lutte entre leurs utilisateurs traditionnels depuis le XVIe siècle que sont les agriculteurs irriguants (de la canne ancienne aux primeurs actuels) et leurs nouveaux utilisateurs que sont les villes (dont Cuernavaca capitale du Morelos) et surtout de plus en plus les urbanisations de plaisance pour les fins de semaines des Chilangos : celles-ci se conçoivent de moins en moins sans piscines et de fortes ponctions d'eau dans cette région pour alimenter la capitale semblent politiquement et socialement d'autant moins tolérables que les propriétés des couches riches ou moyennes se multiplient dans tout le Morelos.

Le second réseau convoité, dont l'usage commencerait seulement vers l'an 2000, est celui du Río Tecolutla, fleuve côtier du Golfe du Mexique. La tête la plus septentrionale de ce réseau est aménagée depuis le début du XXe siècle par le barrage de Necaxa, producteur d'électricité. La distance à la capitale est de l'ordre de 180 Km et l'eau doit être pompée depuis 1600 m d'altitude environ. Les autres têtes, non pourvues de barrage, sont encore plus éloignées. Cependant on se trouve ici dans le domaine climatique le plus favorable du pays car les étiages sont peu marqués et les débits abondants, si bien que les états riverains (Hidalgo et Puebla) de cette portion de la Huasteca ne freineraient guère ces ponctions au profit de la capitale. Au plus feraient-ils pression pour qu'une partie des débits obtenus soient utilisés au profit de leurs propres régions sèches, rurales ou surtout urbaines. On attend 22 m^3/s des aménagements du Tecolutla...

Ainsi les problèmes d'alimentation en eau, qui depuis deux générations se jouent à deux partenaires (D.F. et Etat de Mexico), concerneront dès la fin de la décennie 1980 le Morelos et sans doute le Guerrero et dix ans plus tard le Hidalgo et le Puebla, puis peut être vite le Veracruz. Par ailleurs les coûts de maintenance et la fragilité des réseaux ne cesseront de s'allourdir pour des pompages de plus en plus puissants élevant l'eau de plusieurs centaines de mètres.

Le coût des investissements ne cesse de croître, même si certaines déclarations reprises ou interprétées par la presse frisent l'absurde, affirmant que les pompages dans le Tecolutla "nécessiteraient la moitié de la consommation électrique nationale actuelle" (attribués à Del Mazo, gouverneur de l'Etat de Mexico, Uno Más Uno du 26-1-83). L'estimation officielle pour le Cutzmala de 1,7 milliard de pesos le mètre cube/seconde correspond à la période 1980-81 et se traduit par 68 millions de dollars. Elle inclut sans doute une part élevée de travaux initiaux coûteux. Cependant l'évaluation pour 1983 de 1 milliard de pesos le mètre cube seconde pour le Cutzmala (ce qui ne représente plus après les dévaluations de 1982 que 16 millions de dollars) est singulièrement optimiste, même si aux premières étapes du système ont été imputés les coûts les plus élevés. Enfin l'évaluation début 1984 des travaux de Tecolutla à 4 milliards de pesos le m^3/s (soit à ce moment 3 millions de dollars) doit être prise avec prudence.

En réalité l'énormité de l'investissement nécessaire pour fournir l'eau à la capitale ne peut être jugée qu'en la comparant à deux autres aspects politiques et sociaux : le système de distribution et les formes de consommation : l'eau est-elle chère et qui la paye ? L'eau est-elle gaspillée et par qui ? C'est en comparant les réponses à ces questions au tableau ci-joint de la production, très aproximatif bien sûr dès que l'on quitte le "système DF", que l'on peut avancer.

Production 1983 en m³/s

	norme	exception à la norme
- Puits dans le Bassin de Mexico :		
. Administration D.F.	27,4	+ 2 à 3 en période de pointe
. Administration Commission Bassin	10,6	(Mars - Mai)
- Système pompages du Haut-Lerma	9,4	+ 3 à 4 non avoués par
		l'administration
- Nouveaux systèmes du Cutzamala	2	- 2 à 4 en période d'étiage
		mini : maxi :
TOTAL	49,4	45,4 56,4

Commentaire : Si l'on "tire" au maximum tant dans le Bassin de Mexico que dans celui du Lerma, ce sont 7 m3 supplémentaires que l'on obtient, avec de hauts risques politiques et techniques (soit 56,4 m3/s) ; par contre si les agriculteurs du Lerma imposent une ponction maximale de 4 m3/s à leur profit, la production pour la capitale tombe à 45,4. Mais tous ces débits ponctuels peuvent être modulés "en douceur". Par contre les 2 m3/s du Cutzamala sont soumis à de brusques aleas techniques.

Projets 1985-2000

a) Système Cutzamala 1985-86	b) Projet 1988 (?)
	Système Cutzamala
Barrage Villa Victoria 2 (en plus de 2	Barrage Valle de Bravo 4 (en plus des
installés en 1983)	2 programmés pour 1985-86)
Barrage Chilesdo 1	Barrage Colorines 8
Barrage Valle de Bravo 2	
Total 7	Total 12
ajouté au système	ajouté au système
traditionnel, grand total 54,4	en place, grand total 66,4

c) Projet 1988-1999	d) Projet 2000 ?
Amacuzac 13	Tecolutla 22
ajouté au système	ajouté au système
en place, grand total 79,4	en place, grand total 101,4

Commentaire : Les déclarations administratives font tantôt état de *mises en chantiers* qu'il faudrait financer au plut tôt, tantôt de *résultats* des ouvrages réalisés, qui peuvent être plus ou moins rapides selon la conjoncture politique et économique. Ainsi les 19 m3/s du Cutzmala seront obtenus *au mieux* en 1988, soit 10 ans après le début des travaux. Le système de l'Amacuzac est prévu, lui, sur les 12 années 1988-1999, même si certaines déclarations le voient "productif" à partir de 1988 (cette date de 1999 étant simplement "l'écheance" 2000). Il est clair que les déclarations qui font intervenir ensuite la phase Tecolutla sont concurrentes d'autres affirmations qui envisagent la mise en route de celle-ci *parallèlement* à celle de l'Amacuzac : ces choix reviendront au successeur de M. de la Madrid, président jusqu'en Décembre 1988.

La distribution de l'eau

Si nous avons insisté longuement sur la production de l'eau pour la ville, car c'est là que se situe bien sûr le goulot d'étranglement principal, le mode de distribution est loin d'être indifférent, puisqu'ici comme dans d'autres domaines se révèlent des traits fondamentaux de la gestion sociale mexicaine : un droit théorique à l'abondance pour tous qui aboutit à des inégalités extrêmement marquées.

Sans insister sur les détails techniques, indiquons que la situation est à la fois "bonne" et bien connue dans le D.F., mal connue et bien plus médiocre dans l'Etat de Mexico. L'eau distribuée est filtrée, chlorée dans l'ensemble correctement, stockée dans une série de réservoirs dont la capacité totale (1,5 million de m^3 mais semble-t-il seulement un tiers de ce chiffre dans le D. F.) ne représente qu'une dizaine d'heures du débit quotidien distribué : les répercussions d'une panne sur un des gros éléments du système (type Cutzmala) sont donc quasi-immédiates. Les techniciens insistent sur la nécessité de construire un "périphérique" autour de la capitale, tube qui interconnecterait entre elles toutes les arrivées et permettrait d'équilibrer les pressions dans l'ensemble du réseau... voire de mieux répartir une pénurie qui se traduit précisément par un abaissement de la pression. En effet, même dans les beaux quartiers, celle-ci est irrégulière et c'est un élément général du paysage urbain que le réservoir situé sur la terrasse de tout édifice, même d'un ou deux niveaux. Beaucoup ont une pompe individuelle pour aider occasionnellement ou non au remplissage de ce réservoir et en tout cas aucun building de plusieurs étages n'est dispensé de pomper de la prise d'eau jusqu'à son réservoir. Ces réservoirs privés, mal nettoyés souvent, font que des eaux correctement chlorées au départ sont médiocrement potables : le filtre individuel est très peu répandu, mais par contre la consommation est très élevée d'eau en bouteille, minérale ou non, et de sodas en tous genre, dont le roi Coca.

L'ensemble des prises d'eau officiellement enregistrée par le D. F. sur son territoire s'élevait au début de 1983 à 2 100 000 et l'administration considérait que seulement 300 000 habitants "officiellement connus" (soit 3 % de la population) n'étaient pas desservis. Il semble qu'il faille ajouter à ce chiffre au début de 1984, 270 000 prises supplémentaires, dont la mise en service est le résultat d'un effort important de desserte grâce à des canalisations posées dans de nouveaux quartiers en raison des budgets consentis pendant le boom pétrolier de 1978-1981, la nouvelle administration récoltant en 1983 les effets des pétrodollars semés précédemment. Ceci n'empêche pas des plaintes dans divers quartiers où les tuyaux restent vides faute de pression : avant, au moins, l'Administration distribuait gratuitement, par camion citerne, 40 litres par famille et par jour...

Mais parallèlement l'administration pourchasse les branchements clandestins en un effort qui rentre dans le programme de moralisation, et en recense 240 000 au cours de l'année 1983 ! Mais tout n'est pas simple pour autant. Si les entreprises ont parfois un puits clandestin (on parle en 1983 d'un débit total assez modeste de 1/4 de m^3/s), elles forment quelques deux cent mille abonnés, souvent importants, et semble-t-il muni de compteurs en général. Par contre sur les 1 900 000 abonnés privés domestiques, seuls 10 à 20 % ont des compteurs et les autres paient au forfait. Tout effort massif de contrôle des consommations privées est freiné parce que le Mexique n'a pas d'industrie des compteurs d'eau et que la dévaluation de 1982 a rendu leur importantion beaucoup trop coûteuse. Mais cette situation technique et économique repose en fait sur la réalité sociale des habitudes : d'une part vendre cher l'eau aux abonnés est contraire à une politique populiste sensée profiter aux pauvres ; d'autre part équiper de compteurs l'ensemble des consommateurs suppose de la part de ceux-ci un civisme qui s'appuierait sur la rigueur d'un corps d'employés et de contrôleurs. Ainsi s'explique selon nous que l'installation de compteurs n'ait jamais été une priorité, avec en conséquence un marché national bien trop limité pour inciter à la création d'une industrie correspondante... Cette situation empêche toute politique de rationnement de l'eau soit autoritaire, soit par des prix modulés selon la consommation.

En 1983 le budget de dépenses de fonctionnement du service des eaux du D.F. serait de 5 milliards de pesos, dont 3,6 pour l'eau et le reste pour les égouts, tandis que les rentrées de ce service public seraient évaluées à 2 milliards, soit un déficit de plus de moitié. Et les déclarations officielles font état de besoins financiers de l'ordre de 7 milliards de pesos pour un bon fonctionnement. L'effort de moralisation de l'année 1983 aurait accru les rentrées de 0,5 milliard. On peut rapprocher ces chiffres de ceux indiqués ci-dessus qui réclament à la même date de 1 à 4 milliards de pesos d'investissement par m^3/s supplémentaire d'eau produit pour la capitale. Notons que les pertes pour mauvais entretien du réseau de distribution sont évaluées à 2 m^3/s : moralisation des consommateurs et des agents pour les éviter ? mais aussi travaux, beaucoup plus lourds techniquement, de révision de tuyauteries disloquées par les affaissements du sol argileux desséché... et plus récemment pour faire face aux effets du tremblement de terre de 1985.

Consommation D.F. début 1983 :

				moyenne par abonné
1.900.000	logements	22 m3/s		0,011 l/s
120.000	commerce	1 " "		0,008 l/s
60.000	entreprise de service	4 " "		0,006 l/s
30.000	entreprise industrielle	5 " "		0,166 l/s
Total abonnés :	2.110.000			
	usages publics	6 " "		
	déperditions	2 " "		
Total consommé :		40 " "		

Logements abonnés 1983-84 :

anciens abonnés	1.900.000
clandestins régularisés	240.000
nouveaux branchements	270.000
Total :	2.410.000

Consommation D.F.	40 m3/s
Consommation probable dans l'Etat de Mexico :	14,4 m3/s
Hausse de la consommation en saison chaude (avril-mai) :	2 m3/s
Consommation totale :	54,4 à 56,4

Notons ici que l'information disponible pour la distribution concerne le District Fédéral, tandis que les renseignements manquent sur l'Etat de Mexico, qui semble consommer le quart de l'eau produite pour l'ensemble de la métropole.

La consommation de l'eau

Ce qui vient d'être dit sur la distribution de l'eau dans la capitale explique qu'on manque de données sûres concernant la consommation. Les services font généralement état d'une consommation "théorique" (c'est à dire souhaitable) de 360 litres/jour par habitant. Il s'agit en fait simplement du quotient global pour le D.F., incluant les consommations publiques et celles des entreprises. Si l'on s'en tient à la consommation des ménages du D.F. (22 m³/s pour 11 millions d'habitants en 1983) elle est de 172 litres par jour et par habitant ce qui *en moyenne* est loin d'être négligeable.

En réalité elle varie de 40 litres dans les quartiers pauvres desservis par camion citerne, gratuitement ou non, à 600 ou 1000 dans les résidences riches où l'on arrose un gazon de plusieurs centaines de mètres carrés, où l'on lave quotidiennement plusieurs voitures et où parfois on dispose d'une piscine. Plus modestement les installations sanitaires vieillies des quartiers de classes moyennes ont toujours des fuites, évaluées globalement (de façon hautement approximative) entre 0,5 et 2 m³/s de débit. La campagne publicitaire*"ciérrale"* de 1983 n'est que le début d'une éducation publique pour une population qui, quand elle n'est pas habituée à l'abondance, y aspire ardemment : le geste de l'arrosage au jet du jardinier ou celui du laveur de voiture est significatif à cet égard.

Les besoins non satisfaits sont eux aussi très difficiles à chiffrer : les services publics les estiment de 2 à 6 m³/s ; une autre évaluation concerne les populations "qui manquent d'eau" (ce qui ne permet pas toujours de savoir si elles sont *mal* desservies ou *dépourvues* de service) : en 1983, 300.000 à 600.000 personnes non desservies, mais 2 millions "mal servies" dans le D.F.. Dans l'Etat de Mexico, 1,5 millions non desservis ; le Nord-Ouest de l'agglomération aurait 40 % de gens "mal desservis" et l'insuffisance atteindrait la totalité de l'Est (Netzahualcoyotl et ses prolongements...). En fait la consommation totale probable de la zone connurbée dans l'Etat de Mexico (14,4 m³/s) est sensiblement inférieure par habitant à celle du D.F. (207 litres/jour au lieu de 360), mais on ignore la part de la consommation publique (sans doute faible faute de parcs et jardins).

Quant aux besoins additionnels annuels liés à une croissance urbaine de 600.000 personnes (vers 1983), on peut soit les évaluer selon la norme "souhaitable" du D.F. (pour 360 lires/jour/homme, un débit de 2,5 m^3/s) soit selon les réalités probables de l'Etat de Mexico (1,4 m^3/s). Selon cette seconde évaluation, notons que le système du Cutzamala, réalisé théoriquement en 10 ans, permet d'absorber 13 ans 1/2 de croissance urbaine à bas niveau de consommation. Selon les normes "souhaitables" du D.F., le Cutzamala n'absorbe plus que 7 ans 1/2 de croissance urbaine ...

Si nous avons évoqué les disparités des consommations familiales, il faut signaler aussi le coût de cette consommation : pour la distribution par camion citerne on va de la gratuité au prix exhorbitant de 400 pesos le mètre cube (1983 *au détail* et en période de sécheresse...). La même année les "petits" consommateurs au forfait (sont-ils tous petits ?) paient 360 pesos par an dans le D.F. et 600 à Naucalpan, Etat de Mexico. Le prix moyen payé par mètre cube est de 3,5 pesos et ne s'élève à 10 que pour les grosses consommations. Notons que ce dernier prix est environ, en 1983, le cinquième de celui d'une autre grande capitale, Paris, alors que la production de l'eau pour Mexico coûterait cinq fois plus cher que dans la moyenne des grandes capitales mondiales... dès 1984, et, probablement 10 fois vers 1990-2000... Par ailleurs, il semble que l'on ne coupe généralement pas l'eau à l'abonné défaillant, ce qui serait contraire à la loi...

Jusqu'à présent nous avons regardé surtout la consommation privée des personnes. Outre la consommation négligeable des entreprises commerciales, remarquons qu'une bonne partie du reste pourrait être satisfait par des eaux non potables : les entreprises de service (lavages en tout genre) restauration mise à part, comme les entreprises industrielles, alimentation mise à part.

Nous voyons par ailleurs ci-dessous qu'un effet très indirect du tremblement de terre de 1985 est la décision de décentraliser hors de l'agglomération une série d'industries grosses consommatrices d'eau et créant une forte part de la pollution atmosphérique urbaine.

Enfin la consommation du secteur public du D.F. (6 m^3/s) représente essentiellement du nettoyage urbain ou de l'arrosage de parcs et jardins. Ici le contraste est grand pour ces services entre les beaux quartiers abondamment pourvus et les zones pauvres où seuls les abords des édifices publics sont servis, beaucoup mieux d'ailleurs dans le District Fédéral que dans l'Etat de Mexico. Pas plus que pour bien des services privés ou industries, l'eau potable n'est ici nécessaire, et un effort de recyclage est entrepris : aux 2,5 m^3/s déjà réutilisés en 1983 doivent s'en ajouter autant l'année suivante ; il semble que ces 2,5 m^3/s permettent d'irriguer une petite moitié des 3.000 ha d'espaces verts du D.F.. Il s'agit probablement d'une remise en état et d'une meilleure utilisation des usines de recyclage existantes dont au début de 1984 on évalue la capacité à 6,2 m^3/s, utilisé seulement pour un quart. Rappelons que l'eau pluviale ou usée évacuée par le système d'égoûts est évaluée à un débit total de 52 m^3/s. Plus à l'aval une seule usine de traitement à Tula a une capacité de recyclage de 1 m^3/s utilisé à 50 % pour le refroidissement de la centrale thermique.

Retrospective et prévision du système hydraulique à 15/20 ans de distance

En 1967, pour environ 7,5 millions d'habitants, l'AMCM disposait d'environ 32,1 m^3/s, ce qui donne une consommation moyenne totale de 360 litres par jour et par habitant : la même que celle du D.F. en 1983. Les prévisions de production étaient de 64 m^3/s pour 1980 pour 12 millions d'habitants (donc une amélioration de la consommation). La réalité fut de l'ordre de 53 m^3/s pour 14,5 millions. On a vu que la détérioration a porté essentiellement sur les habitants de l'Etat de Mexico.

En ce qui concerne les sources d'alimentation on annonçait des pompages dans le Lerma pour 13 m^3/s dès 1967 (partie sud du système) et on en esperait 10 de plus (total 23) pour la partie nord en chantier. Depuis le début des années 1980 on n'avoue plus que moins de 10 m^3/s pour *l'ensemble terminé* du système du Haut Lerma : sousestimation pour éviter le mécontentement dans le Bassin de Toluca ? Baisse du débit des puits par abaissement du niveau des nappes et modération réelle des pompages pour éviter l'épuisement ?

Vers 1972 les projets à court terme portaient en priorité sur les zones proches du nord-ouest de la ville entre Cuautitlan et Tepeji del Río ;

aucun approvisionnement n'est signalé en 1983-84 dans cette zone : débits médiocres sur lesquels l'administration fédérale n'a pu mettre la main, en laissant la disponibilité à des usagers locaux, dont la ville nouvelle de Cuautitlan-Izcali ? Les projets à long terme portaient déjà sur le réseau de Tecolutla, réputé coûteux, mais dont on espérait alors 36 m^3/s (on est revenu à des prévisions de 22 reportées à l'an 2000). Ils visaient aussi l'ensemble "Haut Balsas" (Amacuzac-Cutzamala) ; le système Cutzamala a été le premier choisi ; parmi les réseaux plus orientaux on semble avoir abandonné les plus lointains (Atoyac, Mixteco, Nexapa, Tlapaneco, dans les Etats de Puebla, Oaxaca, Guerrero) pour l'Amacuzac beaucoup plus proche. Tout se passe comme si le pilotage était réellement assuré à 2 ou 3 ans, 6 au mieux, l'échéancier des travaux se ralentissant ou s'accélérant selon les moyens financiers disponibles, tandis que les possibilités à 10-20 ans, connues en gros par les techniciens, sont entourées d'une certaine discrétion tant que les moyens financiers ne permettent pas de donner le feu vert à une nouvelle tranche de travaux. Ceci dit, avec ces limitations, le corps des techniciens assure un suivi non négligeable à moyen terme, même s'il est soumis aux variations de la conjoncture dans un domaine où les résultats d'une décision s'inscrivent au minimum dans une décennie.

L'ESPACE ET LES DECHETS

Si les problèmes d'eau et de transport sont, l'un, le spectre de la pénurie, l'autre la marque quotidienne des difficultés urbaines, pour tous les citoyens de la capitale, il est certain que leur vision des diverses nuisances qui polluent la ville diverge notablement selon leur niveau social : un mouvement urbain socialement unifié de pression "écologiste" n'est guère envisageable dans ces conditions et de telles revendications se morcèlent en groupes de pressions spécifiques des différents types de quartiers. En bas de l'échelle, dans les quartiers récents et pauvres, on a certes besoin d'eau et d'autobus, mais aussi d'égoûts et de ramassage d'ordures. En haut, dans les quartiers aisés récents ou plus souvent déjà anciens, on a peur du manque d'eau et des encombrements, mais on se soucie surtout de préserver et d'aménager un capital d'espaces verts ou de monuments de qualité, d'éliminer les fumées qu'on attribue plus volontiers aux usines ou aux moteurs diesel des autobus et des camions qu'aux voitures individuelles, de préserver des cheminements pour les piétons.

Drainage. Comme dans toute grande ville, les problèmes d'écoulement des eaux usées ou des eaux de pluie sont classiquement traités à Mexico *parallèlement* à ceux d'approvisionnement en eau : en somme une affaire de tuyaux. Vision urbanistique simple qui précisément ne tient compte ni d'une pénurie fondamentale, ni d'une topographie, celle d'un bassin endoréïque, défavorable à l'idée même d'évacuation : on commence à peine à imaginer que le Valle de Mexico pourrait s'aménager comme un circuit presque fermé qui évacue le moins d'eau possible, pour en recycler le maximum et en importer le minimum ; ce parti, peut-être peu coûteux financièrement à long terme, est socialement très contraignant et exige une discipline de la part des usagers et des entreprises, accompagnée d'incitations complexes qui taxeraient la consommation d'eau "neuve" et subventionneraient la production d'eau recyclée, en utilisant une infrastructure technique sophistiquée.

Les efforts principaux portent donc sur l'évacuation pour éviter le débordement des lacs et marécages naturels... ou la création de lacs ou marécages d'eau usées. Ces efforts pharaoniques ont scandé les périodes de paix et de prospérité : prospérité des mines d'argent au XVIIIe siècle des vice-rois, paix et prospérité porfirienne, gigantisme de la décennie 1970 alimenté par le boom pétrolier. Cette dernière étape, le *drainage profond* est le choix d'un nouvel écoulement de gros calibre par gravité vers le nord; deux autres partis techniques ont été écartés à ce moment : c'était soit des collecteurs moins profonds convergent vers un réservoir situé près de la colline du Tepeyac d'où une très puissante batterie de pompes aurait assuré l'évacuation vers les collecteurs existant renforcés : ce fut jugé "vulnérable et précaire". Soit le percement en un tunnel de 38 Km de la chaine méridionale du Valle vers l'Amacuzac : les regards du tunnel auraient été très profonds (plusieurs centaines de mètres) donc peu nombreux : autre risque technique pour l'entretien, ce qui a fait écarter ce projet.

Le travail en cours du drainage profond est lentement étudié à partir de 1967 ; une maîtrise d'oeuvre unique est mise en place en 1971. L'ouvrage semble comporter trois collecteurs (ouest, centre et est) de 4 m de diamètre, totalisant 62 Km ; la branche la plus longue serait celle de l'ouest : elle intercepte les cours d'eau qui amènent de la sierra les crues les plus dangereuses... qui menacent surtout les beaux quartiers.

Les collecteurs convergent vers un émissaire de 6,5 m de diamètre, long de 38 Km avec une pente de 2,4 % qui mènera jusqu'au réseau du río Tula. Puisqu'il s'agit d'un réseau de collecteurs enfouis plus profondément que les systèmes d'égouts antérieurs, ceux-ci pourront s'y déverser par gravité. En 1983, l'ouvrage était réalisé à 50 %.

La collecte d'eaux usées de l'agglomération correspond à un débit moyen de 30 m^3/s vers 1982, soit moins de 2/3 des débits consommés : de ce qui reste, une partie s'infiltre ou stagne puisque près du quart des logements sont dépourvus d'accès aux égouts dans le D.F. et 40 % dans l'Etat de Mexico. L'agglomération a en effet 510 Km de réseau primaire de distribution d'eau, contre 173 d'égouts.

Mais au débit "normal" d'eaux usées vient s'ajouter celui des eaux de pluies lors des gros orages d'été, typiques du climat tropical : le réseau peut recevoir brusquement jusqu'à 52 m^3/s supplémentaires. En fait, localement, une grosse pluie peut saturer ce réseau surtout en début de saison, quand boues, ordures et plastiques accumulés en période sèche encombrent les égouts, les rivières canalisées et les bassins de régulation. En 1983 après deux inondations locales en Juin sur le sud oust et en Juillet sur l'est de la ville (orages de 70 mm de pluie en quelques heures, soit chaque fois 1/10e de la tranche annuelle moyenne), les services publics nettoient 227 000 mètres cubes (soit 250 000 tonnes) de déchets dans le réseau... Ce sont à chaque inondation des quartiers et des tronçons bas des autoroutes urbaines qui sont noyés par plusieurs décimètres d'eau pendant quelques heures ou quelques jours.

Ordures. Mexico traite de manière traditionnelle une production d'ordure devenue moderne non seulement par sa masse, mais aussi par sa nature.

Le traitement est traditionnel, puisque le ramassage est peu mécanisé et que le stockage se fait simplement à ciel ouvert, ce qui provoque une prolifération des rats et multiplie les odeurs allant de la pourriture aux feux de plastiques.

Le service public est débordé par une production d'ordures de plus en plus "moderne". Les déchets industriels, les plus difficiles à traiter, atteindraient 20 000 t. par jour et le public et la presse ne s'intéressent guère à leur traitement. La production domestique est évaluée, vers 1983, à 10 000 t. par jour dans le District Fédéral (et sans doute 5 000 t. dans l'Etat de Mexico) ; la part des déchets domestiques biodégradables ne cesse de diminuer face aux plastiques.

Il n'y a pas de taxe spécifique de ramassage et les employés publics traitent les secteurs traditionnellement desservis, un peu comme les facteurs pour le courrier. Si bien que l'on évalue qu'un bon quart de la production domestique d'ordures n'est pas ramassée quotidiennement au D.F. (sûrement plus dans l'Etat de Mexico), de telle façon que les dépôts "clandestins" se multiplient surtout dans les quartiers pauvres ou périphériques, mal desservis : trottoirs, contre-allées des avenues, mais surtout lots inoccupés, ravins, anciennes carrières. Ce sont d'ailleurs ces deux derniers types de localisation qui servent aux dépôts officiels. Les deux traditionnellement les plus connus sont à Santa Cruz Meyehualco (sud) et Santa Fe (ouest) : bien que saturé et destiné à être fermé, ce dernier continue à fonctionner en 1983 en raison des intérêts acquis des corporations de chiffonniers. Trois autres nouveaux ont été ouverts pour le D.F., dont deux dans celui-ci à La Estrella (Cuajimalpa) et à S$^{\underline{a}}$ Catarina (Tlahuac), et le dernier dans le municipe de Chimalhuacan, Etat de Mexico, au Bordo de Xochiaca. Ici comme dans d'autres secteurs, les citoyens de Mexico paient peu ou pas des services médiocres.

Maîtrise des espaces verts et des lacs. Mexico dispose proportionnellement à sa population de bien peu d'espaces de promenade ; la qualité de certains d'entre eux dans les beaux quartiers est évidente et ceci fait contraste avec le surpeuplement de ceux du centre, comme Chapultepec trop bien desservi par le métro et avec le médiocre entretien de ceux des zones pauvres, où les vastes blocs ou avenues trop larges sont la proie des ordures -à l'exception du parc de San Juan de Aragon né dans les années 1970. Le contrôle du marécage salé, reste du lac de Texcoco, a été entrepris en 1984 : un premier lac d'eau traitée de 12 Km^2 a été établi et trois autres doivent venir postérieurement. On espère parallèlement améliorer les sols salins sur 20 Km^2 et les transformer en prairies. Ceci diminuerait considérablement la production de poussière en saison sèche, transportée par les tornades sèches *(tolvaneras)* vers les quartiers orientaux de la ville. Nul doute que le retour à un aménagement lacustre, qui bien sur ne sera plus la Chinampa, hante les espoirs des aménageurs de Mexico. Tout aussi difficile est la surveillance et le contrôle de la pollution des lacs de barrage suburbains, comme celui de Guadalupe au nord ouest de l'agglomération.

Pollution atmosphérique. Si la poussière de saison sèche n'a jamais manqué, l'accumulation des fumées industrielles et de celles des moteurs -diesel ou à essence- ne cesse de croître et plus encore de remplir les colonnes de la presse. C'est que le seuil du danger est de plus en plus fréquemment franchi, comme il le fut à Los Angeles : le temps calme de haute pression et de gel lié aux vagues de froid provenant des Etats Unis s'est par exemple établi en Janvier 1986 avec une fréquence exceptionnelle, donnant à plusieurs reprises plus de six heures consécutives de danger reconnu par les autorités. Pour la première fois, des mesures concrètes ont été envisagées. D'une part on interdirait en cas d'urgence la circulation d'une partie des véhicules, repérés par autocollants : inutile d'insister sur le haut degré de civisme nécessaire por faire respecter ce genre de mesure.

D'autre part une décision de principe a été prise pour le transfert (on ne sait vers où) de plusieurs dizaines d'entreprises dommageables pour l'atmosphère ou pour les eaux : raffinerie d'Azcapotzalco, papeteries, cimenteries, diverses metallurgies, entreprises qui représentent assez peu d'emplois, consomment beaucoup d'eau et maitrisent aussi mal leurs effluents que leurs fumées. Tenir une telle décision nécessite des capitaux pour indemniser et, surtout, une ténacité politique peu commune. Peut être la dureté de la crise débutée en 1982, suivie du tremblement de terre de 1985, conduiront à une fermeté de plus en plus inévitable ?

"Il savait qu'il allait trouver là ce qu'il cherchait, alors il serait sûr que les décharges publiques sont une oeuvre de Dieu"
Roberto López Moreno, *Yo se lo dije al presidente*

Une ville est un corps social. Comme tout organisme vivant, elle doit être alimentée, elle doit évacuer les déchets de ses activités. Plus elle est grande, plus deviennent problématiques les solutions d'approvisionnement et d'évacuation. Ce dernier point est particulièrement préoccupant à Mexico où les phénomènes liés aux déchets évoqués par les sociologues américains ces dernières années prennent une dimension alarmante. Au Mexique même, le chercheur Hector Bonillo a publié un livre remarquable à cet égard : *La société poubelle* (U.N.A.M., 1984). L'espace urbain est menacé, plus il s'élargit, par l'envahissement des déchets et ordures. Le service de la voierie est un appareil municipal extrêmement important puisqu'il utilise mille cinq cent véhicules et occupe quinze mille employés. Ces espaces de déchets sont une réalité géographique importante, puisque la plus grande de ces décharges publiques occupe une surface de deux cents hectares. Cet envahissement partiel de l'espace urbain pose de sérieux problèmes à plusieurs niveaux. En premier lieu l'écologie : la plus grande partie des déchets non utilisables sont ceux qui présentent le plus de danger pour l'atmosphère et l'environnement : les matières plastiques non dégradables et des matières organiques. A cet égard, Mexico, comme pour beaucoup d'autres phénomènes sociaux, présente les inconvénients ambivalents de deux types de civilisation.

A l'image de pays en voie de développement, il y a une appréciable quantité de déchets organiques de cuisine, caractéristiques d'une société qui ne traite pas industriellement la plus grande partie de ses aliments. Mais à l'inverse, par contamination, on trouve une quantité bien plus grande encore de débris de produits d'emballage caractéristiques de la société d'hyperconsommation et de gaspillage, celle des Etats Unis d'Amérique. Mexico fait la somme des inconvénients.

Le deuxième problème est d'ordre politique. Un tel appareil municipal et une telle masse de salariés dans ce domaine exige une gestion délicate. On connaît les situations urbaines catastrophiques provoquées par les grèves des éboueurs dans les grandes villes du monde. A cela s'ajoute un nombre considérable de personnes qui vivent dans les décharges et s'occupent à les fouiller pour en tirer des éléments utilisables. Ces travailleurs des ordures (les *pepenadores*) sont organisés et exploités par une sorte de mafia qui tire des bénéfices substantiels de ce ratissage. Sans pouvoir donner un chiffre exact, des sociologues pensent qu'on peut dénombrer près de vingt mille personnes qui vivent dans des cabanes bâties au sommet des décharges et dont le paysage est une montagne d'ordures.

Les déchets sont ainsi une réalité physique non négligeable, un élément important de l'espace urbain, et ils sont aussi l'un des services les plus préoccupants de la gestion municipale. Nous le verrons un peu plus loin, la presse et la littérature dénonce fréquemment ce phénomène pour essayer de mettre l'accent sur cet aspect nouveau et essentiel, qui se développe comme un cancer visible et qui est désormais indissociable du panorama urbain.

TRANSPORTS PEU COMMUNS : LE TEMPS DE LA VILLE

Si les marques de modification de l'*espace* urbain sont les plus perceptibles, il n'en est pas moins vrai que le *temps* de la ville est aussi modifié. Sans parler de l'accélération du rythme de vie, qui est devenu maintenant un lieu commun, c'est dans le phénomène des transports que cette nouvelle dimension du temps est la plus apparente. Mexico est une ville congestionnée, et il n'est pour le voir qu'à considérer les embouteillages aux heures de pointe, en particulier pendant la saison des pluies où les taxis sont pris d'assaut. La vitesse moyenne horaire automobile dans l'agglomération est de 10 Km/heure et on a calculé que pour fluidifier le trafic il faudrait dans les années qui viennent que les grands axes comportent vingt voies de circulation. Le gouvernement et la municipalité se préoccupent beaucoup de ce problème et plusieurs plans ont été élaborés pour y porter remède, au cours de ces dernières années : un Plan recteur de viabilité et de transport urbain et une grande partie du Plan de développement urbain lui est consacré. Des statistiques ont été faites : les zones industrielles génèrent un total quotidien de 4.429.320 voyages aller et autant au retour. Les moyens de locomotion dans la ville se répartissent de telle façon que le transport collectif comprend 80 % d'usagers et 3 % des véhicules utilisés, alors que le transport particulier comprend 20 % d'usagers et 97 % des véhicules. Ces chiffres sont éloquents et témoignent d'une répartition évidemment absurde. L'espace de viabilité consacré au transport collectif est de 30 % alors que celui des automobiles est de 70 %. Il résulte de cette situation que les travailleurs des usines sont les principales victimes des embouteillages et qu'ils passent une bonne partie de leur horaire journalier en déplacement. Par conséquent, il faut tenir compte d'une nouvelle donnée sociale importante dans le domaine du travail.

José Antonio Peralta, dans un article de *Siempre* en 1981, en a fait une analyse très pertinente. Una grande partie du temps social est consacré

1983	Total des "courses" dans le DF en millions/jour	
	En 1979	
	9,3 bus	51.2 %
	2,4 taxi	13. "
	2,2 taxi collectif (?)	12.2
5,5	2,1 métro	11.7
	1.3 auto privée	7.2
	0,6 trolley-tram	0.3
21	17,9 Total	100

? 6	Etat de Mexico bus
? 25	Total agglomération tous transports confondus

*

* *

Plus que les systèmes de l'eau ou des égouts, les transports urbains forment un ensemble technique connu de tous les citoyens, sans cesse commenté par la presse, alimentation permanente des conversations et envahissement sans cesse croissant du temps des gens de la ville. C'est en effet un système particulièrement complexe dans lequel, pour des couches sociales démesurément distendues, coexistent des moyens très différents. La qualité de ceux-ci diffère aussi profondément selon les lieux, et la division administrative de l'agglomération entre District Fédéral et Etat de Mexico est ici radicale, jusque vers 1983 en tout cas.

On peut, abstraitement, décrire et compter des lignes et des réseaux, évaluer par sondage la part des différents modes de transport, répartir entre ceux-ci les parts d'encombrement et de pollution avec des marges d'approximation qui incitent à la prudence. Pourtant nous devons nous rappeler que la vision des citoyens dans leur quartier est extrêmement morcelée : chaque famille connaît ses itinéraires et ses moments de transport, pour le travail, les études, les achats : deux ou trois lignes de métro, autant d'autobus ; s'y mélange la combinaison savante des solidarités entre voisins pour l'usage des autos vers les écoles et les

Quand les feux rouges n'importent
plus *
* Roberto Vallarino, *Uno más uno*,
5-9-1984: inondations en fin de
saison des pluies. La caricature de
Ahumada est du 7-9-1987.

Entre six et dix heures du soir,
Lundi, la ville s'est bloquée. Un
noeuds bien serré de Insurgentes à la
Calzada de Tlalpan et de Felix
Cuevas à Churrubusco. Toutes les
voies bouchées. Le *run run, plac,
split,* des moteurs qui suent sous la
vapeur du capot. Les gouttes d'une
pluie opiniatre, complètement
idiote, qui rendent les chauffeurs
stupides: ils freinent, accélèrent,
freinent, font hoqueter l'auto; et la
pluie, la pluie, sur la plaine
pétrifiée.

Attente. Encore le rouge, clignant,
absent. Une cigarette. Dans la rue
cheminent les ombres grises des
hommes abrités sous des carrés de
plastique. Les sirènes hurlent, dans
les profondeurs putrides des avenues.
Blaff, piii, piii. Autre clin d'oeil
rouge la bas entre les arbres. On ne
remue pas. L'espace de la Banque de
Commerce resplandit par moment.
Il faut ouvrir la fenêtre, contre la
buée des vitres qui nous fait des
têtes de cire qui fondent derière le
velour laiteux de nos haleines
conjuguées. Figures dégoulinantes,
rictus liquide: les lèvres sont
huileuses. Les mains serrent le
volant. Quelques portières s'ouvrent:
des conducteurs sortent; vision
lacustre de trois énormes
semi-remorques qui bouchent le
carrefour...Toute traverse débouche
fatalement sur une autre paralysie:
urbaine, automobile, civique,
populaire...

Merde! Ça donne envie d'abandonner
l'auto, de botter dedans, d'agresser
feux rouges et camionneurs, de
donner une peignée à la dame qui a
avancé juste quand il ne fallait pas et
d'exiger qu'on nous dise ou sont ces
putains de flics du Ministère de la
Voierie, puisque maintenant on
l'appelle comme ça. Le jour du
Discours Présidentiel, il y en avait
partout, et hier, pas un de l'Avenue
Churubusco à celle de l'Université.

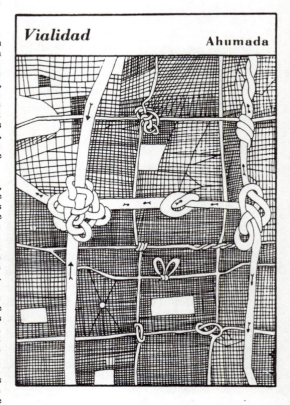

Vialidad   Ahumada

Inutile de compter combien de fois
le vert et le rouge: nous sommes
restés ici cent cinq minutes. Les
élèves qui ont repris la classe hier
pataugent dans les flaques sans s'en
faire pour leurs chaussures neuves.
Un monsieur qui n'avait plus de
batteries demandait de fenêtre en
fenêtre un cable pour se dépanner.
Plus de *Malboro* Merde! Vivaldi,
nationalisé, vibre dans le haut
parleur. Trois heures pour avancer de
trois blocs...

bureaux, associée à l'habitude d'une ligne de taxis collectifs et à celle d'une ou deux stations de taxis. Les chauffeurs de ceux-ci à leur tour, dans les beaux quartiers, savent quelle est l'heure des bureaux et celle de l'aeroport pour leurs clients masculins, celle des achats, du coiffeur et du sanborn's pour leurs clients féminins.

Demander à un usager dans un bus l'itinéraire de celui-ci est souvent décevant. Découvrir le logement, voire le bureau, encore inconnus, d'une nouvelle relation, relève d'une quête plus ou moins longue, éventuellement coupée de coups de téléphone pour retrouver le fil d'Ariane temporairement perdu : de quoi bien occuper un demi-journée ; et comment se plaindre dans ces conditions du manque d'exactitude dans les rendez-vous? Tenir simplement à jour, pour un vieux routier de l'automobile à Mexico, sa propre pratique des autoroutes urbaines et de leurs heures d'encombrement, réagir à temps face à l'embouteillage imprévu et improviser l'itinéraire de remplacement : un sport qui nécessite d'être en bonne forme.

Le transport public des voyageurs repose sur le couple classique métro/autobus, sans cesse à la limite de la saturation. Aux heures de pointe, les longues queues d'attente se complètent, pour certaines lignes de métro, par un triage du public (wagons pour femmes et enfants, wagons pour hommes) pour éviter que l'entassement dépasse le seuil du supportable.

En quinze ans le métro est devenu l'ossature du système. A peine inauguré pour les olympiades de 1968, il compte sept lignes en 1986 et quelque 120 Km de voies, par adaptation de la technique du RER parisien. Il vendait 2,1 millions de billets par jour en 1979 et 5,5 en 1983 : la crise et le changement de présidence en 1982 n'ont pas ralenti la progression. C'est une priorité politique au transport de masse non polluant, une technologie désormais peu importatrice, une source d'emplois peu qualifiés dans les travaux publics dans une période où les entreprises du secteur ont fort peu de contrats. Les choix de lignes nouvelles relèvent de la politique du secret : l'itinéraire de la future ligne 8 (axe nord-sur passant par le centre) reste inconnue, après les scandales de la fin de 1983, quand on craignait que la voie puisse atteindre des zones archéologiques sensibles. Par contre celui de la ligne 9 est réellement en construction, selon un axe est-ouest proche du Viaducto Alemán.

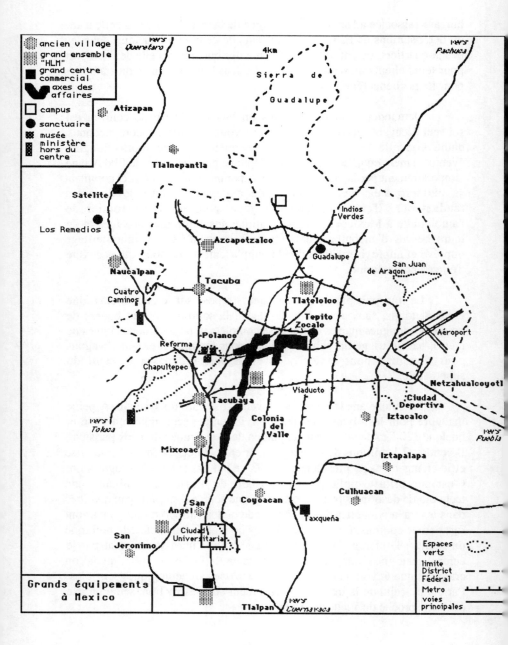

ancien village
grand ensemble "HLM"
grand centre commercial
axes des affaires
campus
sanctuaire
musée
ministère hors du centre

vers Querétaro

0   4km

Sierra   de

Guadalupe

vers Pachuca

Atizapan

Tlalnepantla

Satelite

Los Remedios

Indios Verdes

Azcapotzalco

Guadalupe

San Juan de Aragon

Naucalpan

Cuatro Caminos

Tacuba

Tlatelolco

Tepito
Zocalo

Aéroport

Reforma

Polanco

Chapultepec

Viaducto

Netzahualcoyotl

vers Toluca

Tacubaya

Colonia del Valle

Ciudad Deportiva

Iztacalco

vers Puebla

Mixcoac

Iztapalapa

Culhuacan

San Angel

Coyoacan

Taxqueña

San Jeronimo

Ciudad Universitaria

Grands équipements
à Mexico

Tlalpan   *vers Cuernavaca*

Espaces verts
limite District Fédéral
Metro
voies principales

102

Depuis 15 ans, le billet, qui permet de circuler sur l'ensemble du réseau, coûte un peso, ce qui grâce à l'inflation aboutit en fait à la gratuité du service : en 1983 les ventes de billet représentent 12 % des rentrées de l'entreprise, les subventions de fonctionnement 76 % et le reste la subvention d'équipement pour construire et équiper les lignes nouvelles. Si les options du sexennat en cours sont réalisées, le quart des passagers du District Fédéral seront en 1988 transportés par métro.

Car le système s'est simplement approché des limites du DF, sans jamais en sortir vers l'Etat de Mexico, à Cuatro Caminos comme à Rosario ou à Pantitlan. Ces terminus, comme d'autres, sont les points de connection avec les lignes de bus de banlieue dites d'alimentation, avec leurs immenses parcs de stationnement. Difficultés de négociations entre l'entreprise du Métro et l'Etat de Mexico ? Pour celui-ci difficultés d'obtenir des moyens financiers ou méfiance envers les organismes liés au DF ?

Dans le DF, les autobus assurent en 1983 probablement encore près de 40 % du trafic de voyageurs. Le système a été nationalisé en 1981, si bien que le billet est resté très bon marché (3 pesos au début de 1986) : presque autant que pour le métro, la politique populiste est ici confortée par la crainte de voir des mouvements sociaux graves exploser en cas d'augmentations des tarifs, si bien que le projet de billet combiné métro-bus (sensiblement plus cher), élaboré dès 1983, n'est toujours pas appliqué trois ans plus tard... à l'heure du Mundial. Le coût réel en 1983 du voyage en bus serait de 10 pesos et en métro de 12 pesos. Le *Multimodas* (700 pesos par quinzaine en Octobre 1986) permet de prendre le métro, l'autobus, le trolley. Mais peu de gens le prennent... car il revient moins cher d'acheter deux fois par jour un billet à 20 pesos. A l'automne 1986, le billet passe à 20 pesos. On établit par ailleurs un forfait de quinzaine (selon le rythme habituel de paiement des salaires) qui pour 700 pesos permet un libre usage des métro, bus et troleybus du District Fédéral. Si le métro, hors des heures de pointe, est un transport rapide, propre et relativement confortable, la détérioration du parc d'autobus est sensible. Faute de pièces de rechange ou par manque d'organisation des ateliers de réparation, un quart des quelques 6 000 bus du District Fédéral sont hors service à la fin de 1982 et l'on estime que le parc devrait atteindre 10.000 unités pour un fonctionnement correct.

Dans l'Etat de Mexico, les transports publics dépendent exclusivement des lignes privées d'autobus. A peu près sans subventions, le billet augmente de 7 à 10 pesos en 1983, ce qui ne manque pas de déclancher un mouvement d'étudiants, qui arraisonnent à Naucalpan 38 véhicules et exigent une réduction de 50 % pour les travailleurs et étudiants. Dans les municipes de l'Aire métropolitaine on vendraient à cette date, quelque 6 millions de billets par jour pour 4 000 voitures, et l'état de vétusté de beaucoup d'entre elles est nettement plus mauvais que celui du parc du DF : pannes, pollution des moteurs diesel, aspect peu digne d'une grande capitale : bien des raisons de limiter l'entrée de tels véhicules dans le cœur de celle-ci (les deux tiers des entreprises ont une concession à cheval sur les deux unités administratives) ; les nouveaux terminus de métro permettent de les en écarter, puisqu'il n'est question ni de les subventionner, ni de les nationaliser comme ce fut le cas dans le District Fédéral.

Certains techniciens soulignent qu'un potentiel de voies ferrées existe pour desservir les voyageurs de Los Reyes, de Tlalnepantla et de Ecatepec. Mais ni l'état des lignes (lenteur, passages à niveau non gardés), ni les habitudes des chemins de fer mexicains, ne permettent d'envisager l'utilisation prochaine de cette capacité, évaluée sur 17 Km de voies à un débit possible de 160 000 voyageurs à l'heure (soit près d'un million par jour probablement).

Rappelons pour mémoire que le District Fédéral possède quelques lignes anciennes de tramways en site propre et surtout quelques trolleybus dont la plupart ont été établis au moment de l'organisation des voies

rapides *(ejes viales)* , en 1977-82 : quand ceux-ci vont à contre sens de la circulation des voitures, leur voie théoriquement réservée est à peu près respectée...

Le véritable problème de circulation de la capitale est en effet celui d'un parc d'automobiles qui a cessé de croître avec la crise de 1982, mais qui avait plus que triplé en une décennie pour atteindre près de 2 millions de véhicules immatriculées dans le DF et quelque 300.000 dans l'Etat de Mexico. Les énormes travaux routiers menés depuis la fin des années 50 n'ont pas empêché une saturation du trafic qui ne faiblit quelque peu que chaque fois que le prix de l'essence est réévalué, surtout depuis 1983 : en particulier les "américaines" vieilles parfois de 15 ou 20 ans sont alors trop coûteuses.

Notons que si aucun ménage ne possédait plus d'une voiture, près de 2/3 de ceux-ci en posséderait dans l'agglomération. Un coup d'oeil dans les beaux quartiers montre que les parcs de trois à quatre véhicules par famille n'y sont pas rares. On peut cependant penser que près de la moitié des familles de l'AMCM ont un ou plus d'un véhicule.

Même si l'on évalue la capacité de stationnement des zones centrales de la ville à plus de 3 millions de véhicules, entre rues et parcs aménagés, les encombrements ponctuels sont innombrables, d'autant que les habitudes des conducteurs sont beaucoup plus texanes qu'urbaines.

Toujours est-il que si l'on en croît les chiffres disponibles, moins de 100 000 taxis (entre ceux qui travaillent "au drapeau" et ceux qui exploitent des lignes de collectifs, entre ceux qui sont déclarés et ceux qui travaillent au noir) assurent peut-être près du quart du trafic urbain, tandis que plus d'un million d'autos privées utilisées en semaine en assure deux fois moins : la pollution et l'encombrement générés par personne transportée est dans un rapport de 1 à 10 pour ces deux modes de transport, qui *conjointement* ont la réputation de fournir 80 % de la pollution atmosphérique non industrielle, laissant le reste aux autobus et camions, dont les diesels mal réglés ou inréglables à 2 200 m d'altitude sont une source de fumée redoutable.

Les taxis "au drapeau" sont ceux de toute ville : porte voix d'une opinion publique critique et gouailleuse, partenaires de marchandages tantôt distants, tantôt obsequieux, informateurs encore avisés d'un espace urbain connu par larges pans. Les taxis collectifs à itinéraire fixe ont dû apparaître au cours des années 1940, quand l'autobus devient accessible pour le peuple. La classe moyenne s'entasse alors à 5 ou 6 dans la grosse Chevrolet du *pesero* ; puis le boom des années 1970 remplacera celle-ci par le combi Volkswagen plus confortable. Mais dans tous les cas le *pesero* est un lieu privé pour la sociabilité d'une population éduquée, condescendente envers un chauffeur, beaucoup moins loquace que son confrère "au drapeau".

Il est inutile de décrire l'impressionnant paysage d'autoroutes urbaines destinées principalement à assurer la circulation individuelle : plus encore qu'une nécessité pratique, ce fut l'impératif de prestige fasciné par la civilisation des Etats Unis qui obligea chaque présidence -sauf celle qui commence en 1983- à ajouter un monument aux précédents. Le mot attribué au président Miguel Aleman (1946-1952) : "je veux une Cadillac pour chaque Mexicain" se passe de commentaire et la plus ancienne autoroute urbaine (Viaducto, fin des années 1950), porte son nom. La crise à partir de 1982 a peut être évité que Mexico, à force de voies rapides, se transforme, comme Caracas, en une non-ville du Texas ou de la Californie. Nous verrons cependant à quel point la vie de la classe moyenne, à travers les équipements de commerce, d'enseignement, de services, a été marquée par le système de l'autoroute.

BANALITES

Ne citer, pour comprendre la marche des services publics de Mexico, que ceux qui font l'objet de grands dossiers serait injuste. Il en est qui, à leur manière, ne posent pas de problème visible et sont ignorés par la presse.

Commençons par ceux qui, incontestablement, ont rencontré des succès notoires. La fourniture d'électricité d'abord. Le boom pétrolier a permis de construire les grosses centrales thermiques (à Tula et Teotihuacan) qui assurent une production suffisante (d'autant plus que depuis 1982 la consommation des entreprises stagne). Dans les paysages des bas quartiers périphériques des années 1960 les écheveaux de fils électriques improvisés se multipliaient en tout sens, témoignage des branchements clandestins. Dans les années 1980 la Compagnie dessert officiellement même les quartiers d'invasion, à l'exception des plus récents. Malgré les hausses successives depuis 1982 les tarifs restent modestes, comme ceux du gaz en bouteille utilisé dans à peu près tous les foyers. Remarquons aussi que, plus qu'au milieu des années 1960, il est relativement facile d'obtenir une ligne téléphonique à Mexico, que le coût de la communication urbaine y est dérisoire. Les cabines publiques sont nombreuses et guère plus détériorées que dans les villes "riches"... On ne peut y obtenir que des communications urbaines, devenues gratuites temporairement à la suite du tremblement de terre de 1985. Avec la rapide inflation, le problème technique du téléphone public est de produire en quantité suffisante des pièces adaptées par leur taille et leur poids aux appareils, sans que leur trop faible valeur les fasse disparaître du marché pour être vendues au poids du métal, comme les "20 centimes". L'encombrement des lignes est lassant, mais beaucoup moins grave que la détérioration du téléphone de Buenos Aires au milieu des années 1960.

Aucun scandale visible ne surgit non plus du service des morts, logés dans plusieurs cités immenses de la banlieue, comme le Cerro de la Estrella à Ixtapalapa, ou comme les jardins funéraires proposés à l'investissement des classes moyennes sur la route de Cuautla au sud ou au flanc de la Sierra de Guadalupe au nord.

Diverses prisons suburbaines modernes sont venues remplacer Lecumberi, désormais consacrée aux Archives Nationales. L'éloignement y rend les visites mal commodes. Mais c'est surtout leur organisation interne qui peut surprendre : une autonomie de gestion extrémement large laissée aux condamnés rend fort variable la situation de ceux-ci : là ils seront très misérablement logés et nourris, et de plus soumis à la loi de truands parfois redoutables ; mais ici un Ingénieur Díaz Serrano, ancien directeur de PEMEX, et ses collègues incarcérés pour corruption en 1983, pourront, comme tant de détenus riches, jouir de logements et de services hoteliers confortables, mais aussi organiser une véritable université populaire au bénéfice de leurs co-détenus avec bibliothèque et activités sportives ; ailleurs ce sont des animations de spectacles de théâtre ou de poésie dont l'administration laissera l'initiative se développer, les personnes venues de l'extérieur jouissant de la plus grande liberté à l'intérieur de la prison.

Enfin pour revenir aux besoins des classes moyennes, la multiplication des bureaux des banques donne sans doute satisfaction pour un service plus proche des moeurs des Etats Unis que de celles d'Europe. Les moins fortunés transforment au plus vite en liquide le chèque de leur quinzaine, tandis que les mieux lotis utilisent essentiellement la carte de crédit (d'où la question rituelle aux caisses des gros commerces : "¿ tarjeta o efectivo ?" correspondant exactement au "cash or cart ?" des Etats Unis). Le chèque au contraire est un document rare, que n'échangent entre eux que ceux qui se connaissent et que les commerçants n'acceptent guère, car ils sont trop souvent frauduleux.

Reste à décrire un service public dont le mauvais fonctionnement est notoire, sans affecter semble-t-il la vie quotidienne des classes moyennes et moins encore celle des couches populaires : la poste. A l'intérieur de la capitale le courier met couramment dix jours -un peu moins si on l'adresse à une boîte postale. Entre capitale et province, il faut compter deux semaines, comme pour l'étranger. Mais surtout une part plus ou moins grande des correspondances n'atteignent pas leur destinataire. Les statistiques de la poste indiquent que le nombre de plis manipulés à diminué notablement dans la période de 1977-82 : indice probable de la détérioration d'un service en partie remplacé par d'autres moyens. Il est remarquable que tout ceci n'affecte guère un public qui confie peu de messages sérieux et urgents à la poste : affaires et nouvelles se traitent par téléphone et il est rare qu'on cherche à formaliser par écrit. Si cela est nécessaire, en ville on portera le message à domicile et vers la province on le confiéra à la compagnie de car ou d'avion -pour une somme beaucoup plus élevée qu'une poste bon marché. Pour la presse quotidienne, ou pour tous périodiques, la distribution à domicile aux abonnés est assurée par des réseaux de motocyclistes ou de cyclistes sans relation avec le système postal.

TRAITEMENT MEDIATIQUE ET LITTERAIRE

La profusion des services urbains et les difficultés de solutions viables se répercutent évidemment sur la vie quotidienne de l'homme de la ville, sur ce qu'il voit, ce qu'il ressent, ce qu'il éprouve dans tous les domaines de son existence. Il y a donc un écho de ce nouvel agencement humain dans les expressions informatives et culturelles. Il peut être très significatif de considérer cet écho, dans la mesure où il est d'une part une source de connaissance d'un contexte particulier, et où, d'autre part, il offre aux recepteurs de leur message une image, jamais bien objective, presque toujours partielle, qui va les pousser à envisager certaines perspectives. Les points privilégiés des représentations médiatiques et littéraires sont des options riches d'enseignements à la fois sur la réalité urbaine et sur les mentalités, les enjeux des pouvoirs et des savoirs qui se mettent en place et se développent en mettant l'accent sur certains problèmes, en éludant d'autres. Comment le contexte urbain et la problématique de ses services sont-ils envisagés, comment sont-ils perçus et présentés, pourquoi y a-t-il dans ce domaine des zones de mise en relief et des zones d'ombres ? Rien n'est totalement objectif ni totalement innocent dans la diffusion de l'information et de la connaissance.

La première remarque est que dans la forme, il y a une différence très significative entre la connaissance que nous pouvons avoir des problèmes, à travers l'information par les média et celle que contient la création littéraire qui prend la ville comme cadre. Dans le premier cas, nous constatons une transformation de la problématique des services urbains en spectacle, en "Show" ou en "Scoop", dont la résonnance immédiate produit un effet de choc, mais dont les effets sont à peu près nuls dans la mesure où la fréquence de ces chocs est anesthésiante à la longue, et aussi parce que cette information est perçue comme un spectacle par des recepteurs plus ou moins passifs qui se sentent moins concernés. Dans le deuxième cas, celui de la diffusion culturelle dans les productions litté-raires ou filmiques, les problèmes engendrés par les services urbains sont sélectifs, ils représentent des signes qui sont dramatisés, plus au profit d'un "type" général que pour des documents particuliers. Parmi les nombreux éléments problématiques de la réalité urbaine, parmi les syndromes de la pathologie urbaine au niveau des services, trois axes sont choisis à des degrés différents par la presse, les récits ou les romans : ce sont toujours les mêmes. Il s'agit de celui de la circulation, puis de celui de l'espace des déchets et enfin dans une bien plus large mesure, du thème de la sécurité. Les autres particularités des services sont omises, voilées ou occultées, sauf si une crise ponctuelle les met en valeur de façon éphémère dans la presse.

Le problème de la circulation est évoqué régulièrement, même si ce n'est pas le plus pittoresque de l'information et du documentaire. La presse l'évoque presque toujours dans une perspective politique en se situant, selon l'orientation de chaque organe, dans les conflits et les polémiques engendrés par les embouteillages (les articles sont bien plus nombreux lors de la saisons de pluies), les accidents de la circulation qui donnent lieu parfois au journalisme spectaculaire, et surtout dans les options politiques de gestion des moyens de transport collectif, c'est à dire dans les domaines où le débat politique est le plus aigu et le plus engagé. Ce phénomène devient alors surtout un argument d'opposition ou de défense dans l'affrontement politique. Outre cette perspective, nous trouvons également dans la presse la présentation de cet aspect urbain dans d'assez nombreuses chroniques qui présentent comme des tableaux de moeurs l'inconfort des déplacements de foule et l'atmosphère désolée et "stressante" des stations de métro ou des files d'attente d'autobus.

Dans la littérature le problème de la circulation et des transports est relativement peu évoqué, sauf pour son utilisation comme cadre, comme toile de fond de développements dramatiques. Toutefois, on peut constater de plus en plus l'utilisation de scènes de la rue où la circulation est importante, et surtout l'apparition de types littéraires liés à la densité du transport automobile : les vendeurs ambulants aux carrefours et surtout un type urbain qui devient de plus en plus fréquent : l'avaleur de feu. Ces jeunes garçons se placent aux feux rouges et profitent de l'arrêt forcé des automobilistes pour cracher leur essence enflammée et demander l'aumône. Ce spectacle tragique qui s'est répandu jusqu'à alarmer le gouvernement est un thème qui convient à des récits littéraires urbains puisqu'il signifie comme en synthèse les syndromes les plus dangereux de la pathologie urbaine : la misère de l'enfance, la détérioration physique rapide : "la gorge est brûlée, on a une toux rauque et on sent la poitrine qui se déchire comme pour laisser filtrer des lambeaux de crachats de pétrole" (*Yo se lo dije al presidente*). La ville permet ainsi de réactualiser les thèmes littéraires éternels de l'enfance abandonnée et exploitée, du mal des poumons et de la mort prématurée.

Le deuxième problème des services qui est fréquemment utilisé et dramatisé par les médias et la culture est celui de la prolifération et du danger des ordures ménagères et industrielles. La presse présente ce phénomène, selon le genre du support, de trois façons différentes. Soit elle présente le danger de cette prolifération de façon relativement objective, en donnant des chiffres, pour sensibiliser l'opinion et faire prendre conscience de la menace sociale. Soit encore elle fait du problème le tremplin d'un débat politique. Dans ce cas elle insiste sur le phénomène de corruption, en dénonçant le mécanisme d'exploitation des "pepenadores" par une maffia qui compte sur des appuis politiques et réalise des bénéfices dont les chiffres scandalisent l'opinion et la conduisent à condamner le gouvernement. Soit enfin, dans le cas de la presse à sensation, les cas de pollution par les déchets sont présentés et, à l'appui de photos particulièrement repoussantes, des exemples d'enfants brûlés ou mutilés pour avoir joué dans des décharges satisfont la curiosité morbide du lecteur avide de sensations fortes et de scandales.

110

Dans le domaine de la littérature et dans celui du cinéma on peut constater depuis quatre ou cinq ans l'incorporation de l'univers des décharges publiques au paysage de la ville, avec l'humanité qui vit dans les déchets. Outre le pittoresque déchirant, le monde délétère, signifiant que d'un délabrement de l'homme et de la civilisation, cet aspect de la grande ville est éminemment symbolique, puisqu'il permet de visualiser l'envers du décor de la société d'abondance, les conséquences en somme du bien-être et du progrès technologique. Il offre l'image de la périphérie, de la marginalité par rapport au centre institutionnalisé : aux conquêtes de la civilisation dont nous sommes si fiers. Ce décor très évocateur, très éloquent par lui-même, permet une intense dramatisation et il est peut-être la figure fondamentale du tragique de notre époque. Le Diogène urbain n'exprime plus son cynisme sur l'agora mais c'est dans les ordures, les débris et les "monstres" qu'il cherche la vérité de notre condition humaine.

Enfin, le thème le plus utilisé, évoqué, rebattu et dramatisé par les médias, la littérature, le cinéma et la télévision est bien entendu, comme partout ailleurs, celui de la sécurité, de la violence, des usages d'alcool et de drogue engendrés par la vie dans la ville. Tous les organes de presse, du plus "intellectuels" aux plus populaires, ont leur "page rouge" où sont présentés avec plus ou moins de détail les multiples méfaits qui se produisent dans la rue. Le climat d'insécurité est souligné, souvent amplifié, et le premier résultat est que cette information provoque une désertification de certaines rues à certaines heures, et comme dans un cercle vicieux, renforce le danger.

Là encore la présentation que fait la presse de ce phénomène a trois aspects. Les journaux les plus sérieux se contentent d'une information froide qui vise à faire prendre conscience de certaines mesures à prendre, à présenter le danger pour qu'on lui cherche des remèdes. D'autre part il y a souvent une utilisation politique des actes de violence perpétrés dans les rues, et les articles soulignent l'insuffisance de l'appareil policier ou la corruption des fonctionnaires qui protègent les délinquants. Par exemple, au cours de l'été 84, la presse s'est faite l'écho de protestations de Mariachis pour la place Garibaldi et de comités de locataires pour un quartier du centre, pour dénoncer la multiplication des agressions, de l'homosexualité et de la prostitution, de l'usage de drogue et d'alcool alors que cette délinquance profitait de la protection de personnalités politiques. Ce genre de campagne de presse est assez fréquent, mais il est significatif qu'il s'intensifie au cours des moments de crise politique ou de préparation d'élections. Enfin, toujours dans les médias, on trouve l'utilisation spectaculaire des phénomènes de délinquance urbaine, avec des titres à sensation sur les crimes les plus horribles, les rapports sexuels les plus pervers, les cas d'alcoolisme et de drogue les plus avilissants, documents et photos à l'appui, pour présenter un saisissant spectacle de Grand Guignol. Bien sûr, ce sont les journaux qui ont la plus large audience populaire qui utilisent ce genre de procédé d'information, et la surenchère dans le sordide et l'horrible, là encore, provoque un effet de distanciation spectaculaire. Au lieu de prendre conscience du mal, on s'en délecte et on en redemande. Dans ce cas l'information est bien plus dangereuse que salutaire et elle ne peut qu'amplifier le syndrome.

Dans la littérature et le cinéma, c'est bien connu aujourd'hui et ce n'est pas propre au Mexique ou à Mexico, l'utilisation de la violence est de plus en plus répandue, avec une surenchère dans l'expression et la description de ces manifestations. Pourtant, alors que ce "genre littéraire", puisque c'en est un désormais, était traditionnellement réservé à une littérature plus ou moins spécialisée, dans les "thrillers", ouvrages policiers ou de terreur, significativement, de plus en plus la violence prend place dans la littérature à tous les niveaux, des plus populaires aux plus académiques.

Les premières lignes d'un roman récent (1984) de José Joaquín Blanco: *Púberes canéforas* (le raffinement culturel du titre tiré d'un poème de Rubén Darío donne la mesure du niveau culturel) peuvent témoigner, entre d'autres nombreux exemples, d'un ton nouveau donné par un phénomène social : "Felipe obéit". La peur ne lui permettait d'autre réaction que celle de l'obéissance spontanée et aveugle. Un deuxième homme, beau, élancé, aux traits clairs -précisément celui qui, il y a moins d'une heure, l'avait frappé dans un coin de rue obscur du centre de la ville, face à l'hôtel Radamonto (le premier homme s'était limité à l'immobiliser pendant que le jeune homme le frappait) et qui lui avait cogné plusieurs fois la tête contre le coffre de l'automobile noire- laissa sa place au chauffeur, ouvrit la portière arrière, et, pistolet au poing, tira le cadavre par les pieds..." -la violence et les coups sont partout largement utilisés. Ils sont en effet l'"action" dynamique de notre époque et sont indispensables à notre tragédie.

Les perversions sexuelles et la prostitution se retrouvent de plus en plus également dans la littérature, comme signes du désarroi de l'homme moderne et de la complexité psychologique des personnages. On le voit, la ville donne à la littérature des instruments et des exemples nouveaux, actualisés, pour exprimer les conflits humains et les problèmes psychologiques et sociaux qu'elle a toujours évoqués. L'alcool et la drogue sont aussi des éléments proprices à l'expression du drame littéraire ou cinématographique. Ils sont souvent l'image très concrète de la faiblesse, de la ruine mentale et de la détresse sociale. En un sens, ce sont les masques contemporains d'une forme de fatalité. La littérature, qui a toujours voulu conjurer les menaces sociales et humaines en en amplifiant les effets nocifs, trouve là un excellent moyen de visualiser le mal et d'en montrer la monstruosité.

Ce contexte nouveau permet aussi de présenter des types universels sous une forme particulière et située : le malfaiteur et surtout le grand "chingón", l'envers de l'entrepreneur, celui dont l'immense pouvoir social s'étend sur l'utilisation des vices de la cité et dont l'intelligence organise et exploite une corruption très rémunératrice. Le chef de la police du District Fédéral Durazo, truand et corrompu, est l'objet d'un des livres les plus vendus (400 000 exemplaires en trois mois fin 1983) : *Lo negro del Negro Durazo*, thème repris en bande dessinée, avant l'extradition et l'incarceration du personnage en Avril 1986.

Toutefois, il faut convenir que dans les médias comme dans la littérature et le cinéma, certains éléments, et non des moindres, des particularités urbaines sont passés sous silence, effleurés ou occultés. Une partie seulement, celle que nous venons d'évoquer, est dévoilée. Pourquoi n'ont-ils pas leur place dans l'information et le symbolisme de l'expression créatrice ? Ces difficiles problèmes d'administration, de gestion, de financement, d'approvisionnement, de circulation des biens personnels et publics n'apparaissent pour ainsi dire jamais. C'est qu'ils ne sont pas propres à frapper l'imagination et les sentiments dans une société où prime l'émotion du spectacle, toujours surenchérie. Comment faire prendre conscience des difficultés plus techniques qui sont pourtant tout autant dramatiques. Le problème de l'eau a été évoqué plus haut. Il n'y a que peu d'échos dans la presse et les livres. Tout au plus, au moment des alarmantes inondations de la saison des pluies la presse montre les rues et les maisons inondées, les habitants pataugeant dans leur maison dont le sol est une mare. Mais cela est présenté à peu près comme une catastrophe naturelle, une manifestation inéluctable des éléments. Ou bien alors les coupures d'eau et de courant électrique sont succintement annoncées comme des avis de routine, afin qu'on puisse prendre des précautions. Mais les problèmes tout aussi vitaux que ceux qui sont largement dramatisés, tels

que le courrier, l'évacuation des morts, le téléphone et bien d'autres sont laissés aux bons soins d'organismes spécialisés, sans qu'on semble vouloir prendre conscience de leur acuité.

Le citoyen de la ville, dans l'information et l'image représentée dans l'expression culturelle, n'a qu'une vision partielle, déformée ou signifiée, symbolique, de son environnement. On ne lui donne que l'aspect spectaculaire de sa condition, provoquant par là son attitude passive et sa soumission résignée.

PERIL EN DEMEURE : DE L'EXPLOSION DE GAZ AU TREMBLEMENT DE TERRE

A plusieurs reprises dans ce chapitre nous avons évoqué les effets du tremblement de terre de septembre 1985. Plus loin au chapitre VI nous le retrouverons à propos du visage des quartiers. Mais en fait, dans l'immensité de Mexico, après qu'on ait pleuré une vingtaine de milliers de morts, les traces de la catastrophe sont étrangement modestes. Le patrimoine immobilier détruit a mis à la rue 225 à 500 000 personnes, ce dernier chiffre représentant quelque 3 % de la masse des chilangos, et les destructions n'ont pris la dimension d'un événement politique qu'à Tepito (où quelque 180 000 habitants ont pu être affectés) et dans les grands ensembles de Juarez de Tlatelolco (une vingtaine de milliers d'habitants atteints).

Mais ce que la catastrophe a remis en cause, c'est la capacité même de fonctionner dont dispose Mexico. Déjà dix mois plus tôt la mini-catastrophe de Novembre 1984 semblait une répétition générale, avec les 1 000 à 2 000 morts de l'explosion à San Juan Ixhuatepec, du dépôt de gaz liquéfié de PEMEX, au nord-est de l'agglomération. A nouveau en Janvier 1986 un coup de froid particulièrement persistant a provoqué une série d'inversions de température qui ont concentré la pollution atmosphérique au sol au delà des seuils de sécurité pendant plusieurs jours consécutifs.

L'énorme ville est un système complexe fondé sur un ensemble de services fragiles, sophistiqués. Le séisme aurait pu créer des ruptures graves dans les grandes réseaux de métro, d'eau ou d'égouts. Il a montré les mal façons liées à la corruption dans les contructions scolaires et hospitalières, il a montré les limites de l'efficacité de la police et plus généralement la faible marge de manoeuvre du gouvernement. On a vu ce que la suppression pendant plusieurs semaines des communications téléphoniques avec le reste du monde national et international représentait pour un organisme de la taille et de la complexité de Mexico.

Parallèlement les citoyens de la ville ont découvert qu'attendre de l'administration des solutions à leurs problèmes ou que faire pression sur celle-ci pour en obtenir des avantages étaient des moyens largement dépassés par la dimension des difficultés à maîtriser. Les vastes mouvements de solidarité déclenchés en Novembre 1984 et surtout en Septembre 1985 ont montré aux Chilangos qu'ils vivaient en face les uns des autres et que leur action propre pouvait être la solution en cas d'urgence. Cette prise de conscience est en même temps la reconnaissance enfin admise de ce que la croissance urbaine d'antan ne peut plus être tolérée et, peut être, de ce que le fonctionnement des services de la ville doit se payer à un prix élevé.

CHAPITRE IV
COMMENT VIVRE A MEXICO

TRAVAILLER A MEXICO

L'énumération, à partir des chiffres de recensement, des activités de la population de l'agglomération, serait à la fois fastidieuse et peu utile : non seulement la nature des catégories retenues pour la statistique est obscure, mais aussi la part des populations dont la catégorie est "non spécifiée" est très élevée, atteignant sur certains tableaux plus du quart des individus. Ces éléments de base ont été donnés au chapitre I.

Nous essaierons plus simplement de décrire le style des activités de travail selon les milieux sociaux, telles qu'on peut les voir fonctionner dans la ville.

A quelques exceptions près parmi les gens les plus aisés, de la classe moyenne aux riches on est principalement salarié. Le flux quotidien des voitures mène les employés et les cadres de leur travail. Une journée continue plus ou moins intense commence plus ou moins tôt selon la hiérarchie et se termine sauf exception entre 14 et 15 heures. Ce qui permettra à bon nombre de gens d'exercer à partir de 15, 16 ou 17 heures un second métier qui occupera parfois jusqu'à 18 ou 20 heures. Dans ces couches aisées du travail, assez peu de femmes, sauf comme maîtresses d'école ou de collège ou comme techniciennes supérieures ; au niveau moyen beaucoup de femmes employées de bureaux.

On peut, du point de vue de la régularité du salaire, matérialisé par le chèque de quinzaine, assimiler les ouvriers qualifiés aux classes moyennes de cadres et d'employés. Le degré de sécurité d'emploi dépend essentiellement de la protection syndicale, qui est élevée dans le secteur public et dans un petit nombre de branches du secteur privé concentré en grosses entreprises, faible au contraire ailleurs. Les "places" ou emplois contrôlés par les syndicats sont évidemment l'objet de convoitises et de négociations variables. Dans le secteur public, surtout en haut de l'échelle, l'instabilité de l'emploi est liée au rythme sexennal de la politique, mais depuis la charnière de 1982 l'optimisme d'une mobilité de promotion a été remplacé par la crainte, souvent réalisée, de la mise en chômage. Celui-ci, lors du recensement de 1980, en plein boom pétrolier, est officiellement très faible, de l'ordre de 5 ‰. Même s'il a beaucoup augmenté, là ne réside pas le principal problème des classes moyennes : si l'on a relativement peu débauché, par contre la baisse des revenus des salaires a été très importante, supérieure au tiers entre 1982 et 1985.

L'examen de la population active d'après le recensement montre que si l'agglomération -comptée large en y incluant l'ensemble de l'Etat de Mexico- accueillait en 1980 le quart de l'emploi national, c'était plus de la moitié des gens des assurances, de la banque, de l'électricité, plus des deux cinquièmes des professions libérales, des fonctionnaires publics, des gérants d'entreprises, des contremaîtres, des employés de bureaux, en fin plus du tiers des techniciens supérieurs, des métiers artistiques, des personnels de gardiennage et de service, de ceux de l'industrie de transformation, qui travaillaient dans le Grand Mexico. Ces proportions n'ont pas dû changer notablement dans la première moitié de la décennie 1980.

A côté de ce monde du salariat permanent, qu'est-ce que le sous-emploi dans la capitale ? Tous les indices montrent qu'il est propotionnellement moins important qu'en province, à l'exception de Monterrey (Etat de Nuevo León) où le secteur manufacturier et en conséquence les professions liées à celui-ci pèsent plus lourd dans l'espace urbain. Si les gens du secteur "informel" sont mal rémunérés, ce sont d'autres caractéristiques qui permettent de donner les traits principaux de leur travail. On peut penser que le quart ou le cinquième -selon les critères-des gens ayant un travail mais apparaissant dans un secteur, une profession ou un statut "mal spécifié" du recensement sont en même temps peu payés ou payés simplement en nature, qu'ils n'ont aucune sécurité ni d'emploi ni de revenu, qu'ils changent souvent d'activité et qu'ils ont selon les moments plusieurs activités ou aucune.

Certains secteurs relèvent principalement de cette instabilité : la construction (pour un effectif équivalent à la moitié de l'industrie de transformation), le service domestique (un peu plus d'emploi que la construction, essentiellement féminin), les manoeuvres de l'industrie sans contrat protecteur, les vendeurs ambulants. Mais chaque secteur, chaque profession a sa frange d'emploi instable, particulièrement chez les non-salariés travaillant à leur compte, dans les services, la réparation ou le travail à la tâche fait à domicile.

Si sous emploi et emploi informel sont le fait de tout le Tiers Monde et de toutes ses grandes villes, ce phénomène pèse peut être particulièrement sur la ville de Mexico pour deux raisons : l'abondance de la population pauvre qui vit en province à proximité de la capitale permet une alimentation permanente en main d'oeuvre prête à tout pour survivre, mais aussi capable de se replier temporairement vers son milieu d'origine, peu éloigné, ou de s'appuyer sur celui-ci ; d'autre part l'abondance des situations en marge de la loi, concerne bien sûr l'emploi, mais aussi plus encore le marché foncier, ce qui permet comme nous le verrons au chapitre VI à bien des pauvres de se loger sans dépenser de loyer fixe en argent.

Emploi et travail à Mexico (1) en 1980 :
la part de l'ensemble national

I) La norme : 1/4 de l'emploi, 1/3 de l'emploi urbain.

Population active : 25

Branches :
manufactures	34
construction	34
commerces	21
transports	20
services variés	22
chômeurs	25

Catégories :
maîtres d'école	29
artisans-ouvriers	31
aides-ouvriers	25
salariés de vente	32
vendeurs ambulants	27
personnels de services	33
domestiques	28
transporteurs	29
gardiens	33

Statut :
patrons	24
salariés	32

II) Le haut de la pyramide : autour de la moitié des cadres.

Branches :
gaz électricité	68
banque-assurance	51

Catégories :
professions libérales	47
techniciens supérieurs	38
métiers d'art	37
fonctionnaires publics	40
gérants du privé	42
contre-maîtres	43
employés de bureaux	42

III) En bas: le sous emploi: moins du cinquième
Branches :
non précisé	15

Catégories :
non précisé	23

Statut :
à son compte	13
non rémunéré	17
non précisé	22

(1) rapport en pourcentage du DF + l'Etat de Mexico par rapport au total national

Vendre : de tout partout, mais pour qui ?

Automne 1982 : la crise surgit pour la première fois vraiment après quatre décennies de prospérité. On ne vend plus ? si, bien sûr, mais plus que jamais le marché est brisé en secteurs radicalement différents. Prenons un "bien de consommation" infime, que la mode met en circulation grâce aux dessins animés de la télévision, le Schtroumpf (en espagnol : *Pitufo*). Dans les grands magasins de luxe, ces personnages en plastique, importés, se vendent le prix d'un repas moyen (300 pesos). Un peu moins soignés, en plastique aussi et peints de couleurs peut-être peu résistantes, les mêmes personnages, de fabrication nationale (sous licence ? peut-être...) valent 80 pesos dans les supermarchés ou boutiques de jouets courants. En plâtre, grossièrement moulés et peints à la main de couleurs médiocres, toujours les mêmes personnages coûtent sur les marchés "populaires", même au coeur de San Angel, 20 pesos. Eventail des prix de 1 à 15, qui dit mieux ? C'est l'image de tout le système commercial de la ville.

Dans le temps, grande instabilité aussi : les magasins et les usines ont peu de stocks et les fêtes créent des ruées d'achats de biens durables ou somptuaires. Avant Noël, la gratification (aguinaldo) d'un ou plusieurs mois de salaire permet d'acheter à tout va. En fête des Morts en Novembre, les fleurs manquent et triplent leurs prix et en Carême, c'est le poisson.

Pour les riches, vivre à l'américaine, c'est utiliser la "banque électronique" sans descendre de voiture et acheter dans les centres commerciaux modernes ceinturés de stationnements, *plazas* réparties au coeur des quartiers de classes aisées, lieux clos et privés de la consommation. Ceci n'empêche pas les riches de fréquenter les boutiques d'artisanat haut de gamme et de flaner sur les marchés de fin de semaine relativement populaires, au pied du Colegio de Mexico ou dans les hauts ("troisième section") du parc de Chapultepec. Remarquons que, actuellement encore, le commerce alimentaire, même de luxe, reste à l'écart des *plazas* et garde des allures traditionnelles : quoi de plus chic que le marché de Polanco ou, mieux encore, que celui de San Juan, au coeur du vieux centre ?

Ceux qui manquent d'argent, immense majorité, ont recours s'ils le peuvent, eux aussi, aux marchés traditionnels des produits frais, pénétrés des odeurs de fruits, de viandes, de coriandre frais. Si non la petite boutique

6 Vendre: de tout partout...
Du côté de Tepito, rien ne manque dans l'électronique grand public.

du coin de la rue leur vendra le minumum en petite quantité, parfois cher, parfois à crédit. Pour les objets durables, supermarchés, marchés de boutiques comme la Lagunilla, boutiques en rangs serrés des rues et des abords de métro des vieux noyaux urbanisés offrent de tout, dans le bruit puissant des hauts parleurs, à Tacuba comme à Tacubaya ou au métro Taxqueña. Dans ce pays totalement perméable à son voisin du nord, le bon marché, hors du vêtement et du meuble, c'est l'importation en contrebande dont la vente, concentrée à Tepito, se disperse aussi à peu près partout.

Certes la crise est là, prégnante année après année depuis 1982. Mais qui peut oublier que bien des riches n'ont jamais manqué de dollars, que même dans la Ville, bien des pauvres en reçoivent de leurs parents émigrés, si bien que ce sont les ouvriers moyens à salaires assurés mais sans cesse comprimés, bénéficiaires des belles années 70, qui ont vu leurs moyens diminuer sévèrement ?

DE LA "CANTINA" AU "VIPS", DU "TAQUITO" AU "BURGER BOY"

"Et, bien sûr, il y a les hot-dogs. Mais je ne polluerai pas ces pages au delà de la simple allusion à leur inconcevable existence"
Salvador Novo

Les mutations des modes de vie dans la ville ne peuvent qu'affecter un élément aussi essentiel que l'alimentation, autant dans son contenu que dans ses modalités de présentation et de consommation. Trois facteurs sont importants dans cette mutation. D'abord le rythme de vie, la modification du temps urbain qui implique un changement des temps d'absorption de nourriture. En second lieu les difficultés d'approvisionnement qui amènent une nouvelle manière de consommer les produits. Enfin, et peut-être surtout, l'introduction par les mass media de modèles nouveaux de types de nourriture, promus par la publicité, provoque un changement radical de l'alimentation.

Le rythme de vie d'abord. A partir de 1952, à cause des distances toujours plus grandes du domicile au lieu de travail, les entreprises et les administrations, dans une assez large mesure, ont instauré l'horaire continu dans le travail. Au lieu de deux séquences, matin et après-midi, le labeur

7 De la "cantina" au Vips...
Tiré de la sève d'agave, ce cidre qu'est le pulque a beaucoup perdu de son marché urbain devant la bière.

journalier n'en comporte qu'une, de 8^h 30 à 14^h30. Les écoles et les collèges adoptèrent aussi cet horaire. Le petit déjéuner, qui était déjà traditionnellement plus substantiel que le nôtre, s'en est trouvé renforcé, équivalant à notre déjeuner puisqu'il fallait tenir plus longtemps. Les petits déjeuners d'affaires, pris à 9^h du matin par les cadres d'entreprise pour négocier leurs problèmes, se sont substitués aux déjeuners d'affaires. Ce petit déjeuner, pris dans des établissements plus spécifiques et modernes dans le centre, a ressemblé de plus en plus au premier repas quotidien nord-américain : jus d'orange, oeufs au bacon, fruits, accompagnés quelques fois d'une purée de haricots. Les boissons alcoolisées qui arrosaient le déjeuner de midi ont à peu près disparu, bien sûr, de ce repas. Le repas de la mi-journée, pris désormais à la mi- après-midi, est devenu ce qui était avant le repas du soir, destiné à se restaurer après le travail. Le repas du soir, enfin, souvent trop proche de la collation précédente pour être très substantiel, a consisté en l'absorption d'un café au lait ou d'un bol de chocolat accompagné de petits pains ou de gâteaux. Entre les heures de repas, au cours de petites récréations, les employés de bureaux descendent dans des bars ou des caféterias pour prendre rapidement un petit café. Au retour du travail, à 15^h, au moment où on peut prendre son temps, le repas de la mi-journée peut être précédé d'un apéritif de boissons alcoolisées, whisky ou gin tonic. Cela n'est pas bien sûr une règle générale, mais il faut dire qu'un nouveau rythme, un nouveau style de travail plus proche du style nord-américain, amène par contamination une alimentation plus analogue qu'à celles des voisins du nord.

D'autre part, le fait que, dans la classe moyenne, qui est la plus nombreuse, les femmes travaillent, conduit à une nouvelle organisation du ravitaillement. La maîtresse de maison fait son marché une fois par semaine et n'a pas beaucoup de temps pour diversifier les lieux de ses achats. Deux conséquences à cela : la première est que la réfrigération joue un rôle très important de conservation nécessaire, et les produits qui peuvent se conserver ainsi sont spécifiques, souvent différents des produits alimentaires de consommation immédiate. La deuxième conséquence est la nécessité d'acheter dans un seul magasin tous les aliments du panier de la ménagère, et l'épicier du coin est de plus en plus remplacé par des supermarchés petits ou grands, privés ou appartenant à l'Etat ou à des coopératives, comme les magasins CONASUPO ou CONA. Il y a donc de plus en plus dans le panier des produits empaquetés, à prix fixe, réfrigérés, importés et souvent pré-préparés. L'alimentation en boîte, en sachets, la

124

boisson sous forme de rafraîchissements par cartons de petites bouteilles individuelles va remplacer les produits naturels à préparer par la cuisinière. Et cela d'autant plus que la plus grande fréquence de petits repas pris dans la rue, en guise de coupe-faim, amène pour des raisons de pratique et d'hygiène la multiplication de produits pré-cuisinés empaquetés (pommes chips etc...) ou chimiques (gateaux industriels), bref ce qui est appelé l'alimentation "chatarra", d'un valeur diètétique discutable et en tous cas nouvelle pour les organismes.

L'approvisionnement plus problématique de la grande ville contribue également à la modification des produits. Il devient de plus en plus difficile d'acheminer et de faire circuler des aliments frais et les intermédiaires sont de plus en plus nombreux entre la production et la consommation. Ces produits de stockage plus aisé, de maniement plus rapide et plus commode en volume, de conservation plus longue, vont remplacer rapidement les autres, et l'alimentation s'oriente naturellement vers les conserves, les sachets, les boîtes et les bouteilles. Le contenu nutritif des aliments absorbés est complètement bouleversé.

Enfin, la publicité dans les mass media, surtout la radio et la télévision, joue un rôle très important dans la transformation des habitudes alimentaires. Les industries de traitement synthétique et chimique des produits nutritifs imposent des modèles d'alimentation complètement nouveaux en promouvant à grands frais les manières de manger et de boire des Etats Unis, pays exportateur de la plupart de ces modèles d'alimentation. Tout en conservant, comme pour s'accrocher à une tradition et éviter l'aliénation complète, des nourritures typiques telles que la "torta", le "chile" et la "barbacoa" qui deviennent de plus en plus folkloriques, l'habitant de la capitale se nourrit au quotidien de sandwiches, de hot dogs, de chips ou autres aliments industriels qui ont des vertus nutritives plus contestables, même si leur garantie d'hygiène sont plus rassurants. D'autre part, comme l'a montré Roland Barthes pour la cuisine contemporaine en général, le spectacle de la nourriture tend à prévaloir sur la nourriture elle-même. Le "décor" du produit est plus important que son contenu : c'est ce que Barthes appelle "la catégorie du nappé", qui est d'ordre visuel.

Il est plus excitant pour le goût de manger un gâteau orné des sculptures de chantilly les plus baroques que d'en évaluer le goût. Les vitrines de patisserie délirante, échaffaudages de couleurs artificielles et des motifs ornementaux les plus variés, signifiants pour la vue mais non pour le goût, dans les grands magasins, sont une preuve éclatante de cette perversion du goût.

Le cadre du repas ou de la boisson témoigne aussi d'une profonde mutation culturelle dans ce domaine. De même qu'on passe très vite du "taco" au "burger boy", de même on remplace le restaurant intime à bonne cuisine et l'étal des "tortas" dans la rue par le snak-bar et le kiosque à produits enveloppés. Les "Vips", "Dennys" et autres snaks rutilants, à l'américaine, se multiplient, et l'on peut y consommer à toute heure, dans un décor ultra moderne artificiel de moleskine, de néons et de couleurs pastels, un hamburger, des pizzas, des cakes ou des coca-cola ou "free-coffee". Ces établissements très fréquentés qui tendent à supplanter la salle à manger familiale de la maison ou des petits restaurants traditionnels se situent sur les grands axes d'accès facile, sur les grandes avenues et les périphériques ; ils sont appréciés beaucoup plus pour leur parking, leurs couleurs et leurs musique (parfois même leurs projections cinématographiques) que pour leurs menus. Leur originalité tient beaucoup plus à leur aspect extérieur qu'à la qualité de la nourriture qu'ils fournissent.

Il est évident que dans des cadres pareils les nourritures et les boissons traditionnelles perdent leur sens et deviennent complètement exotiques. Comment concevoir qu'on peut manger une barbacoa ou un "mole poblano" dans un Mac-Donald ? Comment demander au garçon d'un snak-bar ou d'un piano bar un verre de tequila avec du sel et du citron ? Le wyski, le brandy, le gin et le coca cola remplacent le verre de pulque ou le mezcal pris à la cantina. A mesure que disparaissent les "taquerias" et les cantinas, à mesure que se modernise le paysage urbain des lieux de rencontre après le travail, les aliments et les boissons qui constituaient la diététique mexicaine disparaissent au profit des produits industriels internationaux. Le rite alimentaire change également du tout au tout et la communication humaine qu'il mettait en oeuvre est radicalement transformée, ce qui amène une mutation importante des mentalités. L'environnement de l'ingestion est un facteur de style de comportement. La communication est différente selon qu'on prend son repas dans une voiture au trottoir d'un autorestaurant ou dans un snak, avec un plateau de matière plastique portant des mets enveloppés, un gobelet en carton contenant du coca cola ou du "cuba libre", ou qu'on est autout d'une table avec nappe, assiette et verre, ou même au bar d'une "cantina". On n'est pas le même si on boit au goulot d'une bouteille de rhum achetée au supermarché, dans la rue ou dans une automobile, que si on absorbe à petits coups un verre au comptoir d'un bistro ou à la terrasse d'un café, au cours d'une conversation entre amis.

Autant pour le contenu de l'alimentation que par la manière de l'absorber, les habitudes urbaines bouleversent le comportement et même la physiologie du citoyen. Les conséquences en sont importantes. D'un point de vue physiologique d'abord. A l'évidence, l'alimentation est cause des altérations physiques possibles, voire des insuffisances et des maladies. La "nouvelle nourriture" de la ville est manifestement impropre à un développement salutaire du corps. Un récent rapport médical émanant du R.E.A.S. (Revisión de escolares aparentemente sanos) nous révèle que 1 sur 4 des enfants examinés souffre d'avitaminose ou d'hyposthénie. L'habitant de la capitale consomme de préférence des produits qui n'alimentent pas, bien qu'ils soient énergétiques pour un temps bref. Que ce soi dans la nourriture ou que ce soit dans la boisson, les aliments sont avant tout composés de sucres : multiples pâtisseries industrielles et rafraîchisse- ments. Les citoyens de Mexico consomment deux mille millions de "refrescos" (Coca-cola, Seven-up, etc...) par an. Or, dans ces boissons, il y a 12 % de sucre qui provoque au bout du compte l'obésité et qui est plus cher que le lait ou le jus de fruit. N'oublions pas l'alcool dont la consommation est promue à grands frais de publicité : en décembre 1980, 50 millions de litres de bière ont été absorbés dans le District Fédéral, avec des millions de litres de rhum et de brandy. Si l'alimentation n'a jamais été parfaitement diététique au Mexique, il est certain que le phénomène urbain a considérablement aggravé les causes du déséquilibre alimentaire. De plus, certains produits industriels sont nocifs. Il est par exemple prouvé que dans les produits "en boîte" il existe une certaine quantité de plomb à la longue nocive pour le consommateur.

Enfin les modifications des habitudes alimentaires peuvent infléchir les comportements. Sans parler de l'agressivité due à l'abus de boissons alcoolisées, il est certain que les modifications apportées au cadre des restaurants et des bars ont un effet sur la communication et les rapports humains. Dans des lieux où tout est consacré à l'apparence, au "nappé", il est évident que les consommateurs vont progressivement adopter cette obsession du "look" et préférer se montrer que communiquer, être vu qu "être" tout court.

Paradoxe mexicain classique, l'américanisation des modes de consommation de la classe moyenne, évidente pour l'alimentation, s'accompagne d'une valorisation de quelques symboles nationaux en la matière, véhiculés par les media et le tourisme et réintroduits dans les modèles de cette classe moyenne... qui y retrouve ceux d'en bas souvent restés des consommateurs traditionnels et plus fréquemment encore producteurs de la nourriture du folklore.

Où trouve-t-on, où mange-t-on cela ? Laissons de côté les quelques restaurants de qualité et les familles où l'on sait encore confectionner les nourritures bourgeoises : le véritable piment aux noix et grains de grenade *(chile ennogado)* n'est pas fréquent et son substitut standardisé est le piment farci au fromage fondu *(chile relleno)*. D'autres symboles de base ne quittent guère les tables de tous : le piment piquant et la crêpe *(tortilla)* , même si celle de maïs, bonne si elle est fraîche mais de conservation difficile, est parfois remplacée par celle de blé *(toriilla de harina)* , symbole de *norteños* .

Les produits frais se maintiennent dans les nombreux marchés des quartiers de classe moyenne ou des zones pauvres où les prix sont plus bas qu'en boutique, grâce à l'abondante main d'oeuvre du commerce ambulant. Et l'on peut au marché non seulement acheter des aliments, mais en consommer de tout préparés (*barbacoa* de mouton, fruits ou légumes crus pelés...). Dans ces mêmes quartiers, à proximité des zones commeciales, le petit restaurant traditionnel ou la *taqueria* se maintient, là aussi grâce à une abondante main d'oeuvre bon marché.

Enfin les zones de distraction dominicale "champêtres", des parcs intra-urbains aux forêts protégées qui ceinturent la capitale, sont aussi des lieux privilégiés pour renouer avec la nourriture traditionnelle, fabriquée par les femmes des villages periurbains pour les familles des classes moyennes qui se font touristes eux-mêmes aux abords de leur ville.

DEUX STRATEGIES : NOURRIR LA VILLE

L'alimentation de la capitale est un problème politique sesible, depuis longtemps et de plus en plus : le spectre de la disette ou celui des prix inabordables font partie de la conversation comme des gros titres de la

8 Nourrir la ville

Le marché central de La Merced, détrôné au début des années 1980 comme marché de gros par la Central de Abastos, reste un lieu fondamental de la vente au détail et en demi-gros.

presse, et les problèmes alimentaires des chilangos sont toujours présentés comme des enjeux nationaux, ce qui est loin d'être faux, car ces enjeux sont fondamentalement urbains. Si l'on admet qu'au Mexique les vritables citadins habitent les agglomérations de plus de 15 000 habitants, les "autres" sont encore une forte minorité : 25 millions vivent dans les campagnes et cinq millions dans des bourgs groupant 5 à 15 000 habitants. Or ces catégories disposent dans des proportions variables, souvent prédominantes, d'une alimentation qui ne passe pas par les circuits de gros et les contrôles politiques de ceux-ci, surtout pour les produits traditionnels de l'alimentation populaire.

Au contraire 36 millions d'urbains, dont les Chilangos représentent 40 % , ont accès, si leur niveau de vie le permet, aux produits plus variés passant par des circuits de gros plus ou moins modernes et concentrés et la presse reflète bien les soucis des classes moyennes urbaines.

Certes la régulation des produits de base concerne toute la population urbaine, pauvres inclus ; l'organisme d'Etat (CONASUPO) mène depuis les années 1960 une politique de subvention aux vivres de conservation facile : maïs de la *tortilla* , blé du pain, riz, sucre en particulier. Cet organisme a d'abord contrôlé les circuits de gros, puis dans la décennie 1970 il a multiplié les boutiques et les supermarchés petits ou gros, jusque dans les bourgades, certes, mais surtout dans les grandes villes, des quartiers populaires à ceux des classes moyennes.

Pour ces produits de base auxquels on peut ajouter le lait en poudre, la politique d'un quart de siècle a été de maintenir des prix bas à la production nationale, qui s'est accrue beaucoup plus lentement que la consommation, et d'acheter sur le marché mondial -aux Etats Unis essentiellement- le complément nécessaire à des prix généralement plus bas encore, en profitant d'un taux de change où le dollar est bon marché. Ce système cesse d'être viable avec les dévaluations qui s'accumulent depuis 1982, sans qu'on ait pu immédiatement éviter des importations devenues structurelles. Eviter l'explosion sociale urbaine obligeait à n'augmenter le prix réel au consommateur pour les vivres de base que lentement, c'est à dire à continuer de subventionner pour ces produits la consommation des classes moyennes en même temps que celle des pauvres. La discussion sur le moyen de ne plus subventionner que les populations pauvres spécifiquement ciblées durera de 1983 jusqu'au printemps 1986 où ces dernières reçoivent des bons pour achat à bas prix de tortillas, dont le prix général augmente notablement. C'est tout un pan du populisme national qui se fissure (*).

(*) Pour 1983, la CONASUPO prévoyait d'importer encore 5 millions de tonnes de maïs sur une consommation nationale de 16 millions.

La politique menée vis à vis de la consommation plus diversifiée des classes moyennes urbaines tente de freiner des hausses de prix pour des produits beaucoup plus difficiles à maîtriser : parce qu'ils ne peuvent être stockés massivement ou parce qu'ils sont aussi vendables sur un marché porteur aux Etats Unis.

En hiver, sur les marchés de Mexico, le prix du melon, de la fraise, de la tomate ou de l'orange dépend (et parallèlement les quantités mises en vente) des possibilités de vente aux Etats Unis ; même si la ville consomme plus que l'exportation, cette dernière commande les variations de prix. Mais on ne saurait dire que les fruits ou légumes, dans les idéaux alimentaires, tiennent une place très sensible, à l'encontre des produits animaux.

Les producteurs de lait et de produits laitiers se plaignent chaque année, avant le relèvement des prix autorisés, que leur production n'est plus rentable et qu'ils sont prêts à y mettre fin : leur capacité de manoeuvre est cependant faible faute de pouvoir stocker les produits frais. Prospère, le secteur assez limité des fromages résiste beaucoup mieux, incontrôlable. Les grandes campagnes de presse sur les prix trop élevés et la consommation insuffisante des produits laitiers mettent en avant des normes de consommation nationale minimales dont il est très difficile de dire si elles ne sont pas respectées, en milieu populaire, faute de moyens financiers ou bien, au moins dans des secteurs "indigènes" ou "traditionnels" pour des raisons de coutumes alimentaires appuyées sur des intolérances physiologiques au lait.

La consommation de viande au contraire est ressentie comme un besoin fondamental, source de vitalité et statut social à la fois, au moins pour les urbains et pour les gens issus des zones périphériques du pays, au nord et dans le Tropique, où les grands espaces d'élévage ont dès la colonie permis une production de viande de boeuf à bon marché. Aussi bien les produits facilement industrialisés (volailles et oeufs, porcs) sont ils les moins chers, malgré l'importation de certains intrants : lors des négociations de hausse de prix avec les pouvoirs publics, il est facile aux producteurs d'organiser la pénurie durant quelques semaines pour peser sur la décision finale. C'est cependant la viande de boeuf qui apparaît comme la véritable nourriture de prestige, et c'est celle dont les prix montent le plus quand le cours du peso descend depuis 1982. En effet, structurellement, depuis le début du siècle, le Nord du Mexique vend des bêtes et de la viande aux Etats Unis. Ce sont plutôt les zones tropicales qui fournissent la capitale, avec embouche dans la Huasteca, mais si la différence de prix en faveur de l'exportation s'accentue, la négociation sur les prix et les quantités vendues à la Capitale sera d'autant plus facile pour les fournisseurs de celle-ci, tentés d'exporter eux aussi.

Ainsi l'alimentation des classes moyennes urbaines dépend doublement des Etats Unis : par les modèles de consommation de celles-ci qui ne cessent de s'imposer, mais aussi par la normalisation des qualités produites au Mexique en fonction du marché d'exportation, même si celui-ci est minoritaire pour la plupart des produits (fraise et melon exceptés, à certains mois de l'année).

LES PARADIS ARTIFICIELS

Comme nous l'avons vu plus haut, les étudiants d'achitecture de l'UNAM, dans une étude sur la qualité de vie dans la capitale, ont recensé les différents maux inhérents à la mégalopole, et ils ont conclu que l'agglutination urbaine, le bruit, les difficultés de transport, violent continuellement la nécessité d'intimité et de territorialité et provoquent des déviations de comportement, des névroses collectives, des tensions et de l'angoisse. Les modifications structurales de l'espace, du temps et de l'environnement agressent l'individu et lui font éprouver la nécessité d'un adjuvant, d'un stimulant, si sa personnalité n'est pas assez forte pour supporter l'agitation et les frustrations urbaines. Le vertige du mouvement, les obstacles à la communication et l'oppression des codes policiers, administratifs et institutionnels le conduisent parfois à chercher refuge dans des "paradis" imperméables aux nouveaux rythmes. La tentation est grande de recourir à des paradis artificiels tels que l'alcool et même la drogue pour échapper à une sensation d'éclatement de son intégrité. Cela d'autant plus que les modes de vie urbaine, la structure de consommation et le système de relation poussent à l'utilisation de substituts à l'énergie vitale.

Pour les cadres supérieurs et la classe moyenne, les rencontres sociales et familiales que constituaient les fêtes sont supplantées de plus en plus par des réunions où on échange des propos anodins le verre à la main. Le "high ball" (le grand verre) est le sport favori des événements sociaux. Du côté des classes moyennes basses et du prolétariat, l'alcool est un exutoire aux frustrations quotidiennes. Pour tous le "sabadazo", "l'éclatement du samedi", est une pratique de plus en plus courante où

l'absorption de boissons alcoolisées remplace la communion des fêtes, des jeux et des ris, en un mot de l'aspect ludique de l'existence.

Ce phénomène est d'autant plus aisé que les stratégies commerciales des marchands d'alcools sollicitent, fascinent et captivent le citoyen souvent dépourvu de défenses. L'effort publicitaire est dans ce domaine omniprésent et pesant. En 1980, Televisa a encaissé mille millions de pesos pour des boissons alcoolisées sur un total de 15 000 millions pour la publicité à la télévision. Nous pourrions multiplier les exemples de ce bombardement publicitaire ; nous n'en citerons que les plus significatifs : bien qu'une loi du Ministère de la Santé interdise les annonces pour l'alcool avant 10 heures du soir et lors des retransmissions sportives, toutes les diffusions de matches sont patronnées par des marques de bière, de brandy ou de téquila. Les annonceurs préfèrent transgresser la loi et payer les amendes que la respecter. C'est dire si le négoce est juteux. En décembre 1980, date à laquelle la loi anti-publicité d'alcool a été votée, dans une émission d'information de la chaîne 13 "Cotorreando la noticia", en une demi-heure, sur 14 spots publicitaires, 12 vantaient les mérites d'une boisson alcoolisée. Un tel conditionnement ne peut qu'avoir des conséquences.

Au cours des 20 dernières années, le taux d'alcoolisme a considérablement augmenté dans la capitale. On évalue à plusieurs millions les dégâts causés par l'alcoolisme. La moitié des délits de violence et 60 % des accidents d'automobile sont provoqués par l'abus de boisons alcoolisées. En décembre 1980, pour donner un exemple qui ne fait que s'amplifier, 50 millions de litres de bière ont été consommés dans le District Fédéral, sans parler du wyski, du rhum, du téquila et autres vins et liqueurs. La fête est souvent synonyme de beuverie, la plupart du temps triste et violente. Encore une fois, les conditions stressantes de la vie urbaine auxquelles viennent s'ajouter les sollicitations mercantiles qui font de l'individu une proie des annonces et des modèles sociaux donnent un recours délétère, dangereaux pour l'individu et la société. Entre 1971 et 1978, la production de bière a augmenté de 99,92 % alors que dans le pays la production de maïs a baissé de 10,56 %. Les résultats sont accablants.

Il faut remarquer que les adultes sont plus sensibles que la jeunesse à la sollicitation de l'usage d'alcools. Les enfants et les adolescents sont très tôt amenés à consommer des boissons gazeuses, jus de fruits synthétiques et industrialisés, et surtout du coca-cola. L'absorption d'alcool tend à diminuer chez les adolescents. Pourtant beaucoup ont tendance à utiliser pour s'évader un produit de remplacement qui est bien plus nocif : la drogue sous plusieurs formes. Le problème de la drogue chez les jeunes est un de ceux qui préoccupent le plus les services de sécurité et de prévention du District Fédéral. Le chômage, le relâchement des liens familiaux, le phénomène du "pandillismo" peuvent conduire des enfants et des adolescents à l'utilisation de produits toxiques qui les soumettent à une accoutumance et finissent par les détruire. Plusieurs numéros du journal *Metrópoli* , fin 84, font état du problème et mettent l'accent sur le danger que représente ce phénomène. La police préventive signale chaque semaine l'arrestation de 20 à 30 mineurs qui s'adonnent à la drogue. Sous des formes différentes, cette plaie atteint à peu près tous les milieux sociaux, des plus élevés aux plus bas. 60 % des produits toxiques utilisés sont constitués par la marihuana mais surtout par des produits inhalants tels que la colle de cordonnier, le cirage et des liquides dissolvants. Ces produits sont vendus librement par les drogueries ou les pharmacies et il est difficile d'en contrôler le débit. D'autres drogues plus sophistiquées sont distribuées, puis vendues après accoutumance, dans les gares routières et à la sortie des écoles : amphétamines, L.S.D., diatolamine et parfois même champignons hallucinogènes. L'anonymat dans la grande ville rend la détection des pourvoyeurs très difficile et la lutte contre ce fléau urbain est particulièrement ardue. On cite le cas de plusieurs "fils de famille" qui allaient régulièrement inhaler les vapeurs d'essence au trou d'une citerne de station service ; plusieurs d'entre eux sont rapidement devenus aveugles. Beaucoup de jeunes des quartiers prolétaires s'initient dans la "pandilla", qui est leur vraie famille, à respirer du "cemento" constitué la plupart du temps par de la colle ou des dissolvants, tels le "thiner", ou encore de la colle de cordonier qu'ils appellent le "chemo".

Metrópoli présente deux témoignages de jeunes garçons, particulièrement navrants et éclairants sur la gravité de ce phénomène. L'un des deux, Julian, a 11 ans. Il est fils d'une famille venue de l'Etat Guanajuato, installée à Nezahualcoyotl. Les propos que tient cet enfant illustrent une situation : "C'est facile de se procurer du "chemo" à la boutique de don Chacho. Il y en a de plusieurs catégories, mais les bons, les extras, ce sont le FZ 10 et le Résistol 5000. 1/8 ème de litre de FZ 10 coûte 250 pesos, le Résistol 1000 pesos le quart. Moi je n'ai plus pour longtemps (il agite les bras comme pour imiter un oiseau qui s'envole et fait des grimaces). Quand je devrai aller à la maison du rire (l'asile de fous) il m'arrivera ce qui est arrivé à Pelicano, qui est de mon pays : il est mort, mais il est mort content".

Le maximum de temps qu'un jeune peut inhaler ces produits est 5 ans. Après viennent la démence et la mort. Ces jeunes mendient et volent pour en acheter. Dans le même numéro de *Metrópoli* (5-9-84) un autre jeune garçon de 12 ans, Carlos, répond au journaliste qui l'interroge : "Quand la police m'a pris, j'étais bien "chemo". Avant j'étais avaleur de feu aux carrefours (sa mère est prostituée et son père, maçon venu de Tlaxcala, est alcoolique). Pour se droguer, c'est facile. Tu prends un gros tube de "chemo", tu le verses dans une poche en plastique et tu commences à respirer profondément. Dix minutes après tu décolles et quinze minutes après la tête fonctionne à toute vitesse, tu voies des couleurs, puis des papillons, des araignées, tu sens comme si tu volais et tu fonces sur un gars qui ne peut rien contre toi même s'il te frappe très fort". Ces enfants sont souvent victimes de pourvoyeurs : "los burros" qui les font voler pour eux en leur laissant seulement l'argent du "chemo". Le résultat est bien sûr catastrophique.

Ces formes d'évassion artificielle, alcool et drogues, ne sont pas bien entendu spécifiques de Mexico, D.F.. Elles constituent l'un des fléaux les plus dangereux de toute notre civilisation urbaine et industrielle. Mais là encore l'ampleur démographique de la grande ville fait ressortir de manière plus aiguë et plus dramatique ce syndrome pathologique qui affecte notre société. Le bouleversement des codes, des symboles et des modèles, la course effrenée à la consommation, la constitution d'un espace nouveau où l'individu peut s'engluer et d'un temps accéléré où il a le vertige rendent l'homme urbain vulnérable aux sirènes des paradis artificiels. Ces phénomènes dégradants et dangereux pour la société entière font prendre conscience de la nécessité de connaître les syndromes pour chercher des remèdes, pour maîtriser un contexte traumatisant au lieu de le subir. Cet effet d'un déséquilibre structural n'est sans doute pas une fatalité.

MASSE ET POINTE : L'EDUCATION DANS LA VILLE, DU SNTE A LA CU

Les sigles parlent : la masse est celle de la population scolarisée d'enfants encadrés par les maîtres que contrôle le plus gros syndicat du pays; le Syndicat National des Travailleurs de l'Education, avec sans doute 60.000 membres au moins dans l'Aire métropolitaine. La pointe est celle de l'éducation supérieure symbolisée par la Cité Universitaire et ses institutions : peut être une "communauté" de 400.000 personnes et en tout cas un capital foncier de l'ordre de plus de 1000 hectares.

Comme ailleurs en Amérique Latine, comme aux Etats Unis, les jeunes vont en classe en uniforme, même les pauvres : symbole de l'ordre scolaire, tant à l'école de l'Etat qu'à l'école privée. Partout on sait rendre au drapeau le culte qui lui revient.

Les systèmes scolaires de masse du primaire et du "collège" *(secundaria)* sont avant tout publics ; pour le primaire, mieux qu'ailleurs en province, on a créé des écoles -souvent modestes préfabriqués qui ont mal résisté au tremblement de terre de septembre 1985- et on a lancé des promotions de maîtres, très jeunes, peu formés, submergés de groupes de 40 élèves, qui au moins ont fait baisser la part des analphabètes chez les enfants, dont une proportion de plus en plus faible ne va pas en classe : pour l'aire métropolitaine vers 1980, quelque trois millions d'enfants en classe primaire, pour 250.000 environ qui restent hors du système. Les premiers laisseront pour compte à leur tour un fort déchet d'abandon, de redoublants et d'analphabètes fonctionnels, dans les milieux sociaux défavorables et là où les maîtres, plus qu'ailleurs, sont peu formés, souvent changés, souvent absents : les bas quartiers bien sûr. Comme le flux de la demande d'inscription a cessé de croître et va diminuer peut-être, avec la baisse en cours de la natalité, on va connaître enfin les problèmes de la qualité et ceux du recyclage des maîtres.

Parallèlement au système de masse, les classes moyenne et aisée paient au moins une partie des études de leurs enfants dans des écoles privées : le cadre est souvent plus accueillant, les méthodes pédagogiques plus raffinées et l'encadrement des maîtres plus sûr dans des classes moins nombreuses. Ce type d'enseignement est plus répandu au District Fédéral que dans l'Etat de Mexico. Et son rôle s'affirme aux deux extrémités de la vie scolaire : près du quart des élèves sont dans des maternelles privées, autour du dixième seulement pour le primaire et le "collège", puis à nouveau près du quart dans le "lycée" *(preparatoria)* ; le soin apporté aux langues étrangères -anglais avant tout- est une tâche prioritaire du privé, mais il propose aussi bien des disciplines "non classiques", de la technologie aux ordinateurs, aux arts d'agrément et aux sports. Jardins d'enfant comme lycées privés affirment dans leur nom leur culture d'élite : nom d'un pays étranger, d'un héros de l'humanisme (Luis Vives), de la science, ou de la liberté, et les bus oranges du ramassage scolaire des enfants bien éduqués marquent le paysage urbains des bons quartiers.

Si l'argent sélectionne la pyramide scolaire, l'échec la façonne : officiellement celui-ci est négligeable en fin de primaire, avec des taux d'abandon modeste ; au contraire, par rapport aux inscrits, près de 2/5 ^{e} des élèves sont refusés en fin de collège, plus encore en fin de lycée.

Tout ce système diffusé dans l'espace urbain fait vivre plus de 150000 enseignants dans l'aire métropolitaine, pilier de la classe moyenne donc, les femmes étant largement majoritaires dans ces professions.

Le système universitaire forme un monde à part, véritable moteur de la croissance du Sud de la Ville. C'est le président Miguel Alemán qui prit l'initiative de fonder le campus où bat le coeur de cette machine ;

l'Université Nationale Autonome de Mexique (UNAM). La capitale accueille près du tiers des étudiants du pays et jusqu'à la décennie 1970, la prédominance nationale de l'UNAM était beaucoup plus forte qu'au milieu de la décennie suivante. D'autres universités ont pris corps à côté du centre prestigieux, comme le Politécnico qui date de Cardenas ; les trois noyaux éclatés de la UAM (Université Autonome Métropolitaine) sont implantés dans des banlieues plus lointaines après 1976 (Azcapotzalco, Ixtapalapa, Xochimilco) et l'UNAM elle même a essaimé quelques filiales dans l'espace urbain. Enfin celle-ci assure la gestion d'une part des "lycées", ce qui lui permet de compter au nombre de ses 200.000 "étudiants" une petite moitié de public préuniversitaire dispersé dans la ville. Enfin des universités privées ont pris force depuis la décennie 1960 : dont les prestigieuses filiales du Tecnológico de Monterrey.

Ces nuances n'enlèvent guère au rôle urbain fondamental de l'Université par excellence qu'est l'UNAM, pour le meilleur ou pour le pire. Ses étudiants universitaires sont sans doute plus de 100.000, avec un flux d'entrée en première année de l'ordre de 35.000. Moins d'un sur deux se retrouvera en 4 $\underline{e}$ et dernière année de licence, mais seulement un peu plus du quart obtiendra le diplôme final après rédaction de son mémoire et ceci en moyenne au bout de 8 ans. Le personnel enseignant était composé dans les années 1960 de vacataires, médecins, ingénieurs, avocats ou enseignants des preparatorias. Les années 1970 ont vu se constituer à un rythme très rapide un personnel d'enseignant-chercheur à plein temps dont les effectifs atteignent quelque 30.000 en 1985, dont une part notable se consacre presque uniquement à la recherche. Plus nombreux sont les agents de l'administration et des services, multipliés plus rapidement encore dans les mêmes années et très fortement encadrés par un puissant syndicat.

On n'a pas fini d'évaluer la formidable dérive du système pendant deux présidences : à la fin des années 1960, faire ses études à l'UNAM voulait dire entrer dans le club où l'on cotoyait les étoiles montantes de la politique, dans un pays où le secteur public commençait à croître massivement. Au milieu de la décennie 1980, c'est entrer, et peut être s'enfermer, dans un labyrinthe d'institutions difficilement gouvernables, absorbant une masse budgétaire de plus en plus contestée par l'Etat, et pour ces deux raisons destinées à ne plus s'accroître, coincées entre les porros évoqués ci-dessous et des groupes syndicaux rigides et peu capables de négocier dans la nouvelle conjoncture d'austérité.

Les facultés, écoles, instituts de recherche ont fait boule de neige en attirant sur le campus d'autres institutions en une puissante floraison d'édifices : bibliothèque et hémérothèque nationales, complexes sportifs, salles de spectacles, Association Nationale des Universités (ANUIES), Conseil National des Sciences (CONACYT). A proximité se sont installés à leur tour l'Ecole d'Anthropologie, non loin de là un complexe groupant Colegio de Mexico, Canal 13 (principale chaîne de télévision d'Etat), Centre National de Productivité, Faculté Latino-Américaine des Sciences Sociales et Université Pédagogique. Plus loin, à Tlalpan, s'est installé le Centre de Recherches en Anthropologie (CIESAS). Toutes ces institutions "périphériques" accueillent à leur tour au total 5.000 à 10.000 emplois, si bien que le complexe universitaire et scientifique du Sud de Mexico doit "peser" globalement 80.000 salariés.

Ainsi ce qui put apparaître dans les années 1950 comme un lointain exil de l'Université est devenu, grâce au rôle fondamental du diplôme dans la promotion des classes moyennes, le principal pôle de distribution de salaires publics dans la ville, mis à part le centre et ses ministères.

A proximité ont surgi des batteries d'immeubles d'appartements -dont les plus anciens sont ceux du Village Olympique de 1968 ; des quartiers de lotissements de villas sont apparus et plus encore un remodelage de l'espace d'une série de villages suburbains de l'époque colonial. Commencé dès les années 1930 à Coyoacan pour une poignée d'intellectuels (Trotzky, Diego Rivera...) ce remodelage intéresse des étrangers, retraités ou non, des politiciens (M. de la Madrid à Coyoacan, L. Echeverría à San Jerónimo). C'est qu'aussi bien nous sommes ici, à l'angle sud-ouest de la ville, dans le milieu écologique le plus favorisé de la capitale : près des forêts de l'Ajusco, loin des bas quartiers de l'est et des

usines du nord. S'il reste quelque chose de la région la plus transparent de l'air, c'est bien dans ce secteur de Mexico, évoqué au chapitre VI à propos de Coyoacan.

Cette clientèle de qualité a attiré le commerce moderne de centres commerciaux, dont le Perisur est l'exemple flamboyant né à la fin des années 1970, mais aussi les cinémas, les libraires, les éditeurs. Enfin les plus gros équipements sportifs sont à proximité (stade universitaire et son complexe, stade aztèque) comme l'émanation de Disney-land (Reino Aventura).

Ainsi le symbole révolutionnaire de l'éducation pour tous, puis la pratique de la promotion sociale des classes moyennes par le titre universitaire, qui ouvre la porte de l'emploi public et de l'influence politique, se concrétisent dans un système urbanistique puissant dont le pouvoir centralisateur est considérable et dont les capacités de croissance auto-entretenues ont duré autant que le modèle économique de quatre décennies.

LE "PORRISME" ET LES "PORROS"

> "Les échelons d'années et d'années de démarches scolaires pour obtenir un diplôme qui lui permettrait de passer le reste de sa vie derrière un bureau ; maintenant, disait-il, il apprenait à connaître le monde, chaque jour était une Université, chaque expérience l'illustrait ; il était libre et maître du monde."
>
> **J.J. Blanco.** *Púberes canéforas*

Tout, dans les nouvelles données du domaine scolaire et universitaire, indique une profonde mutation des structures, des perspectives, et surtout des fonctions sociales de l'éducation collective et de l'enseignement. Dans l'enseignement secondaire, l'école est un lieu d'initiation à la vie, mais sous une toute autre forme que celle conçue traditionnellement. L'enfant et l'adolescent vont acquérir un savoir à l'école, mais à la ville ce savoir n'est plus donné dans les salles de classe. L'établissement scolaire est un lieu de réunion où se forment des groupes, l'embryon des "pandillas" qui constituent, nous l'avons vu, une catégorie sociale particulière et significative. La connaissance, les instruments linguistiques et symboliques de formation de la personnalité ne viennent plus des maîtres mais des leaders de groupe qui imposent leur manière de voir, de penser et d'agir dans le monde de la rue, le plus souvent en opposition aux adultes. Il y a un déplacement de la source du savoir. L'école n'est plus le lieu où s'opère la transition ou la transmission des connaissances, elle est le facteur de cristallisation de nouvelles mentalités la plupart du temps marginales. C'est à l'école que les enfants se retrouvent, se connaissent, se constituent en groupe et élaborent leurs valeurs propres et leurs critères, qu'ils construisent leur "famille" et deviennent une réalité, s'épanouissent en somme à partir d'eux-mêmes.

Ce phénomène de particularisation, de distanciation vis à vis des systèmes d'enseignement traditionnels ne peut que s'amplifier dans le monde universitaire, quand l'adolescent a déjà pris ses distances par rapport à l'institution et quand il est plus solide et experimenté dans ses convictions et ses comportements.

Il faut dire que l'Université dans une mégalopole comme Mexico est plus qu'un moment de la vie quotidienne. Elle est à elle seule un univers important de l'espace social. Il n'est pour s'en convaincre qu'à considérer l'immense territoire qu'elle occupe au sud de la ville, avec ses bâtiments administratifs, ses lieux de travail, de loisirs, ses logements. C'est une ville dans la ville. Son autonomie n'est pas seulement financière, on pourrait concevoir qu'elle est totale. La masse des étudiants et du personnel, que l'on pourrait évalur à plus de 400.000 personnes, représente à elle seule le volume d'une ville de province. Cette réalité urbaine atteint ainsi une dimension non négligeable qui dépasse la catégorie d'institution dépendante ou de service public annexe. Elle peut représenter une masse de manoeuvre importante pour des enjeux de pouvoir. Les jeunes qui évoluent dans cette structure ne peuvent que sentir le poids social qu'ils représentent, ils ont conscience de leur possibilité d'infléchir l'équilibre de la ville et même de la nation. Les différents conflits universitaires qui ont éclaté depuis les années 50 et même avant, de la grève des étudiants en médecine en 65 aux problèmes de la démission du Recteur Chavez et aux mouvements de 68, témoignent de l'importance essentielle d'une catégorie urbaine qui a valeur de classe sociale et qui pèse sur toutes les stratégies politiques. La vie à l'Université, les mécanismes sociaux particuliers et les phénomènes de civilisation qu'elle révèle apparaissent continuellement dans la presse et dans la littérature. Nombreux sont les romans contemporains qui l'utilisent comme cadre de leur action, signe qu'elle reflète une réalité

particulière, formatrice de mentalités peut-être plus que de connaissances encyclopédiques, et surtout indicatrice d'un poids politique dont les étudiants ne peuvent pas ignorer la portée.

Le phénomène le plus significatif du débordement de l'aire universitaire sur l'ordre social urbain et national est le "Porrismo", dont l'analyse permettra de mesurer une nouvelle dimension de la structure universitaire qui va beaucoup plus loin que la transmission d'un savoir.

Le "Porrismo" a son origine dans la décennie des années 40, quand les universités ont formé des équipes de foot-ball américain. Bien qu'il y ait eu avant des groupes politiques estudiantins, c'est à ce moment là qu'apparu à l'UNAM les "porros" comme forme de repression et comme instrument indispensable des luttes politiques. Le nom de "Porro" provient de l'appellation qui était donnée aux supporters d'une équipe sportive. Traditionnellement le groupe de "Porristas" ne faisait pas qu'encourager bruyamment leur équipe au cours du match, il provoquait aussi, comme les "Hooligans" anglais d'aujourd'hui, des bagarres pendant et après la partie. Formée de jeunes costauds habitués aux coups et friands de bagarres -souvent ils n'appartenaient même pas à l'école et étaient recrutés à l'extérieur en fonction de leur agressivité- la "porra" constituait un groupe de choc, avec sa hiérarchie et ses chefs, comparable à une garde ou une armée corporative. Ces groupes de supporters devinrent vite des éléments de "protection", bien structurés, qui, sous le masque d'organisations sportives, s'intégrèrent aux fédérations syndicales d'étudiants, d'abord à l'Institut polytechnique, puis dans toutes les instances universitaires. Dans une société urbaine où la violence, repressive ou agressive, devient un élément structurel, il est évident que cette composante sociale s'intègre par contamination à la vie universitaire. Les groupes de "casseurs" vont dès lors être une catégorie habituelle du paysage estudiantin.

Les caractéristiques du "Porro" sont significatives de l'image de l'homme urbain de classe basse et prolétaire. Le "type" est caractéristique de la pathologie urbaine : la plupart du temps issu d'une famille pauvre, en butte aux difficultés d'adaptation économique, habitué à se débrouiller seul et dans la rue, le "Porro" a l'expérience de la violence, de la promiscuité, du machisme. Il a l'ambition du pouvoir car il doit s'imposer contre toute autorité institutionnelle. Il est vénal, puisque ses coups de poing peuvent lui permettre d'obtenir les signes de la réussite sociale urbaine : vêtements à la mode, automobile, filles et libations. Sans avoir à faire l'effort de s'intégrer par une voie familiale ou institutionnelle traditionnelle, il peut s'imposer, être reconnu, désiré par les filles, craint par tous, en un mot, il peut obtenir la puissance et le pouvoir grâce à ce qu'il a appris non à l'école et dans la famille, mais dans la rue et dans la "pandilla". L'école de la ville est plus rentable pour lui que les cours de l'Université. Il est flatté, rémunéré largement et utilisé par les plus hautes instances politiques puisque c'est à la "porra" que le pouvoir va faire appel pour réprimer des mouvements étudiants dangereux pour l'ordre établi. Grâce à son pouvoir d'intimidation et d'agressivité, les moindres contestations de l'ordre établi peuvent être étouffées dans l'oeuf par des infiltrations dans toutes les manifestations suspectes. L'appareil répressif n'a plus besoin de spectaculaires déploiements de la force publique et la régulation semble venir de l'intérieur même du mouvement contestataire. Ainsi, pour les jeunes rebelles produits par un contexte urbain qui modèle de nouvelles mentalités agressives, la promotion sociale ne passe pas par le canal traditionnel de l'école mais par le dévoiement de l'institu- tion scolaire dont la crise est provoquée par l'explosion démographique de la ville. Si l'étudiant est porteur de l'avenir d'une nation, dans quelle catégorie du monde étudiant doit-on situer cette source du futur ? Celle qui s'initie à la vie dans les livres et dans les leçons des maîtres ou celle dont la voie initiatique est la rue et la jungle de la ville ?

LE SPORT CREE DES ESPACES ET DES MYTHES

Très peu de travaux sur l'évolution sociale vers l'agglomération urbaine font allusion aux modifications du phénomène sportif. Pourtant il faut bien convenir que depuis l'origine des sociétés l'activité ludique du corps a tenu son rôle, et que l'énorme place du sport dans notre civilisation de masses et dans les medias ne peut être négligée. Le sport est un moyen d'expression, un signe important de l'activité humaine. Il est évident que les nouvelles modalités de la vie urbaine, en bouleversant les façons de vivre, de travailler, de s'alimenter, donnent une nouvelle forme et un sens nouveau à la vie sportive dans la cité. Dans la mesure où l'homme de la capitale éprouve de plus en plus, à cause des phénomènes de pollution, de repression et d'oppression par le travail et la foule, le sentiment que son corps est frustré, paralysé dans son épanouissement, il va chercher des exutoires et des possibilités de porter son attention sur des activités corporelles, sur des façons de pouvoir échapper à l'atmosphère étouffante par des "respirations" hors des miasmes de la ville. D'autre part, l'obsession de la rentabilité, du temps pris dans le travail et la productivité fait éprouver le besoin d'activités ludiques et gratuites.

9 Le sport crée des espaces...
Le Mundial de football en 1986, pour effacer l'image du tremblement de terre de 1985.

Le sport peut ainsi être envisagé, et c'est très souvent le cas, comme un contrepoison à la pathologie urbaine. Pourtant, on peut se demander s'il lui est possible d'échapper à la contamination des structures de la ville et si la multiplication de ses activités n'est pas elle aussi le reflet d'une spécifité urbaine qui dévoie la fonction du "Mens sana in corpore sano" au profit des forces structurales qui donnent une forme et un sens nouveau à la condition humaine et sociale dans la ville. L'exemple de Mexico, D.F., où le sport occupe une place très importante, devrait nous aider à comprendre les nouvelles fonctions de cette activité inhérente à toute société.

Tout d'abord il faut remarquer que les *formes* du sport ont une dimension particulière à Mexico. Elles constituent un espace particulier et elles occupent un temps spécifique. L'importance mondiale de la ville acquise par son développement a placé Mexico au rang des grandes capitales mondiales et lui ont valu d'être choisie pour des événements sportifs internationaux de très grande portée. 1968 : siège de jeux olympiques, 1970 : siège de la Coupe du monde du foot-ball, 1986 : à nouveau Coupe du monde de foot-ball ; sans parler des différentes compétitions interaméricaines. On sait que de telles manifestations qui font d'une ville pour un temps la capitale du monde sportif, amènent des modifications essentielles pour l'espace urbain. La ville a dû se doter de structures importantes telles que le stade aztèque (100.000 places), piscines, gymnases, palais des sports, plan d'eau de Xochimilco et autres aménagements de haute qualité. Les nécessités de logement des athlètes et la portée culturelle des ces événéments ont conduit à la construction de la Ville olympique à Tlalpan, et à l'élaboration de la "route de l'amitié" : sur le parcours du périphérique sud, des sculpteurs du monde entier ont réalisé des monuments qui longent le parcours sur une vingtaine de kilomètres. Le sport a donc contribué à modifier l'espace urbain en le dotant d'une architecture, d'un art et d'un urbanisme contemporain et international qui influent sur l'imaginaire.

Le temps urbain est lui aussi affecté par le sport comme réalité sociale. La vie urbaine, dans son rythme, en nécessaire alternance de travail, de transport et de repos, est scandée par l'activité sportive comme défoulement et par le spectacle sportif (dans les medias ou sur les gradins des stades) comme expression d'un sentiment collectif. En fait, ce qui était traditionnellement une activité ludique libre est de plus en plus enfermé dans des horaires fixes : la salle de gymnastique le soir après le travail, le spectacle télévisé le samedi après-midi, le club, le stade ou la sortie hors de la ville le dimanche.

Si l'espace et le temps sportifs s'inscrivent de façon particulière dans l'univers urbain, il est évident que les comportements des citoyens à cet égard vont être également spécifiques. Le sport collectif va acquérir des fonctions différentes. Alors qu'il est traditionnellement une façon de communiquer, de rendre plus étroits des liens communs en vue d'un but collectif, sa commercialisation et sa mediatisation dans la ville le transforment en un éventuel tremplin pour une réussite sociale individuelle et la possibilité de vedéttariat. Ses vertus d'abnégation pour le groupe sont transformées en une mise à profit, une exploitation des autres pour se mettre seul en vedette. Le sport étant de plus en plus un spectacle, une fabrique de mythes d'autant plus efficaces qu'ils sont envahissants et éphémères, l'individu urbain s'applique de plus en plus à le regarder passivement ou à le pratiquer dans un but de mythomanie plutôt qu'à en faire un moyen d'épanouissement corporel. Les sports les plus appréciés seront ainsi ceux qui ont le plus d'impact dans les médias et qui sont le plus contaminés par les enjeux commerciaux : le foot-ball professionnel accapare donc les passions dans ce domaine.

Quant aux sports individuels, l'orientation qui leur est donnée dans la mégalopole infléchit leur fonction traditionnelle. A mesure que Mexico grandissait, un certain nombre de clubs se sont constitués. Sur un espace aménagé de verdure et d'équipements sportifs, les classes sociales du plus haut niveau peuvent, pour une cotisation élevée ou des actions, pratiquer des sports individuels qui exigent des équipements sophistiqués : natation, tennis, pelote basque, squash ou encore le golf. Dans ce genre d'activité, c'est le côté "loisir de riches" qui prime et le modèle nord-américain prévaut. Plus que l'effort formateur, c'est l'image du jeune cadre dynamique qui prime. L'influence des voisins du nord n'est pas totalement artificielle : depuis quelque temps, la mode du "jogging" dans les espaces verts urbains fait courir et s'aérer (relativement) les cadres et les chefs d'entreprise. Pourtant, là encore, il conviendrait de mesurer la part de l'exercice salutaire et de la mode spectaculaire, voire vestimentaire. *L'esprit compétitif dans l'effort est, dans ces cas , remplacé par la compétition dans l'image* .

Dans les classes moyennes et populaires, ce sont les salles de culture physique et de sports martiaux qui étendent de plus en plus leur influence sur les sports individuels. Un des négoces les plus juteux de la capitale est l'installation de salles où l'homme urbain soulève de la fonte pour donner à ses muscles les proportions impressionnantes des Apollons des magazines, ou bien s'initie au karaté ou au judo pour affirmer sa force dans un univers où l'agressivité est une valeur structurale. Dans *Púberes canéforas* , J.J. Blanco signifie bien cet état d'esprit : "Toute l'apogée virile des revues et des bandes dessinées, corps de Tarzan et de Kaliman où la bonté et le succès se définissent par la quantité de boules musculaires, la puissante triangulation du torse et la taille fine...". Au plus bas de l'échelle sociale, ce sont les salles de boxe, prolongation de la rue et mise en profit de ses combats, qui ont la faveur de la jeunesse. Le mythe du champion du monde Rubén Olivares, issu de Tepito et devenu star millionaire est le plus fascinant pour la jeunesse prolétaire, comme le montre Ricardo Garibay dans *El gran Púas* .

De toutes façons, la nature et l'optique du sport urbain sont radicalement différentes. Les sports traditionnels et surtout leur pratique sont oubliés au profit de nouvelles fonctions. L'influence des médias introduit des disciplines nouvelles imitées des Etats Unis et non adaptées au contexte national, voire à la physiologie mexicaine. C'est le cas du base- ball et du foot-ball américain. Pour le reste, les vertus formatrices du sport, physiques et mentales, sont négligées au profit de fonctions nouvelles : acquérir et donner une image de soi semblable à des modèles stéréotypés, considérer le sport avant tout comme un spectacle et aussi comme un moyen de promotion sociale où l'argent et le rayonnement sont plus importants que tout autre facteur.

Mais plus encore que la nature et les modalités d'exercice du sport, ce sont les enjeux dont il est l'objet dans une société urbaine qui donneront la mesure de sa transformation.

L'enjeu principal est le commercial. La pratique du sport dans la grande ville est désormais indissociable d'un système de marketing, de ventes et de promotions. La multiplicité et la rénovation constante des accessoires a remplacé la qualité musculaire de l'effort. Toute activité sportive est conditionnée par l'équipement, toujours plus sophistiqué et soumis a des modes. Dès qu'il parvient à un certain niveau de qualité, donc dès qu'il peut représenter une large diffusion de son image, le sportif est pris comme support de vente et de promotion de produits. Toute pratique un peu poussée doit faire appel à la "sponsorisation", et le sportif, tant par la multiplication de son image sur les murs de la ville que par ses présentations médiatiques et que par son équipement, est une affiche publicitaire. Les grandes firmes industrielles et commerciales utilisent le sportif comme support et instrument de vente, le but d'un jeune athlète est donc de devenir un objet de prix, qui peut être acheté, négocié, vendu. La publicité dans les medias est la meilleure illustration de la venalité du sport. L'événement sportif offrant un large marché potentiel d'auditeurs, le monopole Televisa ne s'y trompe pas : la minute de publicité au cours d'un match de foot-ball coûte à un annonceur près de 300.000 pesos en 1981, alors qu'elle est de 200.000 pesos pour une émission normale. Televisa possède par ailleurs une équipe de foot-ball et les contrats des joueurs sont négociés comme des actions en bourse. Cette contamination du sport par l'argent en altère évidemment totalement l'esprit. Le but lucratif est l'enjeu essentiel des performances et des efforts tant collectifs qu'individuels. Dans la mesure où les athlètes sont les mythes les plus payants sur le plan social, on investit sur eux et on les utilise à des fins commerciales.

Au niveau politique l'enjeu n'est pas moindre. L'impact spectaculaire du sport sur la masse ne peut échapper aux stratégies politiques. Rome, modèle de l'"urbs", en avait déjà compris l'importance dans la cité qui était gouvernée au moyen du "pain et des jeux". Outre que les événements sportifs à grand retentissement ont un effet de catharsis sociale et de divertissement (les jeux olympiques de 1968 à Mexico ont fait vite oublier la sanglante repression universitaire), le chauvinisme permet de maintenir et de consolider une conscience nationale. Au moment de la Coupe du monde de foot-ball de 1970, la victoire de l'équipe mexicaine sur l'équipe belge a provoqué des manifestations nationalistes qui ont paralysé la ville pendant plus de deux heures. Ce que les intellectuels ont cherché depuis le début du siècle, à savoir un sentiment d'appartenance nationale, se réalise spontanément à partir d'un événément sportif. L'identification nationale s'opère au spectacle des matches et des tournois, le "*nous* avons gagné" est le témoignage d'une identité retrouvée sur les valeurs sportives. Les instruments de communion nationale, hymnes et drapeaux, ont tout leur sens beaucoup plus au cours d'un événement sportif que lors d'un défilé ou d'une commémoration. Une déclaration d'une vedette sportive dans un journal ou à la télévision a bien plus de poids sur la masse que l'exposition d'un programme politique. C'est pourquoi le sport ne peut plus être considéré comme une activité parallèle gratuite mais comme une fonction sociale éminemment efficace et mobilisatrice. Le boxeur Rubén Olivares, "el gran Púas", mythe et modèle de toute une jeunesse, ne s'y trompe pas quand il déclare : "conmigo se hinchan los cabrones" (avec moi les imbéciles prennent de l'importance).

Les conséquences de cette nouvelle image et de cette fonc- tion du sport dans la ville sont déterminantes pour l'individu. L'exercice physique et la compétition sportive n'ont plus les vertus formatrices du corps et de l'esprit dans un milieu ludique. La vie urbaine en dévoie les effets. Le sport devient, comme presque tous les éléments de la mégalopole, un instrument possible de manipulation symbolique, *de transformation de désir en besoin.* Le but essentiel est modifié. L'objectif de tout sportif, conditionné par la publicité, les stratégies commerciales et politiques, est de se servir de ses capacités physiques et de ses efforts pour obtenir une promotion sociale vers l'argent de façon plus aisée, moins contraignante, rapide et spectaculaire. De plus, dans un milieu urbain où l'entropie est visible, où tout s'use et passe très vite, la culture du corps est utilisée pour préserver une image de soi et la donner aux autres. José Joaquín Blanco en a donné tout le sens dans *Púberes canéforas* (p. 130) : "De vieux pontes de l'industrie et de la politique, dans les salles de culture physique, essayaient de réparer les dégâts de la négligeance ou des abus... les hommes mûrs, avec un passé de basket-ball ou de foot-ball américain essayaient de lutter contre leurs photographies d'il y avait vingt ans, ou simplement ils faisaient en sorte que la vie ne les laissât pas de côté, parmi les faibles et les brisés, pour conserver le port du chef, la voix du patron qui paralyse les valets et les serveurs, et surtout pour avoir la satisfaction d'être toujours beau et florissant dans les remous de la ville ; les jeunes gens, avec la beauté du "le monde m'appartient", exerçaient leur corps pour obtenir les faveurs des belles filles, les postes de cadre supérieur, les voitures de sport, les sports nautiques, l'intimidation et la sympathie des autres". Rien n'exprime mieux que ces phrases le visage du sport dans la ville : promotion sociale, conservation d'une image de soi. Par dessus tout un besoin de consommer et d'imiter qui transforme un exercice d'activité, de prise de conscience de soi et de son corps, en une discipline de soumission à des modes, en une imitation soumise et béate à des modèles, en une attitude de passivité fascinée.

10 Bouleversement des codes
Face au catholicisme, la nouvelle sociabilité des sectes protestantes.

CHAPITRE V
CULTURE URBAINE : MEXICO LIT, REVE, SE SIGNIFIE

BOULEVERSEMENT DES CODES ET DES SIGNES

La considération des différentes éléments de mutation urbaine, des syndromes pathologiques dans les domaines de la démographie, de l'écologie et de la vie sociale, peut sembler représenter un constat navrant, l'inéluctable condamnation à une apocalyse. Il est indispensable de corriger cette apparente perspective et de la nuancer. Toute société subit des étapes de mutation, et comme dans tout organisme vivant, les moments de transition présentent des phases de déséquilibre avec des syndromes pathologiques.

Le passage d'un état social à un autre, d'une structure de civilisation à une autre, provoque au Mexique une crise epistémologique. En faire le constat peut aider à la nécessaire prise de conscience de nouvelles valeurs et à l'adaptation à un nouvel environnement, à une nouvelle culture. Il faut reconnaître l'existence de nouveaux codes sociaux et savoir les assimiler, se les approprier pour se réaliser. La civilisation urbaine ne signifie pas la condamnation de l'homme et le pourrissement de la société, elle exige seulement l'effort de s'adapter à de nouvelles données culturelles qui doivent amener à un homme nouveau.

Un exemple récent fera mieux comprendre ce phénomène : alors que se multipliaient les condamnations du contexte urbain, le tremblement de terre de 1985 a fait apparaître, à la grande surprise de tous les observateurs, la réalité d'une chaleureuse solidarité entre les citoyens, un sens de l'organisation collective et de réalisations communes surprenant. Cela montre qu'il ne faut pas condamner une nouvelle forme de comportements, une nouvelle culture qui est encore en germe, mais qu'il convient de voir, sous ses manifestations naissantes et parfois indéfinies, les riches possibilités d'expression humaines contenues dans ces germes.

Cela dit, il est indéniable bien sûr que le phénomène urbain provoque un bouleversement culturel. La modernisation sociale, la société de consommation, le développement du secteur tertiaire, l'accélération de la mobilité sociale et l'incorporation des classes moyennes et sous-moyennes à la bureaucratie, au commerce, à la politique et à la culture provoque une mutation des savoirs acquis. Il y a en grande partie rupture entre les articulations traditionnelles et les producteurs culturels et l'élite qui a le pouvoir. La "Vision des vaincus" a de plus en plus la parole, la pluralité culturelle remplace peu à peu l'unitaire "Culture officielle". Les cultures urbaines se substituent, par la multiplication des codes sociaux, à la Culture monopolisée par le pouvoir académique des clercs. Les données de la perception du monde et de l'élaboration des signes et des symboles sont modifiées. L'anthropocentrisme est remis en question. La civilisation urbaine entraîne l'apparition d'un homme "extro-determiné", c'est à dire centré (si j'ose dire) sur ce qui est extérieur à lui, par opposition à l'homme "intro-déterminé" des sociétés traditionnelles, qui avait une relative attitude d'indépendance personnelle et subissait peu l'influence du dehors.

Le tissu symbolique urbain est beaucoup plus enveloppant. L'homme de la ville contemporaine est soumis à un véritable "bombardement" de signes nouveaux, de sollicitations symboliques nouvelles. Cela ne signifie pas qu'il en est détruit, mais qu'il doit les assimiler, les analyser et les comprendre pour leur donner un sens et se donner un sens. Les relations communautaires sont différentes, l'emprise du monde matériel est plus importante, les mécanismes de communication sociale traditionnels (fêtes, foires, marchés, lieux publics etc...) n'ont plus les mêmes modalités, les désirs deviennent souvent des besoins, la tentation de la passivité et de la sérialité remplace l'élan créateur et peut étouffer le nécessaire esprit critique. Mais cela signifie-t-il qu'il faille le déplorer et se soumettre ? Ou alors faut-il considérer ce bouleversement des signes comme un défi exaltant pour la réalisation d'un homme nouveau ? Cette dernière perspective est bien sûr la plus tentante, même si elle doit passer par de difficiles voies initiatiques. C'est la conaissance d'un nouvel univers signifiant, son assimilation et sa maîtrise qui doivent permettre de transformer les syndromes pathologiques en germes d'une nouvelle culture. Encore faut-il savoir reconnaître dans l'univers culturel de la mégalopole les signes nouveaux, la nouvelle forme d'émission de ces signes et leur nouvelle perception.

Signes nouveaux en effet : surtout ceux de l'identité. Après avoir cherché longtemps à se définir, à se donner un visage "national" après sa révolution, le Mexicain de la capitale est plongé dans "internationalisme" du capitalisme transnational et de la société industrielle contemporaine qui crée et impose ses nouveaux mythes. Carlos Fuentes l'a exprimé d'excellente façon par une éloquente métaphore quand il a écrit que le Mexicain est passé "de Quetzacoatl à Pepsicoatl". De plus, l'homme de la ville doit faire face à un nouveau code de relations humaines. Les millions d'habitants de la capitale sont scindés, isolés, comme l'écrit J.J. Blanco [1] "divisés en individus minuscules et vagues face aux corporations du capital, bien intégrées et gigantesques... (ils sont) sans participation politique, sans ingérence dans les décisions économiques, face aux monopoles, à la bureaucratie, à la police".

La multiplication des codes, des symboles et des injonctions place l'individu face à un nombre si considérable de réglements qu'il ne peut les connaître tous. Il doit souvent se soumettre aveuglement sans les comprendre. Il y a donc danger de perte d'imagination, d'esprit de décision et d'initiative : "Les Cacicats urbains sont omniprésents et impersonnels, ils exercent leur oppression au moyen d'un tissu de symboles... ordres et contrôles contre lesquels l'individu ne peut rien" [2].

La publicité, omniprésente et tyranique elle aussi, impose des mythes nouveaux et construit un nouvel imaginaire autour du bien-être et de la consommation. De nouvelles valeurs sont mises en place et conditionnent l'individu en lui conférant de l'extérieur et en vertu de nécessités extérieures à lui, de nouveaux signifiants.

Si les codes sociaux, symboles et signifiant, sont différents, il en est de même pour les modalités d'*émission de ces signes* . Les canaux d'information et de transmission du savoir sont nouveaux. L'homme de la capitale ne reçoit plus les messages de la famille ou de l'école, il est immergé dans les signes, dans les avenues embouteillées, bruyantes, l'atmosphère polluée, les annonces lumineuses, la presse à gros titres, les affiches publicitaires. Les messages passent plus par un martélement des sens que par une persuasion analytique et mentale. La vie dans la ville est un spectacle à gros effets, ce qu'on appelle aujourd'hui un "show". Tous les votre identité urbaine est une carte de crédit" [3].

---

(1) "Identidad Nacional y Cultura urbana". La *Cultura en México* , n° 1481, 11-11-81.
(2) Ibid.
(3) Ibid.

Toute manifestation urbaine est transformée en spectacle et la conscience, ou la prise de conscience, naît du "show". Carlos Monsiváis a montré combien, lors de la visite du pape à Mexico, la foi et le sentiment religieux était fonction de l'éclat de la "représentation". La multiplication des effets audio-visuels relèguent "la galaxie Gutemberg" à une période révolue et sans efficacité réelle et l'homme urbain doit, s'il ne veut pas être jouet des injonctions, s'adapter aux nouveaux canaux de la communication et les maîtriser pour les comprendre et les connaître, pour se les approprier afin d'être sujet et interlocuteur des nouveaux signes plutôt qu'objet et patient des modèles imposés du prêt-à-porter culturel.

Enfin, à la nouveauté des mythes et des symboles, à leurs nouvelles modalités d'émission correspond bien évidemment une nouvelle manière de *perception des signes* culturels. L'élan vers la connaissance est souvent brisé par la force et l'impact des instruments de conviction. L'individu est poussé à la fascination, à l'immobilité receptive plus qu'à la dialectique de l'acquisition du savoir. Il y a ainsi danger de passivité et d'indifférence. C'est l'attitude du "Bof !" ou du "Qu'importe !", autrement dit en mexicain : "el importamadrismo". Comme l'écrit J.J. Blanco : "face aux grandes corporations politiques et économiques, l'individu se dilue dans une effrayante disproportion" [1]. Ces personnes ont de moins en moins de communication entre elles, par contre elles sont en "sur-communication" avec les pouvoirs de toutes sortes. Le citoyen est de moins en moins consulté, interrogé. La famille délègue ses fonctions de transmission du savoir à la rue, la télévision, la radio et la publicité. L'attitude fondamentale de l'homme de la mégalopole est celle de la *foi* , souvent aveugle, devant les produits et les modèles. Dans aucun autre type de civilisation il n'y a eu un danger aussi fort de comportement receptif passif, dépendant et "fasciné" au sens le plus strict du terme. Les conséquences peuvent en être graves : fragilité de l'individu, mais surtout abolition des facultés de reflexion et d'esprit critique, indifférence et carence de participation et d'initiative. En un mot, l'homme urbain tel que nous pouvons le voir dans le District Fédéral court le risque d'être l'objet d'un pouvoir culturel s'il ne prend pas conscience de la réalité de signes nouveaux, de nouvelles modalités d'émission de ces signes et de la nécessité urgente d'une nouvelle attitude de perception du savoir transmis

(1) Ibid.

par l'environnement. Pourtant rien n'est perdu et le constat d'une mutation culturelle n'est pas nécessairement le constat d'une décadence. Il est plutôt la marque d'une métamorphose qui, au lieu de désarmer l'individu et de le réduire à l'acceptation soumise, l'appelle à la élaboration d'une nouvelle structure dans laquelle il aurait lui-même à créer les modalités d'une expression plus conforme et appropriée à son contexte. Encore faut-il, pour cela, qu'il considère les codes nouveaux pour les assimiler et les faire siens.

CODE DES RELATIONS : DE LA FAMILLE A LA PANDILLA

Une des caractéristiques essentielles de la culture urbaine est qu'elle ne s'exprime pas dans un langage unique et privilégié mais par une diversité de langages. L'expression gestuelle, corporelle, les signes extérieurs sont aussi importants que le langage parlé. La deuxième caractéristique est la pluralité, la diversité et la recherche de la différence, condition primordiale pour échapper à l'uniformisation inexpressive.

Parmi les codes expressifs urbains, celui du vêtement est l'un des plus significatifs. La préoccupation pour le "look" n'est pas une simple mode, elle est la recherche d'une expression, d'une définition dans la masse. La ville de Mexico offre une immense diversité de manière de se vêtir et cette mosaïque d'apparence vestimentaire est le reflet d'un souci de caractérisation individuelle, d'une proclamation d'appartenance à des castes qui se protègent contre les academismes du Pouvoir. Roberto Vallarino écrit fort justement : "Le vêtement est le masque des castes, la différenciation des classes, banal recours pour amortir la massification. Etre exclusif, être différent" [1].

Nous avons déjà noté que les "Marías" et les "Juanas" n'hésitaient plus à se vêtir en ville de leurs coutumes régionaux. Nous savons tous que le désir d'appartenance à une catégorie sociale urbaine s'exprime d'abord par un style d'habillement : costume trois pièces de l'homme d'affaires, originalité sophistiquée du jeune cadre "dans le vent", laisser-aller calculé de l'étudiant ou du contestataire, blousons de cuir clouté des rebelles... tout le monde connaît maintenant le langage du vêtement et il n'est que de voir

---

(1) *Uno más Uno* . "Negra Navidad", México, 28-12-82.

la richesse de la variété des costumes dans les rues de Mexico pour se convaincre de la pluralité de ses expressions. La préoccupation de plus en plus obsessive de l'habillement est la marque de la nécessité de se définir par lui :"S'habiller comme des dieux, même si l'on vit dans un taudis. Les jeunes, plus ou moins nomades, *aiment* les vêtements. Le lit est le lieu de repos où l'on dort ; la vraie maison est le vêtement" [1]. Le seule souci du "Porro" qui se confesse à Olga Duron est celui de s'affirmer par son apparence extérieure : "J'avais des pantalons patte d'éléphant, une montre en or, des bagues, une gourmette... des bottes à talons, enfin, tout pour paraître plus chouette, quoi" [2]. Il serait aisé de faire une géographie humaine, de tracer les contours idéologiques des groupes urbains à partir du langage très expressif de leur manière de se vêtir, de se coiffer ; ce travail reste à faire au D.F. et il serait très révélateur des différentes affirmations culturelles.

Outre le vêtement, la manière de parler est bien sûr révélatrice d'une nouvelle expression culturelle. Il a toujours existé des argots et des langages de la rue, mais l'expression actuelle de la jeunesse de la capitale est très révélatrice d'un bouleversement important des codes de la communication. L'individu urbain, et plus particulièrement l'adolescent et le jeune, assailli par une réalité ambiante qu'il ne peut plus maîtriser, doit organiser ses propres défenses s'il ne veut pas être anéanti. Pour ne pas se diluer dans une masse qui noie son identité, il va construire un milieu d'interrelations où il pourra être sujet. Contre l'uniformisation, des groupes se forment pour opposer des micro-sociétés (des castes) au pouvoir macrocéphale. Ce phénomène se produit évidemment dans les éléments les plus menacés par le fléau urbain, ceux qu'affecte le plus le chômage et les difficultés d'organiser leur vie : l'adolescence et la jeunesse de la classe moyenne et du prolétariat. En fait ceux qui sont en grande partie les porteurs de l'avenir du pays. Ainsi est né le phénomène du "pandillerismo", les bandes de jeunes qui se marginalisent pour se manifester. Cette nouvelle "caste" urbaine s'exprime bien sûr par des actes et une façon de vivre et de se vêtir, mais surtout par un langage qui lui permet de se différencier, de mettre un rempart entre elle et la réalité aliénante de la métropole. Alberto Dallal a bien défini la fonction de ce nouveau discours : " Quelques langages souterrains apparaissent comme phénomène interne de

(1) *Púberes canéforas* , J. Mortiz, México 1984, p. 71.
(2) Olga Durón, *Yo Porro* , p. 79.

la grande cité. Des êtres se "matérialisent"... Les "Olvidados" de la métropole géante essaient de justifier, précisément, le manque d'attention auquel les soumettent la société et le pouvoir" [1].

Un nouveau type de discours naît, pour s'opposer à l'académisme officiel de la langue, qui est devenu un signifiant faux. Carlos Monsiváis en a bien analysé la valeur : "Ils veulent détruire le langage prison, le style oratoire, dans un défi depuis leur échec, ils veulent exprimer la vision des vaincus" [2]. Cette langue qu'ils forgent est pour eux rempart et expression, protestation et possibilité d'être "Ils nous fallait être ouverts à tous les possibles, indomptables, méfiants vis à vis des mots et des mondes qu'ils construisent", écrit Gustavo Sainz dans *Compadre lobo* .

Quelles sont les caractéristiques essentielles de ce discours ? L'élément fondamental de ce langage est la totale liberté envers les règles de l'académisme et de la grammaire espagnole. Il y a même un parti-pris de distorsion. La syntaxe est constamment bouleversée pour obtenir des effets emphatiques. Le discours est revivifié par le parler direct, par la structure qui recherche l'effet et le choc plus que la correction. Toute norme est refusée et transgressée, la prononciation se modifie par des gutturalisations ou des fermetures de voyelles (exemple : se jueron (pour "se fueron"), "maliar" pour "malear"...). L'une des caractéristiques les plus remarquables est le jeu de sonorités dans la musique des mots : "Nones limones, nel pastel" pour dire non ; "Cilindros, Cirilo" pour dire oui. Des expressions sont forgées à partir de jeux de consonnances et la langue devient un langage codé. Les jeux de mots, les "albures" abondent pour briser le carcan des lexies institutionnalisées. De cette déformation, de cet irrespect pour le dictionnaire, on passe vite à la création verbale. De nombreux termes sont inventés par la constitution de mots composés et ils représentent presque toujours, soit la vulgarisation d'un terme académique en lui adjoignant un élément grossier comme pour le salir, soit encore pour exprimer une redondance hyperbolique, comme si le mot classique ne suffisait pas à donner l'intensité réelle d'un sentiment.

Autre élément important de ce langage : la multiplication des mots d'appuis, des onomatopées et des exclamations, témoins d'un discours

(1) A. Dallal, "Sobre lenguajes subtérraneos", *Diálogos* n° 48, Mexico, p. 28.
(2) C. Monsiváis, "Idolos populares y literatura", *Boletín cultural y bibliográfico* , n° 1, Bogotá, 1984.

beaucoup plus émotionnel que construit. Les "Guey", "Pues", "Chingado", "Qué gacho" sont autant de ponctuations qui rendent pâles les articulations rythmiques du discours classique.

Mais le plus important, sans doute le plus révélateur, c'est l'utilisation de champs lexicaux privilégiés dans lesquels ces phénomènes de distorsion et d'invention sont les plus fréquents. La richesse relative d'un code original, d'un lexique créé et approprié est l'indicateur d'un phénomène de création linguistique.

Je me suis livré à un calcul statistique de fréquence d'emploi qui fait apparaître une sorte de classement significatif des champs privilégiés. En tête, et largement, vient celui de la violence, du machisme, de l'ivresse et de la fête, tous éléments confondus et analogiques. Le vocabulaire des coups, de la "bronca", de la superiorité masculine (la plus grosse insulte n'est-elle pas "pinche puto" = putain de pédé ?) de l'ivresse et du défi est de loin le plus riche, le plus étendu et le plus nuancé. Vient ensuite, évidemment, le champ de la police, des prisons, des démêlés avec l'administration et l'institution en général. Celui de l'érotisme est abondant mais très spécifique. Il témoigne d'un mépris de la femme (image de faiblesse et surtout de soumission) et il porte surtout sur l'acte physique, sur l'action plus que sur le rêve.

Les champs lexicaux suivants sont respectivement ceux des nord-américanismes (le spanglish), de la drogue, de l'argent, de l'amitié virile, du travail et de la nourriture. Ce classement me paraît bien éloquent et révélateur d'un comportement social. Ce discours est un code qui dessine une aire de communication et incarne une réalité, il est l'avènement d'une parole révoltée qui refuse de se laisser porter par un signifiant dans lequel elle ne se reconnaît pas.

Quels sont donc le sens et la portée de ce discours de caste, de ce langage qui s'oppose à l'officialisation de l'expression par le Pouvoir ?

La première remarque est que, parmi les jeunes, ce "parler" est le passeport indispensable pour faire partie du groupe, pour communiquer et ne pas se sentir exclu. Le seul moyen d'être intégré est de posséder le code des groupes marginaux. De plus, la possession de ce code permet de sauvegarder son individualité, de s'affirmer comme sujet vrai du discours, locuteur authentique et non porte-voix d'une institution aliénante. Le jargon officiel n'est pas clair pour eux et ils sont désarmés devant lui. Qu'à cela ne tienne, ils vont utiliser un jargon que les officiels ne comprendront pas et ils renverseront ainsi les rapports de force d'expression. Le refus de l'intégration leur permet en outre de maîtriser une langue pour l'enrichir en jouant avec elle. L'attribution de surnoms est un symptôme significatif de cette irrévérence. Comme s'ils voulaient se débaptiser, refuser le nom par lequel l'Institution les a désignés, ils s'attri-buent des surnoms qui sont de véritables totems.

Enfin, l'utilisation d'un langage "personnalisé", plus adéquat au signifié, permet de donner chair à l'expression, en quelque sorte d'"incarner" le code de la communication. Les mots et les structures ne sont plus des idéogrammes où il faut couler une pensée qui perd ainsi de sa force. En faisant craquer le "corset" de l'académisme généralisateur, on réduit le fossé entre signifiant et signifié, on met à jour une réalité et une expérience profondes. Le discours de castes est en fait plus sensuel, plus efficace et plus vrai, en somme plus communicatif, plus vernaculaire que véhiculaire.

Bien sûr on pourra objecter que ce langage, comme tous les jargons, de celui des politiques et des intellectuels à celui des corporations et des loisirs, qui se multiplient dans la ville comme autant de codes fermés, spécialisés, sont un facteur d'incommunicabilité des groupes entre eux. Mais cela est l'image d'une nouvelle réalité culturelle dont il faut tenir compte : reflet d'une pluralité plus que d'une totalité, d'un lieu dont le centre est partout et la périphérie nulle part. Encore une fois nous évoquerons une expression de Carlos Fuentes qui s'applique fort bien à cette indéniable situation : "Montesquieu écrivait au XVIIIe siècle : "Comment peut-on être Persan " ; il faudrait dire aujourd'hui : "Comment peut-on ne pas être Persan ?", exprimant par là la réelle richesse de la pluralité d'expression qui ne laisse dans l'ombre aucune forme de savoir et d'expérience.

Si le code des relations est altéré, voire bouleversé, dans la mégalopole, il en est de même pour celui des relations, des échanges interindividuels. Les groupes traditionnels de communication privilégiée qui transmettaient un type de connaissances et établissaient des modèles de comportement n'ont plus la même cohésion. Les rapprochements d'individus d'intimité tribale n'ont plus le même lieu d'exercice. La première cellule sociale à être affectée par les nouveaux modes de vie imposés par la ville et par le contexte urbain est le groupe familial. Le rythme accéléré du temps, les longues heures passées hors du foyer à cause du travail et de la télévision, dans l'atmosphère domestique ont desserré les liens de communication et les relations d'intimité au sein de la famille. De nombreux sociologues à Mexico se sont penchés sur ce problème, des enquêtes ont été faites et continuent de se faire. Le constat est indéniable. Dans la ville de Mexico, plus peut-être que dans toutes les villes contemporaines, le noyau familial se désagrège de plus en plus. En raison du travail des femmes à l'extérieur, des distances qui font que chacun mange souvent près du lieu de travail, les liens entre le couple ont tendance à se relâcher, d'autant plus qu'une fois rentrés à la maison, les adultes sont accaparés par les travaux menagers urgents ou par les spectacles télévisés devant lesquels ils oublient leur lassitude et leur énervement, mais aussi leur entourage familial. Les enfants sont le plus souvent à la maison livrés à eux-mêmes, eux aussi absorbés par la télévision ou la lecture de bandesdessinées. Ainsi, les moments traditionnels de communication privilégiés, à savoir les repas en famille, les conversations autour de la table où passaient des savoirs et des modèles de comportement communs disparaissent.

Le pédiatre mexicain Alfredo Morayta a réalié en 1984 une enquête sur la vie affective et relationnelle des enfants de la capitale et il a pu constater qu'aucun enfant ou presque ne prend le petit déjeuner avec son père, que les repas échelonnés des différents membres de la famille sont une habitude de plus en plus fréquente et que le temps passé devant le poste de télévision augmente de jour en jour, la moyenne étant à peu près de trois heures quotidiennes. Ainsi un échange culturel important des sociétés traditionnelles disparaît. On pourrait dire que la métaphore du château que Paul Claudel avait utilisée pour montrer que le foyer familial était un lieu privilégié de rencontre et d'échange, de contamination culturelle, où la mère sauvegardait l'unité et la communion alors que le père allait au dehors chercher la subsistance, cette métaphore est maintenant inversée : c'est au dehors que se produisent les échanges et les communications, c'est au dehors que les acquisitions culturelles se produisent. La maison n'est plus que le lieu de repos physique, silencieux et vide de signes. Tous les membres de la famille, et même souvent les enfants, poussés hors du foyer pour assurer la subsistance du groupe, se séparent de lui. C'est du dehors que viennent les connaissances, les modèles et les mythes d'une nouvelle civilisation, les signes nouveaux qui vont structurer la culture de chacun.

Pour rendre compte de la réalité de ce nouveau code de relations, en dehors des enquêtes sociologiques, nous ne disposons pas d'informations directes qui nous permettent d'établir un constat. L'expérience que nous en avons peut être tirée de la littérature contemporaine mexicaine qui est le reflet exact de la société urbaine et lui donne toute sa signification. Depuis 1950 en effet le roman au Mexique, à partir de *La region más transparente* de Carlos Fuentes, a pris la capitale comme cadre privilégié, quasiment exclusif. Dans les années soixante et jusqu'à aujour d'hui, les oeuvres littéraires des romanciers de "La Onda", Gustavo Sainz et José Agustin en particulier, puis toute une littérature influencée par le "New Journalism" nord-américain de Truman Capote et Norman Mailer, représentent de précieux documents sur la vie urbaine. On peut ajouter foi à ces témoignages dans la mesure où ces oeuvres se veulent l'écho précis d'une réalité sociale. Or, dans tous ces romans et dans toutes ces chroniques, le problème de la transformation des codes de relations familiales est évoqué et souligné.

Le roman de José Agustin *De perfil* nous présente une famille apparemment unie par des sentiments d'amour, mais dans laquelle la communication ne passe pas, évidemment en raison du contexte. Les relations dans le couple sont remises en question et en doute, les échanges entre parents et enfants deviennent des relations de fausse camaraderie où le traitement de "familiarité" n'est qu'apparent et masque une incommunication. Il en est de même entre frères. Chaque élément de la famille est beaucoup plus marqué par les contacts qu'il a à l'extérieur du noyau familial qu'à l'intérieur où le tissu de relation qui les unit est une mosaïque d'attitudes rapportées plutôt qu'une communion. Ce phénomène se produit à tous les niveaux de l'échelle sociale, puisqu'on peut le constater dans une classe sociale plus basse dans le romans de Gustavo Sainz, en particulier *Compadre lobo* ou dans le prolétariat et le sous prolétariat dans les reportages effectués par Elena Poniatowska. Les enfants qu'elle nous présente et qu'elle fait parler témoignent de leur éloignement du milieu familial. La vie dans le foyer n'est qu'une parenthèse, un moment de "sommeil" de la communication plutôt qu'un lieu d'échange enrichissant et facteur de cohésion familiale. Ce lieu traditionnel de production de signes constitutifs de personnalité est donc déplacé.

Cette mutation est importante, mais il ne faudrait pas pour autant en déduire qu'elle est mutilante, destructrice ou négative. Le contact devrait permettre de remettre en question les relations interfamiliales pour leur donner une nouvelle dimension et une nouvelle fonction. Un nouveau type de communication pourrait être établi sur de nouvelles bases. Les échanges traditionnels étaient fondés sur le respect, la hiérarchie et le formalisme. C'est cette modalié qui disparaît aujourd'hui dans la mesure où elle est incompatible avec la vie accélérée de la grande ville. Mais on peut convenir qu'elle était parfois et même souvent hypocrite et sa remise en question pourrait conduire à une nouvelle forme de rapports plus adaptés au contexte social. Si le noyau familial ne produit plus des signes efficaces, au moins pourrait-il devenir le creuset où les signes extérieurs de différentes sources viendraient s'affronter et se msurer pour s'analyser et se concilier. La famille pourrait être ainsi, et elle l'est déjà dans bien des cas, un élément social positif : le lien où la pluralité des modes de la mégalopole trouve son point d'harmonie, où les différences s'accordent.

Les signes culturels qui s'élaboraient et se transmettaient au sein de la famille sont maintenant déplacés à l'extérieur. Dans la grande ville qu'est Mexico, le temps passé au travail, dans la rue, dans les réunions professionnelles ou "sociales" est bien plus important que celui passé à la maison. Il n'est qu'à lire les journaux de la capitale pour voir, dans les nombreuses pages d'événements sociaux, que les gens se rencontrent, vivent et communiquent surtout en dehors de chez eux. Les "relations" sont plus importantes que la famille comme lieu d'échange, de communication et de circulation d'informations. Les liens d'amitié sont les vrais générateurs d'élaboration culturelle. De haut en bas de l'échelle sociale les individus se regroupent au dehors de chez eux pour former et consolider des tissus idéologiques. Qu'il s'agisse de l'homme d'affaires qui rencontre ses pairs dans les bars, les restaurants pour les dîners "d'hommes" ou dans les coktails, ou encore au golf et au squash ; qu'il s'agisse de femmes du monde qui se retrouvent l'après-midi pour des thé-canasta, des conférences ou des activités culturelles, les lieux de réunions où circulent signes et idées sont des regroupements d'amis ou de relations. Ce phénomène de déplacement d'intimité culturelle est encore plus apparent et plus opérant dans les catégories sociales qui représentent les facteurs qualitatifs et quantitatifs de la mutation : les jeunes des classes moyennes et prolétaires. L'adolescent et le pré-adulte font leurs "classes", leur éducation, dans la rue, au sein des bandes, des "pandillas" qui sont leur vraie famille dans la connotation traditionnelle de ce mot. Là encore, les chroniques et la littérature d'aujourd'hui nous apportent un témoignage significatif. Les liens affectifs, facteurs d'échanges marquants et profonds, se tissent dans les relations d'amitié. La jeunesse de la ville que nous présentent Gustavo Sainz et José Agustín structure sa personnalité, définit ses valeurs, élabore sa culture dans la bande. La voie initiatique passe par les relations de la rue; les sentiments, les rapports humains, les valeurs se signifient et se transmettent dans la "pandilla".

L'exemple-type le plus représentatif nous est donné par l'ouvrage d'Olga Duron où apparaît la confession d'un "Porro", paradigme d'une attitude sociale caractéristique de la mégalopole. "Le Pelican" déclare à la sociologue qu'il a très vite pris ses distances vis à vis de sa famille au sein de laquelle régnait l'incompréhension, voire l'indifférence. Dès l'école primaire il a éprouvé la nécessité de s'intégrer à un groupe d'amis pour s'affirmer face à toute forme d'institution, parce que les institutions ne permettaient pas le dialogue. La seule manière d'être et s'exprimer, de s'approprier les signes qui confèrent une épaisseur culturelle, est l'appartenance à une "pandilla". C'est là que le jeune homme, à une étape clef de formation de sa personnalité, peut trouver la possibilité d'échanger des expériences vécues et de s'enrichir de connaissances utiles à son existence. Le besoin d'être reconnu et accepté est ici satisfait. Il retrouve dans la structure hierarchisée de la bande la situation qu'offrait traditionnellement la famille : des chefs à imiter, des nouveaux à initier ou à impressionner, en fait un nouveau code de relations qui le place dans une chaîne de transmission de savoirs et de comportements, entre supérieurs et subalternes.

Quand Olga Durón demande à "Pelican" ce qui l'a poussé à faire partie d'une bande, il répond de manière très révélatrice : "eh bien, c'est parce qu'à un moment donné, on a besoin de se former en tant que personne, d'arriver à être quelque chose. Au contact des autres on arrive à avoir une personnalité, tu comprends ? Une idée de qui ont est... le cercle social dans lequel tu vis influence ta formation... tu entres dans la bande par sympathie, parce que tu cherches une porte de sortie, parce que soudain quelqu'un t'offre ce que personne ne t'a jamais offert... c'est, si tu veux, l'amitié, quoi. Un mot qui à un moment donné te fait valoir, et personne ne t'avait dit ce mot... C'est l'amitié, rien que l'amitié et la sypathie qui te placent dans toutes ces circonstances, c'est logique, non ? Tu viens d'un endroit où tu as été toujours réprimé, où personne ne faisait attention à toi et là tu peux t'exprimer comme tu veux. Moi je faisais tout pour être remarqué par les gars de la bande, pour être plus qu'eux, pour qu'on me voie avec les caïds, parce que je voyais qu'ils étaient considérés comme des dieux. En fait je faisais partie de la bande pour avoir une, je ne sais pas, une identification, voilà tout" [1].

(1)   O. Durón, op. cit., p. 282-283.

Cette citation, un peu longue, exprime bien le déplacement des relations formatrices de la personnalité et le code nouveau qu'elles impliquent. Exister dans la grande ville, c'est être reconnu par les cpains ; être reconnu implique l'utilisation des codes de la bande, l'application des valeurs du groupe, qui ne sont pas celles de l'institution. Là encore il ne faudrait pas conclure nécessairement à une dégradation des valeurs, mais plutôt à une mutation qui peut paraître négative dans ces effets, uniquement parce qu'il s'agit d'un code en gestation. On peut imaginer la possibilité d'un aspect positif de cet émétteur de signes culturels, dans la mesure où on aura reconnu son efficacité et surtout sa présence inéluctable dans une mégalopole dont le contexte désagrège le groupe familial qui tenait le rôle de contrôle et de transmission des signes d'une culture.

Les rôles sociaux du groupe familial et des relations d'amitié tendent à s'interchanger. Cette mutation va modifier également dans une certaine mesure, dans un contexte urbain qui altère les données de la communication, le code des rapports amoureux et des liens érotiques. Il est bien connu que notre civilisation vit la transformation du discours amoureux traditionnel et de ses signes et le contexte urbain est un des facteurs les plus déterminants de cette altération. Nous ne reviendrons pas ici sur les phénomènes contemporains de libération sexuelle, mais il faut bien souligner que les grandes villes sont actuellement des espaces bourrés de signes érotiques. Mexico bien sûr ne fait pas exception à la règle, bien au contraire et son espace urbain consacré aux manifestations amoureuses sous toutes leurs formes est à la mesure de ses dimensions hyperboliques.

Les panneaux publicitaires, les affiches de cinéma, les devantures de certaines boutiques, les kiosques à journaux regorgent, si l'on peut dire, de symboles témoins de la toute puissance mercantile d'Eros. Il y a aux yeux de tous, dans la rue, le direct qui cogne et le détourné, l'allsif qui suggère. Les publicités, les annonces et les couvertures de journaux et de livres sans "dérapage érotique contrôlé" sont presque exceptionnelles. On pourrait dire qu'une grande partie de l'espace jongle avec la panoplie libidinale. Ce matraquage bien sûr n'est pas sans effet et dans le domaine des signes il est omniprésent. Nous verrons plus loin le sens et la portée des messages véhiculés, mais là encore nous pouvons constater sa présence révélatrice dans la littérature mexicaine contemporaine.

La première caractéristique de ce type de relations, de ce nouveau "discours amoureux" urbain, est sa redondance et son entière liberté. Un regard, même rapide des champs lexicaux de langage visuel qu'utilisent ces signes définiront sa spécificité. L'érotisme omniprésent aux yeux des citoyens urbains, faut-il le préciser, n'est pas romantique. Il porte sur l'aspect physique de l'amour dans sa quasi-totalité et sur la valorisation esthétique des corps. Autant dans le langage parlé que dans les symboles visuels et les nombreuses images, directes ou allusives, les signes érotiques témoignent du machisme et de la femme-objet (de consommation).

Les attributs signifiés, chez l'homme, mais surtout chez la femme, sont les attributs sexuels, les stéréotypes des corps amoureux. La relation amoureuse est offerte et présentée comme un contact d'épidermes. Le culte du corps est célébré partout, avec celui du désir comme puissance érotique. Le but essentiel de l'homme urbain mexicain est d'accéder à une forme corporelle stéréotypée, gage de réussite et de supériorité dans les rapports sociaux. Dans *Púberes canéforas* , roman-clef pour qui veut connaître le nouvel imaginaire urbain de l'érotisme, José Joaquín Blanco insiste sur la multiplicité des gymnases où l'on forge des corps signifiants, tirant profit de l'obsession de l'auto-érotisme : "Obsession excédée : l'apogée virile des bandes dessinées, corps de tarzans et de Kalimans, où la beauté et la réussité se définissaient par la quantité de masses musculaires, la puissante triangulation du tronc et la taille fine et des fesses superbes sur de puissantes jambes de gladiateur de bronze... dans ces gymnases descendaient les dieux, pleins d'eux-mêmes dans leur incarnation du mythe masculin, lustrés d'huile pour mieux signifier le corps dominateur construit comme un grand phallus... pour poser pour eux-mêmes devant le miroir" [1]. Le corps érotique est dieu dans les signes de la ville. Il est cultivé et adulé non plus seulement comme moyen d'une relation à l'autre sexe, mais aussi pour le même sexe et encore plus pour soi-même. La forêt de symboles sexuels dans laquelle est immergé le Mexicain de la mégalopole ne peut être qu'un signifiant très efficace et opérant pour une mutation des rapports humains. Là encore, l'avenir est ouvert et il ne faudrait pas trop tôt crier à Sodome et Gomorrhe. Ces nouveaux signes maîtrisés peuvent tout aussi bien, après l'explosion libératrice, faire accéder à une salutaire redécouverte du corps et à l'éffacement des tabous.

(1)   J.J. Blanco, *Púberes canéforas* , op. cit., p. 131.

Quoiqu'il en soit, nous venons de le voir, l'univers sémiotique de la ville est bouleversé. Le code des langages et des relations est fondamentalement modifié. Pour en exprimer la portée et l'importance, c'est encore à J.J. Blanco que nous aurons recours : "Il fut ébloui par la ville et abandonna ses études pour les salles de cinéma, les vestes finlandaises, les radio-cassettes, les sur-boom dans des résidences faussement princières, les voitures, les motos... tout cela illuminé par l'éclat intermittent d'une piste de discothèque un samedi soir" [1]. Ou encore, et ce sera le meilleur résumé pour conclure sur ce nouvel univers signifiant : "Les ateliers se mêlaient aux maisons, les uns et les autres bardés du lexique à bon marché de la nouvelle ère urbaine : équilibrage, carrosserie et peinture en général, pièces de rechange, Esso, huiles et additifs, Quaker state, Mobil oil super ; poids et haltères, gymnase, arts martiaux, bains de vapeur, sauna, lutte et karaté ; réparation de téléviseurs, radios et centrifugeuses, machines à laver, revêtements de voitures, tacos, tacos, hotel, hotel, condensateurs, alternateurs, démarreurs, auto-radios..." tel est le paysage urbain dans le vertige de ses signes et de ses appels, de ses sollicitations au désir par un nouvel imaginaire et un vocabulaire nouveau. Qu'y lira l'homme de la ville immergé dans ce tourbillon, quels sens donnera-t-il à ses signifiants, quel contenu à ces contenants ?

LE CODE DES SIGNIFICATIONS ET DES MESSAGES : TELEVISION, TELENOVELA, FOTONOVELA

A signes nouveaux, nouveaux messages. Le rythme de vie, le contexte urbain d'un espace nouveau qui structure l'imaginaire, les progrès technologiques ont déterminé de nouvelles formes d'acquisistion du savoir, une nouvelle aire culturelle. En 1956 déjà, au moment où nous situons le point essentiel d'une mutation de civilisation, d'un passage vers une vie urbaine, José Luis Martínez [2] recensait le "magasin culturel" mexicain et faisait le constat d'une transformation significative dans l'organisation et la canalisation des savoirs.

_____

(1) Ibid., p. 44.
(2) J.C. Martínez, in _Revista Mexicana de literatura_ , n° 8, Déc. 1956, México.

Les canaux traditionnels, qui faisaient passer la culture d'une élite vers la masse des citoyens, étaient supplantés par de nouveaux médias : le livre, la revue laissaient la place au spectacle, aux véhicules culturels d'accès plus facile et direct, les images remplaçaient les idées. Le support des messages change et les messages aussi. J.L. Martinez s'alarmait : "Sommes-nous un peuple qui préfère la diversion à la culture?" 25 à 30 000 lecteurs achètent un livre tous les mois ; 2 ou 3 millions de personnes achètent des livres de poche dans les supermarchés, surtout des romans policiers et pornographiques ; les autres tirent leur univers culturel de la télévision, les bandes dessinées et les romans-photo. Pour les spectacles, sur les millions de places vendues en un an en 1956, 85 % allaient au cinéma commercial, 15 % au théâtre et aux divers festivals.

Le phénomène n'a fait que s'amplifier aujourd'hui. Une revue culturelle ou politique tire au maximum à 50 000 exemplaires et il y a beaucoup de bouillons d'invendus. L'éditeur littéraire Joaquín Mortiz a un tirage moyen de 3 à 5 000 exemplaires pour les romans, de mille à deux mille pour la poésie. Les éditions mettent plus de cinq ans à s'épuiser. La relation entre les créateurs d'une "haute Culture" et les classes moyennes est pratiquement nulle et le fossé ne fait que s'accroître. Tant pour le cinéma et le théâtre que pour les divers registres de littérature, il y a dans la culture urbaine mexicaine un énorme gouffre. D'un côté des intellectuels de haut niveau produisent une culture d'avant-garde qui circule dans leur cercle plus ou moins confidentiel, de l'autre une culture urbaine de masse de diffuse et s'étend avec d'autres thèmes et d'autres registres, soumise aux intérêts commerciaux et aux recettes de succès.

Là encore il ne s'agit pas de faire le constat d'une décadence, mais de signifier une évolution, une modification culturelle dont il faudra désormais tenir compte. Examinons les composantes essentielles de cette culture populaire urbaine, dominante quantitativement.

Le sentiment mélodramatique de la vie

Le roman-photo (rose ou noir) et les bandes dessinées, représentent la production "littéraire" la plus abondante et la plus lue : les éditions ELE, spécialisées dans ce genre de production, ont un tirage hebdomadaire total, pour plusieurs romans-photo, de 960 000 exemplaires. Ce chiffre se passe évidemment de tout commentaire si on le compare aux tirages de

Joaquin Mortiz. Ce type de culture est une industrie et un intrument important de domination idéologique et d'imprégnation de consciences. Ces romans-photo et ces bandes déssinées offrent à la population (à grande majorité urbaine) des produits qui signifient une réalité où les sentiments sont fondés sur le sexe, les relations sur l'agressivité et les élans sur les rêves de consommation stéréotypés.

Ce genre de production présente des situations, des gestes et des sentiments outrés, pour avoir de plus en plus d'impact et pour echapper à la monotonie que pourrait provoquer leur répétition. Roman Gubern a fort bien défini ce phénomène en le qualifiant de "réalité sur-maquillée émotionnellement", une surenchère d'intensité sur la vie quotidienne. D'autre part, ces revues et magazines, par la diffusion de "posters" (la sémiotique du "poster" dans la société urbaine mériterait une analyse plus circonstanciée, dans la mesure où la jeunesse s'en imprègne considérablement) contribuent à la mise en place et à l'adoration des "idoles" et des mythes qui promeuvent des types de comportement très spécifiques.

Dans les deux discours simultanés (verbal et iconique) de mélodrame populaire, le roman-photo et la bande dessinée "reflètent et signifient la fragilité et l'insécurité des humbles dans une société régie par de puissants demi-dieux et perçue comme immodifiable" (R. Gubern). Ce mélodrame à large diffusion est plus une lamentation qu'une revendication, les destins tragiques sont le fait d'une fatalité inéluctable dans le cadre des règles bougeoises. La typologie stéréotypée de ces productions est révélatrice : la femme est dans la plupart des cas un objet, comblé ou martyrisé, les enfants sont des fils prodigues qui, après une errance dans des voies marginales, reviennent, soumis, dans le "droit chemin", dans le giron de leurs parents qui sont dépositaires d'une sorte de droit divin. Aucune institution n'est remise en question, l'esprit critique est étouffé par une fatalité, la seule justification des élans est la conquête de la plus-value sociale représentée par la réussite matérielle dont les signes sont ceux de la société de consommation : environnement sophistiqué, voitures, confort, voyages programmés.

Notre propos ici n'est pas de faire une analyse exhaustive de cette littérature qui est celle de la mégalopole, nous renvoyons le lecteur qui voudrait mieux la connaître à deux ouvrages qui lui donnent toute sa signification : *Fotonovela rosa, Fotonovela rosa* , de Fernando Curiel (UNAM, 1978) ; *Mitos y Monitos, Historietas y fotonovelas en México* , de Irene Herner (ed. Nueva Imagen, UNAM, 1979), et bien entendu aux nombreux articles dans la presse de Carlos Monsivais et de José Joaquin Blanco sur la culture urbaine. Quoiqu'il en soit, le contenu thématique récurrent est identique à celui des feuilletons télévisés qui représentent l'autre face importante de la culture urbaine privilégiée, pour ne pas dire omniprésente.

Le droit sacré de verser une larme

Dans l'allégorie finale de son roman *Palinure de Mexico* , Fernando del Paso fait dialoguer ainsi Pierrot et la Mort Aveugle : "Pierrot: - Ainsi donc, Madame la ménagère, vous ne voyez pas ce qui se passe au Mexique, un pays où le revenu moyen n'atteint pas cinq cent dollars par personne et par an ! Ainsi donc, vous n'avez pas vu que le Mexique met sa jeunesse en prison, sa jeunesse qui n'est rien de moins que l'avenir du pays! Vous n'avez pas lu *Les fils de Sanchez* ? Le Mexique est un pays qui meurt de faim, Madame ! Vous ne l'avez pas vu ? La mort-aveugle : - Non, je ne veux pas voir, je suis aveugle. Et ne me faites pas perdre mon temps, il faut que j'aille regarder mon feuilleton télévisé !". Si la présence télévisuelle n'est plus à démontrer dans la société urbaine, les feuilletons télévisés occupent une place primordiale dans ce média. Alors que les émissions de "Haute culture" (tous genres réunis) représentent à la télévision 2,5 % du temps d'antenne, les feuilletons en représentent près de 7 %. Alors que pour les premières les indices d'écoute dépassent rarement 8 points (point: 400 000 spectateurs), des feuilletons tels que *Vanessa* ou *El derecho de nacer* ont près de 30 points. Sur les 4 chaînes de télévision, le téléspectateur peut voir tous les jours des épisodes de 15 à 18 feuilltons. Le nombre des épisodes de feuilletons témoigne également de la prédilection du public : *El derecho de nacer* a plus de 180 épisodes, *Vanessa* plus de 150. C'est dire l'importance quantitative de ce véhicule de Culture dans une ville comme Mexico.

Le gros succès du feuilleton télévisé est contemporain de l'apparition de la primauté de la vie urbaine. On en connaît les caractéristiques essentielles : il n'implique pas l'effort de conquérir le sens (celui-ci est pré-digéré, prêt-à-porter) il n'exige pas la conquête individuelle de solution à une problématique sociale ; il recherche d'abord la dramatisation et cette modalité est très importante. Alors que dans la création artistique on va du réel à la signification puis à l'éventuelle dramatisation cathartique, dans le feuilleton les termes sont modifiés : on dramatise d'abord le réel, *puis* on donne un sens à cette dramatisation qui devient ainsi un signifiant perverti. Le feuilleton utilise des recettes qui tiennent plus de la sérialité que de la création : des acteurs à succès, physiquement typés en fonction des critères iconiques du bien et du mal selon la mode. Le procédé dramatique est fondé sur l'*amélioration* (avec obstacles) qui mène au succès ou sur la *dégradation* qui conduit à l'échec. On obtient l'objet du désir par feuilleton interposé. Cet objet du désir n'est pas réel, il est situé dans l'absence. Ainsi nos réelles insatisfactions sont endormies et des satisfactions imaginaires sont provoquées. Les modèles traditionnels, plus ou moins reliés aux images nationales, inscrites dans une réalité concrète, sont remplacés par les mythes transnationaux. Il n'y a de communication que par délégation ou par identification imaginaire. Le téléspectateur a sa dose nécessaire de melodrame comme unique évasion. Les problèmes posés par la transformation sociale et les nouvelles données urbaines sont sclérosés et convertis en rigidité immobile par une singulière alchimie : le féminisme et la nouvelle fonction nécessaire de la femme devient "la libération de la femme décolletée et à la coiffure fashion, la mobilité politique est maquillée, la vie quotidienne est déformée, la beauté et les modes sont le principe de la modernité" [1]. Même s'il s'adresse à une catégorie sociale bien déterminée, les ménagères et les midinettes, le feuilleton télévisé diffuse, par contamination inconsciente, sur l'ensemble de la société urbaine un réseau idéologique, des images de comportement et des valeurs qui, par la fascination qu'ils exercent, modifient considérablement la perception des phénomènes sociaux réels et les données de la culture et du savoir.

Télévision et culture de masse

Car la télévision est bien sûr le facteur principal de la mutation culturelle. En particulier dans la ville où la trépidation quotidienne conduit davantage à un délassement passif devant des images qu'à un effort culturel édifiant. Carlos Monsiváis écrit : "Voilà où tu es parvenu, Mexicain. Les moyens de communication de masse sont le terminal du peuple : Tu es arrivé dans le labyrinthe des films infâmes, des stations de radio de musique "ranchera", alluvions de cumbias et d'ensembles infatiles, des feuilletons

---

(1)   Rafael Pérez Gay. "La telenovela", México en la Cultura, *Siempre* .

pour rêver dans les files d'attente des marchands de "tortilla". Voilà où tu en es et c'est tout ce que tu parviens à connaître de ta fameuse culture nationale" [1].

Le réseau de la télévision au Mexique (et les effet en sont redoublés dans la ville de Mexico) enserre directement ou indirectement la presque totalité de la population. Plus de 60 % des foyers possèdent un appareil dans le pays, le pourcentage est bien plus élevé dans la capitale. on peut dire que jamais dans l'histoire des sociétés un type de communication n'a été aussi envahissant. La télévision est plus que le pain quotidien, puisque 53 % des appareils sont en marche, en moyenne, par émission. Le temps d'écoute moyen est de 20 points, c'est à dire que les émetteurs ont en face d'eux de 8 à 10 millions de recepteurs, et ceci à longueur de journée ou presque.

Aucun type de discours jusqu'à nos jours n'avait eu le privilège d'un tel auditoire. Les Mexicains passent un minimum de 10 ans de leur vie devant leur téléviseur. Chez les enfants, les statistiques récentes montrent qu'ils regardent la télévision en moyenne 3 heures par jour et que l'information télévisuelle tend à supplanter la formation scolaire. Le Mexique est l'un des pays où le temps est le plus occupé par la programmation TV. La chaîne 2 s'énorgueillit même d'être la seule chaîne au monde à diffuser 24 heures sur 24. En dehors de la chaîne 2, les programmes commencent à 5 heures du matin et se terminent entre 2 et 3 heures du matin le jour suivant. Ceci pour la capitale, car la province ne bénéficie pas de la reception de toute la programmation, en particulier après minuit.

Cette occupation du temps, pour ne pas dire cette monopolsation du loisir, donne la mesure de la portée de cette source de culture dans la vie des citoyens. Les différentes chaînes (6 au total, dont une, la 11, ne diffuse pratiquement que dans la capitale) se répartissent plus ou moins les différents secteurs de la population ; elles se spécialisent en fonction de certaines cibles qui leur sont propres. Bien sûr, il y a des interférences, surtout entre les programmations des chaînes du monopole Televisa et celles du gouvernement et de l'Institut Politechnique. Mais on pourrait

(1)   C. Monsiváis, "Por 64 mil pesos", *Uno más Uno* , México, 15-1-83.

tracer aisément une carte des messages dont la variété de dessine sur un fond général de diffusion de l'idéologie "libérale" venue des Etats-Unis et de commercialisation des échanges télévisuels. A partir de statistiques effectuées en 1980 [1] on a pu tirer les conclusions suivantes sur les spécificités des différentes chaînes :

La 2 a pour but de satisfaire ou de promouvoir les intérêts de la classe moyenne, les traditions de valeurs et de vertus familiales ; elle s'adresse surtout aux femmes et aux foyers traditionnels : informations aménisées de variétés, films mélodramatiques et feuilletons.

La 4 a plutôt comme cible le public masculin des classes moyennes basses. Elle fomente l'alphabétisation et exalte les vertus nationales et un certain machisme : films d'aventures, en majorité mexicains, feuilletons et émissions de variétés où les danses "tropicales" ont une large place.

La 5 semble vouloir être une fenêtre sur le monde par la présentation d'émissions d'un niveau d'intérêt plus universel. Elle s'adresse en particlier aux adolescents : films et séries américaines policières et d'action, dessins animés.

La 8 s'adresse manifestement à un auditoire de classes plus aisées et plussoucieuses de culture. Ses programmes sont essentiellement constitués par des films apparemment assez récents, des événements sportifs internationaux (tennis, golf, football américain). La source est ici exclusiment nord-américaine.

La 11 , qui appartient à l'Institut Politechnique et dispose de moyens matériels bien moindres, est beaucoup plus conforme à une télévision fomatrice. Ses programmes visent surtout un public d'intellectuels : émis-sions éducatives, documentaires, information critique, cinéma de qualité.

La 13 enfin, la chaîne de l'Etat, semble hésiter sur ses orientations et l'on y trouve un peu tous les éléments des chaînes pré-citées, ce qui pourrait constituer une synthèse bénéfique mais tombe parfois dans une manière hybride de conduire les programmes, ce qui en atténue l'impact.

(1) L. Panabière : *Pouvoirs et Contre-pouvoirs dans la Culture Mexicaine* , GRAL, Toulouse, 1985.

Au total, une synthèse du contenu global de la programmation nous donne la carte culturelle suivante : en tête, et de très loin, se place la publicité, qui occupe plus de 35 % de l'horaire total. Viennent ensuite le cinéma (action, violence, sentimental) avec près de 23 %, l'éducation ou le documentaire culturel : 20 %, mais à des heures de faible audience ; le sport : 14 % et l'information : 10 %. Ces 5 domaines occupent la tranche la plus importante du temps d'antenne.

Une deuxième tranche, moins importante, est constituée par les dessins animés, les feuilletons, les séries américaines et les variétés. Viennent enfin des émissions occupant un temps bien plus réduit : culture (littérature, arts, musique, théâtre), jeux télévisés, politique, événements nationaux et internationaux exceptionnels.

Telles sont les grandes lignes, même en tenant compte de la méfiance nécessaire vis à vis des statistiques, du profil de la télévision et des messages reçus dans la ville de Mexico : une présence envahissante, des chaînes dont les cibles sont précises, une programmation qui privilégie le rendement, l'appel à la consommation, le divertissement conçu trop souvent dans le sens du détournement.

Le bilan pourrait conduire là encore à un certain pessimisme, à la constatation d'une dégradation culturelle et à celle d'éffets nocifs sur la santé culturelle d'une nation. Certes, l'industrialisation culturelle et les dépendances qu'elle implique, la dénationalisation bizarrement conjointe au chauvinisme, le danger de l'aliénation que beaucoup d'observateurs dénoncent sont des réalités impossibles à éluder. Nombreux sont ceux qui s'alarment. Dans une lettre adressée à *Proceso* , hebdomadaire politico-culturel, une assemblée de pères de famille, en janvier 1983, accuse la télévision : "de faire disparaître les valeurs culturelles traditionnelles ; de promouvoir l'aliénation de la société mexicaine qui oublie sa réalité ou la perçoit distorsionnée ; de faire perdre aux citoyens leur sens critique : la télévision est "parole d'évangile" ; d'engourdir les facultés individuelles ; de faire perdre l'imagination et la créativité par les solutions magiques apportées aux problèmes ; de montrer une irrationnelle acceptation de la violence comme moyen naturel d'atteindre un but ; de provoquer l'incommnication dans la famille ; de présenter la femme comme un être soumis ; de provoquer l'acquisition d'habitudes alimentaires nuisibles et coûteuses ; de mal informer, par la diffusion de nouvelles partielles et distorsionnées au bénéfice d'intérêts obscurs ; enfin, d'introniser des modèles de comportement et de consommation absolumment irrationnels dans le contexte Mexicain".

La liste des chefs d'accusation est longue et paraît accablante. Pourtant s'alarmer ne signifie pas se désesperer et la lucidité ne doit pas conduire, bien au contraire, à se réfugier dans un comportement réactionnaire de nostalgie du temps passé et à un sentiment d'apocalypse. Les moyens de communication de masse, nouvelle bible de la société urbaine mexicaine, n'ont pas que des aspects négatifs. Ils ont aussi contribué, comme le souligne Carlos Monsiváis, à unifier les recepteurs des messages autour d'une même problématique, à liquider les scories féodales, à diffuser et à proposer à la reflexion les informations essentielles sur le Mexique contemporain et sur le monde entier.

Une "lucarne" est aussi une fenêtre couverte sur les autres. Il faut aller au-delà des conclusions apparentes sur l'aliénation. Le fait que les enfants de la capitale connaissent davantage Superman que les héros de l'histoire mexicaine, le logotype d'une marque de chewing-gum plus que les emblèmes nationaux et les horaires des dessins animés plus que les grandes dates des conquêtes du passé, est peut-être déplorable, mais ce n'est pas le fond du problème. En 1885, Altamirano déplorait déjà la méconaissance par le peuple de sa propre histoire alors qu'il connaissait parfaitement tous les miracles du catholicisme.

La religion aussi, a-t-on dit, fut un "opium du peuple". Il y a un risque à conférer aux moyens de communication de masse une action uniquement lenifiante, voire abrutissante. Certes, ils imposent des modes, modifient ou pervertissent des élans individuels ou collectifs, poussent parfois à un appauvrissement des ressources culturelles du pays, mais ils ne sont pas la cause de l'immobilisme politique de certains pouvoirs, ni du refus de toute participation démocratique, ni de l'origine de la dénationalisation économique et des dépendances de nombreux secteurs ; ils en sont le reflet. Or un reflet est un "rapport", une image qui peut permettre une distanciation, une prise de conscience de phénomènes et leur analyse. La multiplication des données à la conscience n'est pas inéluctablement l'étouffement de la personnalité. La preuve en est qu'elle peut nous "alarmer", c'est à dire se signaler à nous pour que nous en interpretions les signes afin de les évaluer, les assumer et les intégrer à un dynamisme social sans nous laisser paralyser par leur encombrement.

CODE DES MODELES ET DES MYTHES : PUBLICITE

Les signes et les messages sont en mutation dans la grande ville. Par conséquent, les modèles qu'ils définissent, les mythes qu'ils élaborent et mettent en place, sont l'image d'une civilisation nouvelle, de nouvelles aspirations, de nouveaux désirs et d'élans, d'autres identifications formatrices de personnalité. Roland Barthes a suffisamment montré dans *Mythologies* les transformations mythiques de l'époque contemporaine urbaine, mais c'est dans une mégalopole comme Mexico, qui assimile et digère encore plus rapidement ces phénomènes (comme tout pôle d'exemplarité) que nous pouvons voir apparaître le plus clairement ce nouvel univers de stéréotypes offerts. Toutes les expressions culturelles dessinent des modèles de comportement sociaux, de la littérature au cinéma et à fortiori à la télévision, mais c'est dans la publicité, dégagée de toute origine réaliste (puisqu'elle ne *signifie* pas une réalité mais *construit* une réalité signifiante) que nous pouvons voir le plus clairement les caractères essentiels des stéréotypes conducteurs des comportements urbains. Dans une excelente analyse du langage publicitaire mexicain [1], Jean Jacques Pécassou a démontré que les "étoiles de première grandeur" qui brillent au ciel de l'argumentation publicitaire mexicaine sont : modernité, technicité, féminité, virilité, junénilité, fiabilité, naturalité, sportivité, érotisme et mode. Le grand signifié du message publicitaire est le bonheur, le grand but à atteindre est la puissance, le grand instrument est l'érotisme. "La publicité vit des présuppositions et des mythes qu'elle a contribué à forger: bonheur, progrès, jeunesse, abondance. Puissant instrument de standardisation psychologique, elle prescrit la promotion d'un idéal commun et de stéréotypes humains communément acceptés" [2].

Ces stéréotypes sont d'abord des modèles morphologiques, c'est à dire qu'ils représentent invariablement tous les signes physiques de ce que le publicitaire veut qu'ils soient. Ils sont aussi des modèles caractériels et sociaux. Une enquête menée par la faculté de sociologie de l'UNAM, enquête malheureusement inédite, établit la liste des prototypes actuels de

---

(1) J.J. Pécassou : *Le langage de la publicité à Mexico* , Thèse ronéotypée, Mexico, 1973.
(2) Ibid.

11 Mythe: publicité
Intense pression de la vente et des firmes dans l'espace urbain.

la jeunesse mexicaine. Les modèles sont ceux qui bénéficient de la puissance, de la richesse et de l'impunité ainsi que ceux qui s'opposent au pouvoir établi et qui offrent une valeur de défi. Les stéréotypes masculins ont le physique du chef d'entreprise : de type européen, il est grand, a le teint blanc, et s'il porte une moustache, elle est de type britannique plus que latin. Nous sommes loin de l'iconographie zapatiste des années 30. Il porte fort bien la quarantaine d'années, habite la capitale et vit dans les quartiers résidentiels. Ses vêtements : à la fois sobres et audacieux ; le mobilier de son bureau, à la fois classique et moderne. Tout cela ne va pas sans quelque narcissisme et un goût du risque. Ses loisirs sont consacrés à l'exercice de sa force, avec une nuance de sauvagerie qui, sans exclure le raffinement, démontre sa jeunesse intacte. Il fait du ski nautique et de la planche hawaienne. Mais il a aussi des responsabilités familiales. Marié, il supporte avec le sourire les reflexions jalouses de sa femme à propos des secrétaires, de ses dîners d'affaires, de ses voyages professionnels. Sauf de rares preuves de tendresse véritable, ses rapports avec sa femme se limitent d'ailleurs à des cadeaux chers, à des voyages internationaux et à des séjours dans des hôtels de luxe. Quel consommateur ne se reconnaîtrait pas dans ce masque flatteur où l'argent, la volonté, l'indépendance de caractère, la jeunesse, l'élégance et le sens des responsabilités s'unissent pour solliciter la projection ?

Le stéréotype féminin, outre quelques caractères communs aux précédents (richesse, beauté, jeunesse), ne travaille pas et pourtant elle s'agite beaucoup dans des relations mondaines et publiques : shopping, visites et receptions, toujours très socialisées, toutes activités absorbées dans le paraître. Car le paraître est la grande affaire de ces modèles. Ils font appel à la vanité du consommateur ou du spectateur et lui proposent une sorte de nivellement par le haut, en leur présentant les biens de consommation comme des biens de prestige. Ce que Vance Packard appelle, à propos de la publicité immobilière aux USA : "Un chez soi pour les autres" n'est qu'un aspect de cette tendance à présenter les produits comme des indices de condition sociale, invitant le consommateur à s'entourer des symboles visibles de sa situation socio-économique, ou de la situation à laquelle il aspire. L'"American way of life" fonctionne à partir du relais représenté par une classe sociale, le "jet set" à laquelle toute classe moyenne tend à s'identifier pour donner un visage à sa réussite sociale, à l'amélioration de son "standing".

Parallèlement à ces modèles sociaux, à ces stéréotypes fascinants, moteurs de toute activité sociale, la vie urbaine offre, à travers la presse surtout, mais aussi la littérature populaire et les bandes dessinées, des symboles et des mythes qui modèlent l'idéologie de la jeunesse, avide d'accéder, par quelque voie que ce soit, à la puissance, à la richesse et à la beauté. Dans la mesure où tout événement urbain devient spectacle, et que tout spectacle a un contenu émerveillant qui conduit à l'identification, la diffusion par les médias et leur célébration de concerts de variétés et de match de foot-ball, accompagnés de reportages sur la vie privée des acteurs, des joueurs ou des chanteurs fonctionne comme une puissante fabrique de mythes.

Ces personnages incarnent le merveilleux moderne, le conte de fées de notre siècle. Leur réussite miraculeuse est un miroir aux alouettes qui absorbe la jeunesse et la détourne souvent de préoccupations quotidiennes ou civiques. Le mimétisme avec la "star" du sport, de la chanson ou du théâtre fonctionne chez les jeunes, au physique comme au moral, à grand renfort de posters et de magazines. Les "vies de Saints" exemplaires d'un autre âge sont maintenant remplacées par les autobiographies des vedettes du star-système qui présentent une autre exemplarité. Celle de la réussite mondaine, fulgurante, qui, par un coup de baguette magique et sans exiger beaucoup d'efforts ou un minimum d'honnêteté, vous projette au premier plan de la réussite sociale et de la célébrité. Nou trouvons dans le roman de José Joaquin Blanco, *Púberes canéforas* [1], la parfaite illustration de cette fascination pour les mythes nouveaux : "Sa vie était illuminée par la splendeur urbaine de l'argent et il attendait sa chance, il attendait le moment d'occuper sa place parmi les beaux demi-dieux des penthouses et des clubs privés, avec des avions particuliers pour les fins de semaine à Houston... ces demi-dieux avec des chèques pleins de millions et des voitures de sport (...). Il n'a jamais vu un vrai riche, mais il a cru dès son enfance aux images brillantes que donne des riches la publicité pour la consommation des pauvres. Il les imagine comme des personnes grandes, robustes, blondes pour la plupart, tous très sains et très bons (...). Il pourrait un jour s'associer à l'un d'eux et alors il deviendrait riche à son tour, avec plus de loyauté et de talent que tous les imbéciles de fonctionnaires ; et ainsi lui-même se convertirait en dieu entre les dieux".

(1) J.J. Blanco, op. cit.

On ne peut mieux exprimer le fonctionnement de la mythologie urbaine dans l'imagination d'un jeune de la ville, qui fonde son existence sur le rêve d'atteindre "cette perfection humaine dans la plénitude de vies intenses dans toutes leurs minutes : une éternisation des gestes de félicité surhumaine des garçons les plus beaux et des plus belles filles, modèles qui lui sont présentés dans les spots publicitaires les plus sophistiqués de la télévision".

Mais quand l'un des mythes imaginaires se trouve par hasard incarné dans un être réel, la force d'attraction du mythe est encore plus puissante. C'est le cas des vedettes de la chanson, du foot-ball ou de la boxe. Et quand le personnage en question, mythifié par la réussite due à sa voix, à ses pieds ou à ses poings est parti de très bas dans l'échelle sociale, la faculté d'identification et la force mimétique est bien plus forte. C'est la possibilité incarnée du miracle. C'est le cas de Rubén Olivares, devenu champion du monde de boxe alors qu'il est issu du quartier prolétaire de Tequito. Il présente l'avantage d'avoir acquis avec ses poings la richesse, les automobiles de luxe, le respect des autres, la projection internationale et le succès auprès des femmes, tout en conservant sa personnalité gouailleuse, son parler argotique, ses goûts prolétaires pour les bagarres, les beuveries et les orgies, son anarchie et sa désinvolture vis à vis des pouvoirs. Ce côté "humain" de citoyen urbain le rapproche de ceux qui rêvent d'être lui et rend réelles les aspirations au miracle de ceux qui se reconnaissent dans sa personnalité. Rubén, "El gran púas" a conscience d'être un mythe. Il a déclaré à Angel Garibay : "Avec moi, ils se gonflent tous ses connards" ; nous ajouterons : "comme la grenouille de la fable". Dans sa confession à Olga Durón, le Pelicán, le "Porro" déclare : "Eh bien, moi, à une époque j'ai fait mon idéal de Rubén Olivares, de ses extravagances, de le voir mettre le bordel partout, et de voir que pourtant il continuait à être champion du monde. On critiquait la vie licencieuse qu'il menait, mais lui cependant montait sur un ring et Poum ! avec facilité il leur mettait dans l'os. Avec ça il supprimait tout le mal qu'on pouvait dire de lui. Même maintenant tu vois bien que c'est un prototype de... de... eh bien des gars de la rue, non ? drogué à la mariguana et tout, non ?... Modèles et Mythes urbains bouleversent l'univers symbolique auquel la tradition nous a habitués. Si cet univers nouveau se révèle aujourd'hui dans sa négativité, c'est encore une fois parce qu'il est dans sa phase de mutation. Cette crise signifie surtout le caractère caduc des anciens modèles et la recherche encore tâtonnante des modèles de comportement du futur. La structure fondamentale des différents éléments de la culture urbaine est dans ce domaine encore une fois révélée.

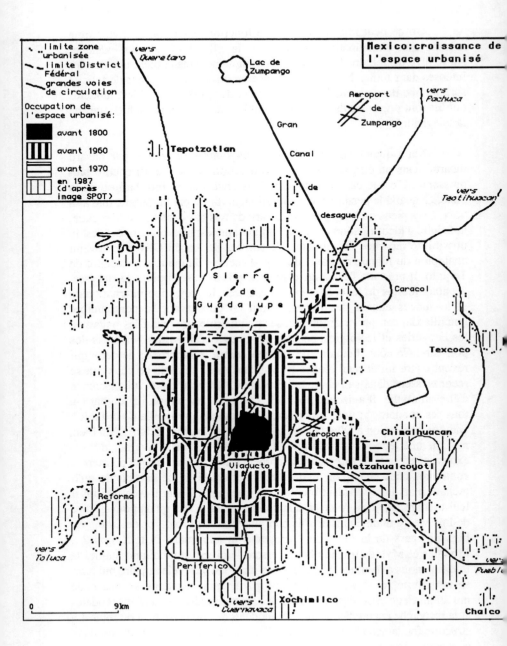

Mexico:croissance de l'espace urbanisé

limite zone
urbanisée
limite District
Fédéral
grandes voies
de circulation

Occupation de
l'espace urbanisé:

■ avant 1800

▥ avant 1960

▤ avant 1970

▦ en 1987
(d'après
image SPOT)

vers
Queretaro

Lac de
Zumpango

Aeroport
de
Zumpango

vers
Pachuca

Gran

Canal

Tepotzotlan

de

desague

vers
Teotihuacan

Sierra
de
Guadalupe

Caracol

Texcoco

aéroport

Chimalhuacan

Viaducto

Netzahualcoyotl

Reforma

vers
Toluca

Periferico

vers
Puebla

vers
Cuernavaca

Xochimilco

Chalco

0   9km

180

CHAPITRE VI

LE TISSU SANS FIN

Mexico n'ayant pas, à l'échelle mondiale, une puissance économique exceptionnelle et l'Etat mexicain n'ayant jamais avoué que son but était de faire croître sans fin sa capitale -et prétendant même depuis 1970 qu'il souhaite le contraire-, il nous faut chercher quelle logique interne dans l'usage du sol urbain a permis cette expansion auto-entretenue que même la crise établie depuis 1982 n'a peut être que partiellement freinée.

Signalons d'abord que cet espace urbanisé dans un quadrilataire de 40 Km de côté peut être délimité physiquement car il dispose d'une continuité qui se distingue des zones qui l'entourent. Une telle délimitation a peut être cessé d'être possible dans des villes de même taille générées par des économies beaucoup plus puissantes, comme New York ou Tokyo où la contiguité physique n'a plus le même sens. Ici la frange urbaine a une physionomie propre, qui n'est pas celle des localités alentours, même si nous avons pu dire dans les années 1960 que les bas quartiers urbains de Mexico étaient "semi-ruraux" de par leurs ressemblances avec les habitations des pueblos traditionnels. Et de nos jours au contraire c'est la transformation croissante de ces mêmes pueblos qui les fait ressembler aux bas quartiers de la ville. Malgré cette incertitude, le mécanisme du lotissement urbain nouveau, l'improvisation des services insuffisants qui lui sont indispensables, marquent le paysage de la ville, en opposition avec un paysage rural hérité qui survit pour l'essentiel hors de celle-ci.

Cet espace urbain se conçoit physiquement, visuellement, comme un ensemble de milieux de vie formant une marquetterie de quartiers dont nous esquisserons la typologie, plus ou moins contrastés, nuancés, ou monotones, mais aussi comme un ensemble de systèmes fonctionnels générés par les firmes, par les services publics, par les citoyens baignant dans des réseaux de sous-emploi. Insistons sur la pluralité de ces systèmes fonctionnels qui s'inscrivent dans l'espace, sans qu'en aucun cas on puisse prouver que l'un d'entre eux commande les autres. De même les quartiers de la marquetterie ne forment pas des ensembles cohérents qui seraient exclusivement et directement dépendants des firmes, de l'Etat ou du sous-emploi : l'interdépendance entre systèmes de gestion et espace concret est réelle, mais partielle et ambiguë.

Ainsi l'interprétation de l'espace urbain qui s'impose à nous est celle d'un assemblage, d'un bricolage, entre plusieurs systèmes fonctionnels : les mailles du filet sont faits de plusieurs sortes de fibres et elles enserrent une réalité partiellement amorphe, mais qui réagit à ces systèmes.

L'ECHO DES CITES PERDUES

Paradoxalement, la moitié au moins du sol urbain permet à quelque deux tiers de *chilangos* -les pauvres bien sûr- de se loger dans une illégalité généralement durable, ou de profiter d'un légalité douteuse. L'image des immenses quartiers pauvres périphériques s'identifie avec l'installation des familles attirées -par un leader ou par une société de lotissement, grâce au bouche à oreille ou grâce à une publicité ouverte- sur des terrains qui n'appartiennent ni à ceux qui les cèdent, ni à ceux qui les acquièrent. Pas ou peu de services bien sûr et l'image obsédante du bidonville. Cette image dure plus longtemps qu'une réalité qui se modifie en une ou deux décennies, comme le montre ci-dessous la description du plus vaste "bidonville" du continent américain, Netzahualcoyotl, et son reflet dans la littérature et la presse.

Illégalité, cela veut-il dire conflit et violence ? Beaucoup moins que ne le laisse paraître une analyse de la presse. Celle-ci recense et met en première page depuis des années les chocs qui se produisent principalement dans les quartiers pauvres des bordures sud et sud-est de la ville, au sein du District fédéral, et à proximité des quartiers aisés : protestations et mouvements de solidarité pour faire créer ou améliorer les services d'eau, égouts, ordures, autobus, soutien à ceux qui risquent l'expulsion. Les déclarations, motions, reportages se répetent à propos d'Ixtacalco, de la bordure de l'Ajusco et de divers quartiers proches. Tout près du centre, les quartiers pauvres de la "ceinture de taudis", constituée dans les années 1940 et 1950, ont pour symbole Tepito où les conflits existent certes, mais principalement pour évaluer, discuter, faire échec aux projets des urbanistes de remodeler et moderniser un espace urbain pauvre, mais aménagé et profondément intégré à la ville : ce n'est pas le dénuement

qui fait image ici dans la presse ou le roman, mais l'impasse économique supposée des activités "marginales" comme l'impasse juridique des loyers "congelés" et de la dégradation du capital immobilier.

Mais la masse pauvre et surtout celle qui ne cesse de s'accroître n'habite pas ces secteurs de l'agglomération : elle est au nord et à l'est dans les municipes de l'Etat de Mexico, dont seul celui de Netzahualcoyotl est célèbre par sa masse. Nous sommes ici loin du coeur de la ville, loin plus encore son foyer intellectuel autour de la Cité Universitaire et hors du District Fédéral : de quoi décourager bien des curiosités; mais en outre si bien peu de conflits y font les titres de la presse, c'est d'une part parce qu'ils ne sont peut être pas très fréquents, d'autre part parce que les lois du silence de la politique locale laissent ici rarement émerger la protestation, puis l'arrangement ou la répression.

Ainsi à Mexico l'espace des pauvres, sans grand bruit, est majoritaire dans l'espace urbain. Qui a payé cette urbanisation ? Un peu l'Etat, mais après coup et le moins possible, pour des services minimaux et bricolés. Surtout les gens eux-mêmes, qui ont acquis leur parcelle. Mais cette acquisition fut rarement un achat au prix d'un marché foncier unifié et de ce fait, justement, ce terrain fût peu coûteux, parce qu'illégal : un des principaux freins "rationnels" à la croissance urbaine s'efface, celui du prix du sol, croissant avec la taille de l'agglomération.

On pourrait objecter qu'il s'agit là d'un fait banal dans le tiers monde et qu'il n'a aucune pertinence particulière pour expliquer que Mexico soit la plus grande ville du monde. Il nous semble au contraire qu'ici s'impose une réalité unique sur le continent américain (mais qui certes est courante en Afrique, à des dimensions beaucoup plus modestes) : l'enracinement en ville d'un droit foncier communautaire que la législation libérale du XIXe siècle n'a pu extirper. Les communautés rurales indigènes de l'Anahuac, puissantes et denses, protégées par les moines et par la couronne, ont survécu dans leurs terroirs ; et la réforme agraire de la Révolution mexicaine dans les années 1920 et 1930 a élargi leur espace rural théoriquement inaliénable qui en tout cas échappe au marché foncier

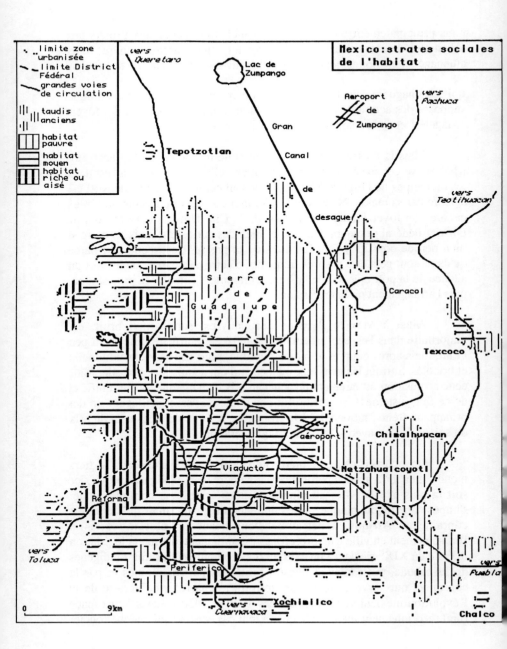

Mexico: strates sociales de l'habitat

184

légal, et ceci d'autant mieux qu'elles vivaient aux portes de la bureaucratie de la capitale. Si bien que du sol urbain de l'agglomération, environ la moitié, entre propriété de l'Etat, tenures des communautés, dotations de la réforme agraire, échappe à la "gestion capitaliste" stricte.

A partir de cette situation, la ville des pauvres et de l'économie "marginale" a pu croître grâce à l'incertitude de la loi et à sa violation systématique dont on peut penser que, dans le système mexicain, elles représentent en fait une sorte de Droit spécial des pauvres, parallèle à celui des riches, et grâce auquel l'Etat laisse s'amortir les chocs de la société. Certes les leaders, les caciques, les échelons successifs du système politique et administratif, font payer aux pauvres le droit au sol urbain : mais beaucoup moins cher que "le marché". Et pour les services, le quasi demi siècle de prospérité à la porte des Etats Unis et la politique populiste ont permis d'y pourvoir, aussi médiocrement que ce soit comme on l'a vu au chapitre III.

Le grave problème de l'occupation des sols et du déficit du logement trouve un écho dans la presse, abondamment, puisque c'est aussi un enjeu politique, et à une moins grande échelle et tout récemment, dans la littérature.

Ce qui ressort de l'image donnée par la presse sur ce thème, outre des chiffres laconiques mais éloquents -"déficit de logements dans la ville : 800.000 ; surface de terrains "vagues" utilisés à des fins spéculatives : 77 km^2 (*Nexos* 1986)-, c'est l'inextricable mélange qui s'est fait au niveau de la propriété des terrains : terrains "ejidales", repris par le privé ou par l'expropriation, superposition de propriétaires ; difficultés pour la magistrature, lente et lourde, à déterminer quel papier est valable; difficultés pour le D.F. à prouver légalement sa propriété! Le 22 août 1984, l'*Excelsior* ironise : Marcelo Javely Girard, Secrétaire du développement urbain et d'Ecologie, révèle que 152.000 terrains faisant partie du patrimoine immobilier fédéral présentent des irrégularités juridiques. L'auteur de l'article souligne la difficulté de mettre en pratique un projet de décentralisation et de gel de terrains réservés aux espaces verts.

Il arrive qu'on déloge, à l'aube, en les emmenant dans des fourgons cellulaires, les "irréguliers", installés parfois depuis des années. Au problème de la propriété du sol est liée toute l'"industrie de l'invasion" contre laquelle le Régent Aguirre veut lutter. Tous les journaux de la capitale dénoncent la non-application des lois, les fraudes, corruptions et tolérances. Pourtant, une fois réglés les problèmes légaux de la propriété de l'espace, les habitants groupés sur un terrain se réunissent pour se mettre à l'autoconstruction. Cette construction-castor se fait souvent à grande échelle, comme à Ixtapalapa où 1300 familles ont uni leurs ressources pour s'entraider à construire. On remarque d'ailleurs dans la presse, comme le souligne Cristina Pacheco et comme on peut le constater sur les photos du journal *Metrópoli* , que les femmes sont souvent les plus actives dans ces solutions auto-gérées concernant le logement. Mais la construction se réalise lentement, selon les ressources. Souvent, l'absence de respect de la loi occasionne des conflits. A Tlalpan, un terrain a été octroyé pour auto-construction aux habitants de Ampliación Isidro Fabela en juillet 1968. Le terrain n'a pas été construit et il est occupé actuellement illégalement par d'autres familles.

Pour ce qui est du logement, la presse est souvent polémique. Quand le département du District Fédéral annonce des programmes de construction, aussitôt les journaux en démontrent le caractère utopique ou fallacieux, en particulier ceux qui présentent une sensibilité centriste, voire de droite. Dans *Novedades* ou *El Heraldo* les éditoriaux prétendent que la seule solution est le retour à l'investissement privé, réalisé par des promoteurs connaissant les techniques d'investissement et les lois, et ils réclament l'abstention totale de l'Etat en matière de construction. Sur ce thème, lié à l'urbanisme, la plupart des articles montrent à quel point toute solution en ce domaine, même réalisée, est insuffisante en raison de l'afflux incessant de population et de la naissance des nouvelles générations au sein de celle-ci dans la capitale. A ceux qui prônent l'occupation de la "verticalité", le journaliste Eduardo Rincón Gallardo oppose la difficulté dans la trame urbaine existante d'offrir des services publics à tant de personnes. Il propose la verticalité limitée à des tours de dix étages, la réorganisation et le déplacement de population à l'intérieur de la zone urbaine ; des espaces écologiques ; la division du District Fédéral en huit centres urbains à échelle plus humaine ; et avant tout, à court terme, la réalisation d'un "anneau de sécurité" autour de la métropole pour prévenir et empêcher les installations irrégulières.

La concentration industrielle et commerciale est mise en cause. Les éditorialistes approuvent les projets de décentralisation, mais mettent en doute la réalisation du programme. Munguía Huato (*Uno más Uno* , 2-IX-84) titre : "Programme national de développement urbain, de logement et d'écologie : la politique de l'urbanisme-fiction". Il se demande si ce programme n'est pas de "la rhétorique populiste" dans la mesure où il ne propose aucune solution concrète pour les deux problèmes de fond du District Fédéral : 1) Une solution pour les secteurs de la population qui n'ont d'autre recours que la prise de possession de terrains urbains pour construire eux-mêmes leur logement ; 2) Une loi sur les loyers qui soit réellement une régulation. Car dans le domaine des loyers, les journaux dénoncent l'anarchie la plus totale, souvent même l'absence de contrat. Depuis les années 1940, le gouvernement a "gelé" les loyers, et les propriétaires ont refusé de faire les réparations nécessaires. Au moment du séisme de 1985, l'argument des logements détériorés pour cette cause a été largement repris et a constitué un fond d'accusation.

Il ressort en général des articles de presse sur le logement que le déficit accumulé est tel qu'il est impossible de le combler. La presse insiste sur l'énormité de la tâche à accomplir dans une structure sociale qui ne change pas alors que c'est à elle qu'il faudrait s'en prendre plutôt que d'essayer vainement de porter remède à ses effets. En matière de logement urbain, comme le souligne Munguía Huato dans l'article précité, "la spéculation sur les sols et sur les matériaux de construction n'est pas la cause mais l'effet d'une réalité sociale qui pèse lourdement sur *un programme de bonnes intentions* ".

Dans le domaine littéraire, l'écho de ce grave problème urbain est moins apparent parce qu'il est technique, ponctuel et surtout politique. Toute oeuvre qui évoquerait ces conflits entrerait d'emblée dans le genre pamphlétaire et journalistique. On chercherait aussitôt les clés du reportage. Pourtant, dans la tendance actuelle qui a comme nous l'avons vu son origine dans le new-journalism et qui s'attache à donner la parole à des individus situés dans des classes sociales afin de constituer une "littérature-vérité", on peut trouver l'écho de ces occupations aléatoires du sol urbain. Jaime Reyes, dans *La Oración del Ogro* , essaie de réaliser un "Portrait de Société", ou de dépeindre "les cendres d'une ville asphixiée par la poussière et la fumée de ses paroles". Pour cela il a procédé à des entrevues de plusieurs personnes du prolétariat urbain de Mexico et a réalisé un collage avec ces discours croisés qui sont des impressions flashes particulièrement révélatrices. Parmi les inquiétudes évoquées et les plaies de leur vie urbaine, ces personnages reviennent souvent sur les déplacements urbains et les inconvénients physiques et moraux qu'ils entraînent. L'un d'entre eux parle de sa vie "d'un côté et de l'autre" qui ne lui permet pas de se fixer et de considérer famille et foyer comme points fixes dans le mouvement de la ville : "chaque huit jours ou presque un nouvel abri, et là-bas un miroir de foyer". Comme beaucoup de ses congénères, il vit mal le déplacement, même si c'est pour aller vers des logements plus décents : "Ils ont tout rasé, ils ont fait du mal... on est parti parce qu'on devait avoir des logements plus commodes. Où sont-ils ? Beaucoup d'entre nous ont été frustrés. On les a chassés d'où ils étaient et on les a mis dans des loyers plus chers, dans d'énormes édifices... c'est une combine". Il a cependant conscience de la possibilité d'une action commune : "Si nous nous unissions, nous aurions la force avec nous". On retrouve le même discours dans les paroles d'un autre intervenant : "Ils ne détruisent pas encore, mais ils commenceront bientôt. Il n'y aura plus de "vecindades", il n'y aura que des cités, de grands édifices à quatre mille de loyer ; et ça ne sert à rien. Et pour celui qui gagne le minimum vital ? Alors nous partons par force. Ces logements seront pour ceux qui peuvent. A moins qu'on ne fasse une grève des locataires. Mais tous se laissent faire, ils sont idiots. S'ils avaient des tripes, aucun pouvoir n'en viendrait à bout... Qu'on nous loge là où nous vivons, qu'on nous fasse une maison ici. Que le Gouvernement se le propose et qu'il le réalise... Nous avons peur des cités. Certains d'entre nous pleurent quand il faut y aller. Ça fait mal. Laisser sa maison et ses voisins. On a peur... Mais ils démolissent. Quand le toit sera tombé, nous nous réunirons, nous nous battrons, nous ne nous laisserons pas faire".

Un troisième personnage se plaint des conditions lamentables d'existence dans les logements populaires : "Dans nos cités perdues, les patrons sont voraces ; nous campons, quinze "Marías" dorment à même le sol. Il y a des ornières, des tuyaux d'égout en très mauvais état, cassés, des fils électriques dénudés, des ordures, des pierres partout... le Gouvernement a donné de l'argent, mais ils l'ont dépensé pour des fêtes. Le Gouvernement s'en fout ; c'est l'un des problèmes les plus importants qu'il a provoqués : fichez le camp et débrouillez-vous. Il savait qu'il y a un déficit important et qu'ils ne trouveraient pas de logement". On voit bien l'importance de cet état de fait. Les occupants des terrains vagues sont exploités, le plus souvent chassés et ce déracinement continuel provoque un état d'insécurité, de méfiance envers le Pouvoir qui promet mais ne donne guère. Quand des logements neufs sont réalisés, soit ils sont trop éloignés de leur lieu de travail, occasionnant des frais de transport insupportables ; soit les loyers sont trop élevés pour être pris en charge. Pourtant, là encore, malgré -ou peut-être à cause de- la prise de conscience d'une triste condition de paria, on voit poindre le sentiment de la solidarité possible et efficace pour défendre des intérêts communs. L'étape de la passivité, de la soumission à une fatalité sociale est dépassée. La recherche des remèdes passe par une réaction commune contre l'anéantissement par la machine urbaine. Le fondement d'une structure de comportement s'établit et ouvre

une voie pour des conduites futures où l'homme de la ville n'est pas l'objet indifférent d'un pouvoir qui le dépasse, mais le sujet d'une renaissance des cendres de la cité détruite.

LA MEXICO TEXANE ET CALIFORNIENNE : ARGENT DES RICHES ET LARGES CLASSES MOYENNES

Si le façonnement de la ville des pauvres est ce que nous venons de décrire, plutôt que de partir de l'hypothèse selon laquelle en économie de marché -cas mexicain- la logique du capital régit globalement l'urbanisation, mieux vaut imaginer dans quels secteurs cette logique fonctionne réellement à Mexico. En ce qui concerne le modelage de l'espace urbain proprement dit, elle ne façonne qu'un petit nombre de portions de la ville, au long d'une série d'axes utilisés et réutilisés au cours d'une histoire qui dure depuis un siècle. De l'Alameda à la banlieue ouest, le Paseo de la Reforma attire successivement les villas de luxe, les ambassades, les immeubles de bureaux. Au contact de la plaine et des collines de l'ouest, la voie ferrée nord-sud vers Cuernavaca avait attiré des fabriques. Son tracé, repris par la première tranche du boulevard périphérique, attire un habitat de qualité. A sa terminaison nord s'épanouissent successivement les ensembles de lotissements aisés de Ciudad Satélite (début des années 1960) puis ceux de Cuautitlan Izcali (milieu des années 1970). Sur ce même axe, les transports vers les Etats Unis localisent une série de zones industrielles sans rivales, dans les municipes de Naucalpan, Tlalnepantla et Cuautitlan. Enfin, du centre-ville vers le sud, les avenues parallèles de Insurgentes Sur et de Tlalpan, jusqu'aux anciennes bourgades de San Angel, Coyoacan, San Gerónimo et Tlalpan, desservant les lotissements de classes moyennes et riches, jusqu'à la Cité Universitaire d'abord, puis au-delà jusqu'à la portion sud du boulevard périphérique. Parfois de petits ensembles d'industries modernes non polluantes s'intègrent à ces quartiers. Toujours, selon le coût des terrains et la disposition des vois de circulation, le tissu général de villas se densifie en une série de points forts : immeubles de bureaux plus que d'appartements et centres commerciaux ceinturés de leurs stationnements forment un urbanisme texan ou californien classique et sans surprise. La haute société qui mêle l'argent, la politique et la culture a valorisé des sites physiquement attirants (collines de l'ouest, bordure des forêts du sud, coulée de lave du Pedregal) pour un urbanisme résidentiel moderne d'une qualité d'autant plus grande qu'aucune réglementation triviale ne vient brider l'inspiration des architectes ; cette même société, dans sa frange intellectuelle souvent moins riche, a valorisé aussi les anciens villages et bourgs du sud et du sud-ouest de la ville en y modernisant palais, maisons de maîtres ou villas du XVIIIe ou du XIXe et surtout en y construisant de neuf des logements inspirés de la tradition en préservant les jardins et leurs arbres.

Certes la spéculation foncière et immoblière classique s'applique à toutes les zones que nous venons d'énumérer, remodelant sans cesse l'usage des sols qui ne cessent de se valoriser pendant un demi siècle de prospérité et incorporent de nouveaux espaces, généralement contigus à ceux qui sont déjà valorisés. Certes de façon moins dynamique, c'est à dire sans chercher sans cesse une nouvelle utilisation optimale du sol, de vastes zones de la moitié nord de la ville et des portions parfois isolées de sa bordure orientale sont aussi composées d'une marquetterie de zones industrielles, de lotissements réguliers de classes moyennes, de centres commerciaux. Mais tout cet ensemble composant la ville du capital est minoritaire dans l'espace urbain et, surtout, ne s'empare pas de nouveaux terrains sans précautions : là où les pauvres sont installés, voire là où l'Etat contrôle les sols, les investissements sont considérés comme peu sûrs et l'image de marque comme mauvaise. Deux exemples liés au tremblement de terre de septembre 1985 illustrent cette situation. Dans le centre des affaires, à la croisée de Reforma et de Insurgentes, le seisme a beaucoup détruit : à la suite de cette dégradation de l'image du quartier mais aussi dans la crainte qu'on y applique strictement les normes de construction antisismique pour les édifices élevés -donc dans la crainte d'une intervention accrue des services publics- les prix du terrain semblent baisser fortement, alors que la crise économique depuis 1982 n'avait pas eu le même effet. Non loin de là, l'expropriation de lots dont les taudis s'étaient écroulés, à Tepito et dans les quartiers voisins proches du centre colonial, semble avoir sorti les propriétaires d'une impasse : certes ils se plaignaient que les lois de blocage des loyers avaient entièrement dévalorisé leur capital foncier, mais une fois les immeubles abattus ou déteriorés par le seisme, ils s'apercevaient que la mauvaise image de marque du quartier ne leur permettrait pas de vendre leurs parcelles au prix élevé qui était celui qu'ils espéraient dans une situation aussi proche du centre, bonne pour construire des immeubles de bureaux selon la logique spatiale du capital. Le monde des affaires a taillé son territoire dans l'espace de Mexico et il préfère y concentrer ses investissements plutôt que de s'aventurer là où la bonne localisation physique ne compense pas la mauvaise image sociale.

Cet abandon des zones "dégradées" se rencontre dans les villes des Etats Unis, mais alors ces zones y perdent toute activité économique notable et se dépeuplent, en attendant une reprise et un remodelage par grandes masses, en général pour y construire des ensembles de logements moyens. Ici Tepito et les quartiers voisins grouillent d'activités lucratives même si on les prétend marginales, maintiennent une population dynamique et ne sont pas près de se laisser remodeler.

L'ETAT REGNE MAIS NE LOGE GUERE

L'emprise de l'Etat sur l'espace urbain de Mexico est à la fois fort modeste -en superficie construite et surtout en logements- et prépondérante en équipements publics, localisant de gros contingents de salariés selon une série de choix qui sont loin de représenter un projet urbanistique unique. Nous avons déjà décrit au chapitre III les grands services urbains ; voyons leur rôle dans l'articulation de l'espace urbain.

Un premier ensemble d'édifices publics se concentre dans la vieille ville coloniale et dans les quartiers centraux qui l'entourent vers l'ouest et le sud -c'est à dire là où le phénomène de *city* a donné la plus forte concentration d'édifices de bureaux : majorité des ministères, bureaux centraux des systèmes de sécurité sociale, principaux hôpitaux, institutions culturelles ou musées. Certaines opérations n'ont pu voir le jour faute de persevérance ou d'argent, comme une vaste cité bancaire, incluant bien sûr la Banque du Mexique, prévue à proximité de l'Alameda. Par contre avant même la nationalisation des grandes banques privées en 1982, celles-ci ont été tenues par l'Etat de maintenir leurs sièges dans les grands immeubles immédiatement au sud du noyau urbain colonial.

Peu de grands services publics se sont installés à la périphérie urbaine : vers l'ouest, à proximité du Periphérique, on trouve le Ministère des travaux publics et de l'urbanisme (SEDUE) et surtout, à la limite de l'Etat de Mexico, celui de la Défense Nationale, auquel sont associés des ateliers, des logements, un centre commercial, un hôpital, un camp d'entrainement dont la réputation policière est parfois sinistre et des terrains de manoeuvre : une grosse réserve foncière dans laquelle l'hippodrome se trouve enclavé et en même temps, un pôle d'emploi important. Les grands penitenciers eux aussi ont été transférés à la périphérie lointaine.

Le statut -public ou privé- des quelques grands espaces verts périphériques est souvent ambigu : quelques parcs et grands cimetières d'un côté, clubs sportifs, clubs de golf et certains cimetières plus petits de l'autre. Le statut réel, l'importance spatiale et la localisation des sols et des édifices appartenant à l'église catholique -mais aussi à d'autres confessions- restent à étudier.

Enfin nous ne reviendrons sur le système universitaire, décrit au chapitre IV, que pour souligner que seul l'Institut Polytechnique National s'est installé exclusivement dans le nord industriel de la ville, tandis que, sauf exceptions ponctuelles, tout le reste du système universitaire, de la recherche, des bibliothèques, des grands ensembles culturels se localise au sud de la ville et en forme l'armature avec les plus grands équipements sportifs.

Tous ces grands pôles d'activité ou de loisir ont bénéficié d'investissements massifs dès les décennies 1950 et 1960, mais plus encore pendant la suivante jusqu'à la rupture de 1982 ; en comparaison, l'aide au logement des classes moyennes et particulièrement des employés du secteur public, n'a marqué l'espace urbain que de manière assez modeste: des dizaines de milliers de logements, certes, mais peu de chose à l'échelle de l'agglomération. Deux ensembles sont tristement célèbres par les destructions qui les ont frappés lors du tremblement de terre de septembre 1985 : celui de Benito Juárez, à proximité des deux principaux complexes hospitaliers, eux aussi très atteints, et celui de Tlatelolco- Nonoalco qui représente la seule grande opération de remodelage urbain de Mexico, au début des années 1960, sur les terrains de l'ancienne gare de triage et des entrepôts ou fabriques qui lui étaient associés. La place des Trois cultures (ruines aztèques, couvent colonial, Ministère des Relations Extérieures) y est un symbole nationaliste fondamental voilé par le deuil de la protestation et de la répression mortelle de 1968, puis par le nouveau traumatisme du seisme : l'effondrement total ou partiel de plusieurs édifices de type HLM concentre ici le nombre le plus élevé de morts ou blessés, de sans logis recasés ou non par l'Etat, de membres d'associations réclamant indemnisation et de procès interminables pour assurer la sécurité et la remise en état dans les édifices vieux d'un quart de siècle au moins et dont les malfaçons étaient connues depuis longtemps.

Plus loin du centre, d'autres ensembles de quelques centaines ou quelques milliers d'appartements de type HLM, généralement financés par les systèmes de sécurité sociale, occupent de petites portions de l'espace urbain. Des cas particuliers sont les immeubles financés au départ pour loger les sportifs des Jeux Olympiques de 1968 (Villa Olímpica) ou ceux destinés aux salariés de l'UNAM. Mais on ne saurait dire qu'une politique globale du logement social -qui en tout état de cause ne concerne que les salariés stables et syndiqués du secteur moderne- marque fondamentalement le tissu urbain.

Enfin on ne saurait clore ce panorama du rôle de l'Etat dans l'organisation de l'agglomération sans rappeler qu'il finance et qu'il gère les grands réseaux qui en assurent le fonctionnement : c'est la logique du District Fédéral qui préside aux investissements : la modeste gare de voyageurs des chemins de fer, les quatre gares d'autocars (dont la *terminal norte* illustre par sa taille et son grouillement l'importance du trafic vers les Etats Unis en comparaison des autres portions du territoire national), mais aussi l'aéroport international, encastré dans les bas quartiers du marécage, et qu'on a renoncé à transférer à côté de l'aéroport militaire de Zumpango, dans l'Etat de Mexico, et qui est complèté depuis 1985 par le nouvel aéroport international de Lerma dont nous verrons la logique à propos de la ville satéllice de Toluca.

Le marché de gros est fonctionnel mais critiqué parce qu'on aurait pu concevoir plusieurs implantations ; il laisse exangue le vieux quartiers de la Merced. Et pour terminer ne revenons pas sur la gestion des voieries et autoroutes, des transports publics, de l'eau, des égouts et des ordures, ensemble de services pour lesquels le District Fédéral est toujours mieux partagé que les municipes voisins de l'Etat de Mexico.

Quelles infrastructures publiques trouvons-nous en effet dans ceux-ci ? Le centre de chaque municipe a certes été doté d'édifices de bureaux administratifs, auxquels s'ajoutent souvent des ensembles dépendant de la sécurité sociale comme à Naucalpan. Les places et bâtiments anciens ont été rénovées, souvent dans le style colonial cher au gouverneur Hank Gonzalez. Mais à côté de ces équipements banals et assez modeste il faut insister sur la multiplication depuis 1982 d'édifices construits dans les municipes sur un modèle unique, bureaux polyvalents qui permettent à la fois des services plus proches des citoyens et une meilleure surveillance de ceux-ci, dans l'océan mal structuré des lotissements qui se répètent, monotones.

Revenons à notre argument initial : la plus grande ville du monde a pu croître sans frein pour des raisons politiques. Parce que le régime légal des sols urbains laisse place au laxisme d'un droit des pauvres pratiquement hors marché ; mais aussi parce que deux entités politiques et administratives séparées, le District Fédéral et l'Etat de Mexico, gèrent selon des modalités différentes les deux moitiés -de moins en moins inégales en espace et en population- de l'agglomération. Ceci n'aboutit pas à des conflits sociaux explosifs, mais à une juxtaposition et une imbrication du "fonctionnel" et du "marginal" que nous devons apprendre à penser comme une situation durable, tant pour les pauvres que pour la classe moyenne. En même temps cet espace urbain, géré de pièces et de morceaux, n'est pas perçu par ses habitants comme un tout, mais comme une série de milieux de vie dont ils ne connaissent qu'un petit nombre, à peine reliés entre eux par les itinéraires familiers des transports urbains difficiles et lents.

IMAGES ET VISAGES DES QUARTIERS

Dans le domaine de l'expression artistique, de la création dans l'art littéraire ou plastique des signes de la réalité, la ville, nous l'avons vu, occupe une place privilégiée pour ne pas dire prépondérante. La capitale est le décor et souvent le personnage de la littérature et de l'art. Là encore il ne s'agit pas d'un simple déplacement de lieu mais plutôt d'un changement structural très radical. Autant le monde rural traditionnel offrait un visage relativement univoque, ou tout au moins ramenait à une tonalité monochrone, autant le monde urbain offre une pluralité très significative.

Les visages de la ville sont très caractérisés et ils donnent à l'expression artistique des couleurs très différentes qui signifient la coexistence d'univers juxtaposés mais totalement opposés. Selon le quartier où se situe l'oeuvre littéraire, l'atmosphère, les personnages, la culture, les modalités d'action et les comportements sont complètement différents. On ne peut plus parler de tableaux "typiques" d'un pays ou d'une nation, mais d'un cosmopolitisme de registres, d'une variété universelle de visages. Cette pluralité contribue à faire éclater ce qui avait été appelé le "rideau de cactus" et à insérer l'expression mexicaine dans un contexte international qui "désenclave" l'imaginaire collectif. Selon le quartier de la capitale où l'on se trouve, les mondes décrits ou signifiés sont radicalement différents, voire opposés, et ils expriment une réalité plurielle et éclatée très significative du cosmopolitisme urbain. Nous avons choisi pour illustrer cet aspect les cinq contextes les plus utilisés dans la littérature mexicaine contemporaine, la chronique ou la chanson, pour bien montrer combien les quartiers de la ville de Mexico sont des mondes contigus mais différents, séparés non seulement par leur aspect mais aussi par leur culture et leur idéologie. La conséquence en est évidemment une extrême difficulté de communication et d'inter-relations, puisque l'espace, les modèles et les modalités d'existence y sont totalement dissemblables. Pour le démontrer, nous considérerons l'imaginaire exprimé dans quelques oeuvres significatives, dans les échelons les plus représentatifs des catégories "physiques" et sociales de la capitale et nous compléterons ces évocations par quatre "photographies".

Zones sacrées des beaux quartiers

Avec l'extension de la ville, et surtout depuis que le centre, où se trouvaient de belles demeures porfiriennes, a été à peu près déserté pour faire place à des locaux administratifs, des quartiers résidentiels se sont multipliés dans la périphérie de la ville. Les "lomas", sur la route de Toluca, où la nouvelle bourgeoisie post-révolutionnaire avait érigé la plupart de ses résidences, se sont étendues de chaque côté de l'axe de l'avenue de la Reforma, au delà de l'anneau périphérique qui délimite maintenant le coeur de la ville. Plus loin, des lotissements résidentiels tels que Tecamachalco se sont installés autour des ravins dans les collines aux contreforts de la vallée de l'Anahuac.

Sur la route de Querétaro et des Etats Unis se multiplient les lotissements de "Ciudad-Satélite" réservée à la classe moyenne d'une certaine aisance. Au Sud, une zone résidentielle plus récente, a été édifiée dans le "Pedregal" parmi les pierres de lave, avec une architecture ultramoderne préservée par de hautes murailles. D'autre part, les quartiers de Coyoacán, de San Angel et San Jerónimo ont réservé des espaces d'urbanisme très stylisés dans le genre colonial. De toutes ces zones résidentielles, quatre visages sont retenus et caractérisés pour l'expression littéraire d'un aspect de l'espace urbain. D'abord, les "lomas", que nous trouvions déjà dans *La región más transparente* de Carlos Fuentes pour représenter et symboliser la réussite sociale des "parvenus" de la Révolution. Ce quartier est maintenant un lieu de résidence chic mais déjà un peu ancien, qui n'est presque plus utilisé pour signifier les "beaux quartiers" sauf parfois pour indiquer le lieu où, dans des jardins et des résidences un peu surannées, des groupes décadents organisent des fêtes qui signifient plus la déchéance et la dérision qu'un dynamisme urbain, comme nous pouvons le voir dans l'organisation d'un concours de beauté d'homosexuels dans *Púberes canéforas* de José Joaquín Blanco. Le quartier résidentiel des "lomas" semble, dans la littérature contemporaine, perdre la prééminence qu'il avait eu il y a vingt ans pour la représentation des "beaux quartiers". Cette dernière catégorie urbaine est plutôt signifiée par les trois visages qu'expriment "Ciudad Satélite", le "Pedregal" et l'ensemble de San Angel-Coyoacán.

Ciudad Satélite représente la "ville nouvelle", comme son nom l'indique par connotation. Cette extension de la capitale est surtout utilisée pour représenter la société nouvelle-bourgeoise de la consommation, le reflet de l'image de l'opulence et du style de vie nord-américains. Dans une chronique de *Uno más Uno* , J. J. Blanco en souligne l'internationalisme conforme aux stéréotypes contemporains : "Partout on se trouve dans une propriété privée... ostentation du luxe et du "bon goût" caractéristiques de cette classe moyenne haute qui se sent cultivée (cafés qui s'appellent Mozart, posters de Beethoven) et raffinée (reproduction de peintures galantes du XVIIIe siècle)... Les salons de coiffure s'appellent Hegeliennement "Esthétiques" et se couper les cheveux est traduit par -Oh Laocoon!- sculpter... les sols imitent le marbre... les choses sont planifiées, dessinées avec une harmonie efficace. Le centre commercial offre un large espace aux enfants apprivoisés de ses clients (dessins de Walt Disney dans les confiseries, animaux et petites voitures où l'on peut monter tandis que les parents achètent tranquillement)... les gens se promènent avec une arrogante santé, propres, parfumés, souverainement vêtus..." Ce quartier donne en tout point l'image des revues de modes chics et internationales, stéréotype de la nouvelle société de consommation.

Un autre visage, sensiblement différent mais complémentaire, des "beaux quartiers" est celui du "Pedregal". Là, protégés et isolés par de hautes murailles, se situe l'univers clos des citoyens qui se protègent de la contamination sociale ambiante. Une chanson parodique d'Armando Fuentes Aguirre et Oscar Chavez rend compte de cet isolement altier. Parodiant un poème traditionnel du XIXe siècle où J. Manuel Othon exaltait le bonheur bucolique d'une maisonnette à la campagne, d'inspiration Rousseauiste, les auteurs décrivent la maison d'un homme politique dans le Pedregal : "Une petite maisonnette, avec son jardin, sa piscine et son chauffage central... elle est protégée par des murs gardés par des policiers, et bien electrifiés... dans le petit garage tu peux voir trois Mercedes, quatre Mustangs et une Jaguar... au premier étage un gymnase, un ring et une salle de danse..." En somme le Pedregal donne l'image de la plus haute aristocratie de la politique et de l'argent, un lieu clos totalement à part de la vie de la ville, où le pouvoir cache et isole ses richesses dans une sorte de ghetto du super-luxe.

Enfin, San Angel, surtout la partie du quartier nommée San Angel inn, et Coyoacán, représentent les images d'une ville coloniale qui se préserve de la modernité, qui affirme le goût aristocratique de l'ancien : petites rues empierrées et fontaines coloniales, atmosphère feutrée où la richesse se cache et se tait dans la modestie des vieilles pierres.

En résumé, l'expression littéraire de la ville offre quatre visages des beaux quartiers, également vrais et également significatifs : l'ancien beau quartier des lomas qui perd de sa prestance, la sophistication hollywoodienne de Satélite, la richesse préservée du Pedregal et le bon goût silencieux de San Angel et de Coyoacán : différents visages et différents imaginaires d'une aristocratie urbaine qui concrétise son profil idéologique dans l'espace de la capitale.

Retenons que ces différentes images se reproduisent en mode mineur moins bien typé, en petites unités noyées dans l'océan médiocre des villas de classes moyennes : la monotonie des lotissements de la Colonia del Valle et de ses abords est ici ou là scandée par une recherche architecturale de qualité qui s'accroche aux quelques arbres d'une vieille allée, à la placette d'un ancien barrio, où une chapelle et quelques maisons de quintas ou haciendas ont survécu, et c'est le charme du couvent de Churubusco, du village de Tlacoquemecatl, du bourg de Mixcoac. Au contraire, au coin d'un terrain vague ou d'une percée routière surgissent dix ou cinquante barraques de parpaings au sein de l'aristocratique San Angel.

- *Coyoacán*

Ici les grands frènes resistent à la pollution, rugueux de tronc et lourds de feuillage dans les avenues ou au coeur des grands jardins. En sous-bois, les jacarandas se couvrent d'un bleu dense quand finissent les froids de janvier, avant de porter leurs feuilles transparentes. Aux murs tièdes des jardins s'adossent des figuiers. Les hautes clôtures inscrivent l'histoire obscure des parcelles en litige, coupées et recoupées, cédées et vendues en démarches jamais terminées.

Les murs jouent la gamme des ocres, repris de la tradition du pisé, en pans irréguliers où frappe la lumière ; l'ancien tant de fois remodelé dans la brique se mélange à l'invention contemporaine de Barragan et de ses disciples. Les grosses poutres à l'ancienne sont souvent fraîchement sciées et les sculptures roses en pierre de lave vite patinée sortent parfois d'un ciseau tout récent. Les palais d'autrefois autour de leurs patios, comme celui d'Alvarado, en côtoient d'autres, modernes, appartenant aux grands de ce monde -récents comme Salvador Novo ou actuels comme Miguel de La Madrid, plantés sur leur pelouse. Les pauvres maisons de brique, taudis ou vecindades près desquelles Trotski s'est promené ont été remodelées en villas au gré des intellectuels qui savent y vivre, à côté d'autres villas modernes prudemment cachées derrière leur interphone et leur lourde porte en pin vernie. Près des grandes autoroutes, vers División del Norte, les petits immeubles d'appartements esquissent quelques ornements de brique coloniale, mais protègent leurs garages souterrains par la guérite du gardien. Autour des places et des chapelles, boutiques, antiquaires, libraries et restaurants attirent la clientèle de ceux qui n'ont pas su trouver pour eux mêmes le bout du terrain qu'il fallait pour vivre presque au paradis.

Parcs et promenades

Traditionnellement, la ville de Mexico s'enorgueillissait de ses espaces verts et de ses larges poumons. Nous avons vu combien ils sont maintenant réduits ou pollués. La célèbre Alameda du centre de la ville, décor des rencontres amoureuses où des scènes d'ostentation de la joie de vivre du citadin, peinte par Diego Rivera ou décrite par des poètes, n'est plus que la lisière enfumée de l'Avenue Juárez encombrée par les bruits et les fumées de la circulation... Les "glorietas" au croisement des voies sont également des circuits urbains plus que des lieux de repos.

L'oasis des parcs dans la ville tend de plus en plus à disparaître. Désormais, et cela est bien sûr un phénomène universel de l'urbanisme contemporain, c'est à l'extérieur de la ville et souvent assez loin que les citoyens partent pour s'aérer et retrouver l'envers du béton de la capitale. Bien sûr, il reste Chapultepec, où le dimanche les classes populaires vont ramer sur le lac ou pique-niquer sur un gazon un peu jauni et sous les arbres qui se déplument chaque jour davantage. Pour les anniversaires, les familles marquent le territoire de la fête entre quatre arbres par un fil où l'on accroche des ballons multicolores.

Le lieu récréatif n'est plus considéré comme un espace d'exutoire mais plutôt très souvent comme une parodie de la campagne dans la ville, comme un défoulement illusoire où la nature n'est plus que sa caricature, souillée par une atmosphère délétère, les détritus des déjeuners champêtres et les papiers et matières plastiques qui restent des divertissements sur l'herbe.

12 Parcs et promenades: l'Alameda
Classes moyennes, touristes, vendeurs en tous genres, cireurs: transfiguration d'une noble promenade.

Dans *Palinure de Mexico* , Fernando del Paso donne une image triste de ces dimanches soir à Chapultepec, moment où "les cygnes replient leur col et où les ouvriers rentrent chez eux morts de fatigue et amidonnés de barbe à papa... quand les cloches font naufrage dans le vacarme des automobiles et des autobus". L'image du parc de Chapultepec n'est plus utilisée que comme illustration de la contamination et la destruction de la verdure par l'atmosphère urbaine. S'il veut échapper à l'étouffement de la capitale, ce n'est plus au coeur de la ville que le citoyen pourra trouver un espace de respiration, la mégalopole exclut les espaces verts et ses poumons ne sont qu'artificels.

Bien sûr, il reste, au sein des vieux quartiers du centre, quelques parcs où l'on peut retrouver une atmosphère plus tranquille, préservée des grandes voies de communication par la densité des édifices. Mais ils sont de plus en plus rares et représentent des îlots teintés de quelque archaïsme. Il en est ainsi du "Parque España" et du "Parque México", où, parmi de maigres plate-bandes, des bancs publics et de courtes allées de promenade, les jeunes de la classe moyenne basse habitant le centre et les bonnes d'enfants peuvent encore se donner l'illusion d'échapper au trafic urbain dans des loisirs évoquant de très loin les joies de la campagne.

Dans le roman de José Agustín, *De Perfil* , deux jeunes gens décident, comme pour échapper à l'étouffement de la capitale, de louer des bicyclettes et de se payer du bon temps. Mais là encore le Parque México nous est décrit comme la caricature d'un véritable espace vert : "Nous allions lentement, à coups de pédale paresseux, sur les petites allées du parc, contre le trottoir de l'avenue Sonora, sans regarder les fontaines, le gazon, les plate-bandes et cette grande piste pavée entourée par l'absurde construction de quelque chose comme un théâtre grec à l'air libre, tout blanc, avec des colonnes. Les enfants jouaient, riaient et couraient. Les ouvriers mangeaient leur casse-croûte, la bonne d'enfant achète des glaces ou des cacahuètes. La dame avec ses bigoudis sur la tête agite dans sa main nerveuse les clés de sa voiture, un regard distrait sur son fils qui a lui-même un regard haineux sur le tricycle, le parc, les beaux habits et sa maman : "Dépêche-toi, un tour de plus et ça suffit"... et le gazon... uniforme, fraîchement coupé, près des fleurs bureaucratiquement alignées, régulièrement arrosées. Des pancartes : ne marchez pas sur le gazon, ne cueillez pas de fleurs, ne gaspillez pas l'eau de la fontaine. Personne ne respecte ces pancartes. Cependant, il y a des gardes en uniforme gris *(gris)* qui font leur ronde à côté, dans les parties du parc proches des rues et de l'avenue". Le parc n'est plus considéré comme une oasis, un lieu idyllique comme il le fut dans la littérature urbaine antérieure. Il est maintenant un "poumon mité" de la cité, un lieu dérisoire où l'insertion de la nature dans la ville n'est qu'une caricature. Il n'est plus un espace de diversion mais un lieu de dérision, comme un souvenir qui se déteriore et s'effrite.

Zone rose

Car la couleur est ailleurs. Le vert de la nature, comme teinte du plaisir, est remplacé par le rose artificiel de la zone du centre où se trouvent les paradis du divertissement et du plaisir. Ce n'est plus dans les espaces verts que le citoyen de la mégalopole trouve les lieux de son émerveillement, mais dans la zone commerciale du centre, paradis artificiel qui s'est substitué au rêve bucolique. Cet univers est celui des annonces lumineuses et il a les couleurs des affiches publicitaires. Dans une autre de ses chroniques, J.J. Blanco décrit ce qu'a voulu être la Place du métro, entre l'avenue d'Insurgentes et la zone rose : "Compositions et désintégraitons dans l'hallucination électronique. Le désir d'une capitale luxueuse et très moderne au niveau de la science-fiction : gratte-ciels, énormes surfaces vitrées, métalliques et matières plastiques ; la nudité massive du béton... pour s'associer à ces scénographies d'autres planètes, comme celle des villes dans les bandes dessinées de Superman et des Martiens : des circuits, des niveaux, de larges surfaces". Ce décor futuriste est le visage du centre commercial et du quartier des affaires. Reflet de Manhattan et de l'imaginaire de l'urbanisme du futur, son élancement vertical et l'univers glacé de ses vitres et de ses structures métalliques ou de béton s'est substitué par son géométrisme abstrait au foisonnement de la nature.

Dans *Púberes canéforas* , du même auteur, la transformation du centre-ville est située dans le temps, au cours de années 50 : "On commença à édifier des immeubles de bureaux, des banques, des magasins. La rue, pendant le jour, est devenue bruyante et congestionnée, plus une place pour se garer ; une foule de voitures sur le trottoir, des stationnements en double file et une marée humaine de piétons pressés qui louvoyaient entre les voitures et qui descendaient des trottoirs envahis par les automobiles en désordre pour se glisser entre les voitures bloquées dans un assourdissement de klaxons". Le centre de la ville devient alors l'image d'une double fonction spécifique dans la réalité urbaine. D'une part, pendant le jour, c'est le lieu des affaires, des rencontres et du commerce, de l'administration et des services. Il n'y a plus de référence à l'habitation. Par contre la nuit, la zone Rose est désertée par ceux qui travaillent pour faire place à ceux qui s'amusent. Le visage du centre est alors celui des cabarets, des lumières au néon des bars, des cinémas et des théâtres. D'un côté donc, le monde des affaires et son image du futur : "les édifices modernes : ces palais avec des centaines de bureaux, qui exagèrent leurs structures de béton et d'acier... : ce sont les bijoux du monde moderne, de la civilisation et du progrès, de l'humanité : les gratte-ciels. De l'autre, la nuit, les mille feux des lieux de diversion, les "joyeuses annonces monumentales" de pin-up en bikini. Le centre à double face est un lieu de service et un lieu de plaisir, il est vraiment l'image du coeur de la mégalopole : un coeur qui bat pour consommer, faire des affaires, et pour s'amuser ensuite au rythme des plaisirs nocturnes des temps modernes.

Grands axes et Périphériques

S'il est une image qui caractérise bien les grandes villes contemporaines, c'est bien celle des immenses réseaux de circuits de circulation routière à l'intérieur et au-dessus des agglomérations. Mexico ne manque pas de ce genre de paysage. Outre le circuit périphérique, la ville est traversée par ces grandes artères exclusivement réservées aux automobiles, dessinant leurs arabesques dans l'horizon urbain. Il serait aisé d'exalter dans la littérature ces signes du progrès. Pourtant rien de cela dans l'expression contemporaine mexicaine. Il semble que ce qui intéresse avant tout les auteurs, c'est de montrer le revers de la médaille de cet espace urbain. Ces lieux de passage ne se situent pas bien sûr dans un quartier particulier, mais ils sont un visage essentiel de la ville.

La littérature en montre l'envers du décor, ce qu'il a fallu détruire pour construire ces voies et les dessous des réseaux où nulle habitation n'est plus possible : "Sous la grande courbe du pont de Nonoalco, l'uniformité avait la couleur de la suie, qui était celle du pont lui-même : cheminées d'usine, échappement des autobus et des voitures, terre et poussière, quelques industries et des bidonvilles. Depôts d'ordures... deux peintres, sur une terrasse, s'appliquaient à la décoration d'un panneau publicitaire de "Banobras" qui montrait le *dodger* Valenzuela consultant sa

13 Grands axes
Sous les courbes des ouvrages de carrefour d'autoroute, le commerce reprend ses habitudes: volailles vivantes, pour consommer ou pondeuses por l'arrière cours?

montre avec la majesté d'un joueur de base-ball, sous de grandes lettres : il est temps de faire des investissements (J.J. Blanco. *Púberes canéforas*).

L'auteur s'attache plus à démontrer les fâcheuses conséquences écologiques et sociales des grands travaux d'aménagement de la circulation qu'à glorifier les effets esthétiques et pratiques d'une telle modification du paysage urbain. Dans une chronique parue le 23 novembre 1978 dans *Uno más Uno* , J.J. Blanco donne tout son sens au "Panorama du dessous du pont" : "Tout autour de la station de métro Tacubaya, sur un kilomètre carré, il y a deux énormes réseaux de transport : l'un au-dessus des ponts, l'autre en dessous. Ils sillonnent le quartier dans un labyrinthe de tunnels... de grilles en fil de fer, des ponts, des accès, des escaliers, des tunnels, des free-ways, tous à la fois et en même temps : le viaduc, le périphérique, les rues et les avenues". Pourtant ce panorama qui pourrait être l'image du futur et de la modernité, n'est que le masque d'un renforcement de l'injustice sociale et de la misère : "Les constructions pour le transport individuel des privilégiés ne font pas qu'éluder le problème du transport collectif des masses. Elles le rendent plus morose et plus pénible ; elles détruisent le genre de vie des lieux qu'elles traversent et de plus, elles tendent à démarquer nettement, comme pour des ghettos, les populations pauvres... qui se transforment ainsi en une presque cité souterraine de misère, au-dessus de laquelle s'élèvent des passages rapides et efficaces qui permettent au privilégiés de passer sans la toucher, même sans la voir... La fonction des circuits, périphériques, grands axes, viaducs, vois rapides etc... est ainsi double : *communiquer* entre elle la ville du privilège, et l'*isoler* de la ville de la misère grâce à ces vraies murailles urbanistiques de constructions d'axes de circulation".

La fonction de ce visage de la ville, si important, pour ne pas dire prépondérant, est ambiguë. Le paysage "circulatoire" est la transition entre les "beaux quartiers" et les bidonvilles, mais cette transition est une barrière, un mur qui est paradoxe : les voies de communication sont les images concrètes de la séparation et de l'isolement.

Bas quartiers

Parmi les différentes images de la mégalopole, il en est une qui est bien sûr privilégiée par la littérature et la chronique, c'est celle des quartiers de misère, des bidonvilles, cités perdues et terrain vague. Dans la mesure où ce visage de la ville est celui qui offre la plus grande charge de dramatisme et d'émotion, de traits expressionnistes, on comprend aisément cette prédilection : la localisation des quartiers de misère est de plus en plus difficile. Il y a la "ceinture de misère" constituée par ceux qui viennent de s'installer à la marge de la périphérie ; il y a les taudis du vieux centre, les terrains vagues occupés clandestinement, les cités perdues, même les décharges publiques où certains construisent leurs abris sur leur lieu de travail. Tout beau quartier a aussi sa frange de misère. Et il y a surtout l'immense "bidonville" de Nezahualcoyotl, qui est à lui seul une capitale.

Le panorama est toujours le même : "Des toits de tôle avec des ouvertures de verre poussièreux, des plaques de fer blanc avec des annonces polychromes d'une marque de bière...". Dans le centre de la ville, comme dans les débris de ce qui fut le coeur de l'ancienne capitale : "Des édifices sombres comme des murailles, des rues de murailles dans un labyrinthe boueux où ne passe personne la nuit... de vieux appartements où la plomberie ne fonctionne pas, le plâtre boursoufflé et humide des escaliers sans électricité parce qu'on a volé les ampoules... les portes déglinguées..." (J.J. Blanco).

Les ruines d'une cité comme paysage de la ville, l'entropie visible de ce qui fut, tel est le premier visage de la misère urbaine : la vie dans les décombres de ce que fut le centre animé de la capitale. Tout décor y semble dérisoire, et le fait de vouloir agrémenter l'espace habitationnel ne fait que renforcer l'image de la dégradation : "Quelques boîtes crasseuses, oxydées, où sont mises en terre des plantes pleines de vers qui pen- dent, moitié mortes, le long des murs décrépis" (R. López Moreno. *Yo se lo dije al Presidente*). Là où il y a eu la vie il n'y a qu'image de décrépitude.

- *Tepito*

Ici, le promeneur doublement étranger ne quitte guère les rues principales. Sinon quelques jeunes gens, serviables ou ironiques, lui demanderont vite, en anglais ou en espagnol, ce qu'il cherche dans cette ruelle. L'artère connaît une intense circulation : tentes des marchés sur les contre-allées, piétons allant de la vieille pauvresse au jeune cadre, camions, bus et voitures en un flot bruyant et chaud qui sent l'huile.

14 Bas quartiers
Dans tout le vieux cœur de la ville, dégradé à Tepito ou ailleurs, la presse du sentiment, du sexe ou de la violence s'étale. Est-elle si débridée, pour les yeux des sociétés permissives qu'on n'imite que de loin?

L'oeil s'accroche d'abord aux façades. Beaucoup de magasins de vêtements, où les robes de mariées explosent à la devanture. Aussi beaucoup de petits restaurants et bars, du plus crasseux qui n'a que quelques bières et *refrescos* ou deux ou trois ragouts qui mijotent sur le gaz, au local propre carrelé de faïences, tables de bois peint et nappes en papier, proprement et diligemment servi. Bien des artisans font deborder leur échoppe sur la rue : menuisiers, plombiers, électriciens de toutes spécialités. Mais aussi des grossistes d'outillage, des établissements de bain, des hotels.

Derrière le commerce, les maisons montrent leur longue histoire. Une chapelle du XVIIIe à demi abandonnée repose au milieu d'une placette aux trottoirs de beton fissuré. La façade de pierre sculptée classique d'une villa porfirienne laisse crouler ses balcons aux grilles rouillées, où s'entreposent caisses et bouteille de gaz devant des fenêtres aux persiennes branlantes, aux vitres cassées. A l'entrée, la plaque d'une association et celle d'une compagnie commerciale qui peut être y fonctionnent encore. Beaucoup de maisons pauvres de la fin du XIXe, banales et à moitié détruites, laissent voir, derrière une porte cochère ouverte, la ruelle, les fenêtres et portes, les linges qui sèchent d'une *vecindad* , ou bien tout simplement le bric à brac d'un entrepôt. La moitié des maisons sont des immeubles de rapport modestes des années 1930 ou 1940, aux larges vitres sales, aux petits balcons parfois décorés de céramiques. Un coup d'oeil vers leurs arrière-cours montre qu'elles aussi accueillent des *vecindades* .

En janvier 1986, sur beaucoup de portes est clouée l'affiche officielle du décret d'expropriation consécutif au tremblement de terre de septembre 1985. Autour d'un tiers des lots semblent concernés par le décret. Pourquoi ceux-ci plus que leurs voisins ? Quel remodelage viendra dégeler cette longue histoire immobilière ?

Par ailleurs, dans les "nouveaux" quartiers pauvres, là où les murs de pisé ou de cartons ont poussé où il n'y avait rien, le spectacle de la misère n'en est pas moins désolant.

- Nezahalcoyotl

Plus du quart de Paris intramuros, quatre kilomètres et demi sur 8 et 36 Km^2, on ne visite pas Neza à pieds : on le contemple sur plan ou depuis l'avion qui va atterrir, puis on y pénètre par le système de larges avenues goudronnées qui le découpe en rectangles assez réguliers, de l'ordre de un à deux kilomètres carrés. Les entrées du municipe, comme ailleurs dans la banlieue, portent fièrement les grandes pancartes bleues avec le nom du dieu-roi et son hiéroglyphe. Les larges plateformes et contre-allées de cet urbanisme pour le futur sont la proie de décharges d'ordures et le vent des tornades de saison sèche soulève poussière saline, plastiques et cartons. Les rues de second niveau sont correctement empierrées, souvent grâce aux gravats rapportés sur la terre argileuse, qui seule supporte les ornières profondes et les mares qui se creusent lors des pluies dans les chemins qui séparent les îlots découpés en lanières, quand les riverains n'ont pas eux-mêmes applani et drainé.

Au milieu des grands rectangles, les vastes aires de service ne manquent pas de terrains vagues, mais accueillent aussi les écoles, les guérites bleues polyvalentes de l'administration et de la police, les supermarchés de la CONASUPO. Le piéton retrouve sa mesure dans les rues des portions occidentales de Neza, les plus anciennes, aménagées tout contre le District Fédéral avant le milieu des années 1960 : malgré le sol argileux et salin, des arbres ont poussé, pas tous rachitiques, peupliers ou saules surtout, mais aussi liquidambars qui rougissent à l'automne. Les riverains, maintenant assez bien pourvus d'eau, ont arrosé et ils ont su protéger les branches des parties de foot de la rue.

Certes, la monotonie sans fin d'un habitat pauvre et bas prédomine. Mais au croisement des rues importantes des boutiques se sont ouvertes, même si la plupart ne sont que la classique tiendita de village avec ses cigarettes, ses refrescos et ses quelques articles d'épicerie. Et quelques ateliers d'artisans, menuisiers ou mécaniciens, s'ouvrent vers l'extérieur, au contraire des petites fabriques de vêtements beaucoup plus discrètes. Les maisons elles aussi se sont diversifiées. Celle-ci, sur une parcelle close de parpaings, montre sur deux niveaux sa façade peinte en vert, son portail de tôle et ses fenêtres à grilles de fer. Sa voisine laisse voir sur un seul niveau, couvert d'une dalle de béton en terrasse, ses murs de parpaings ceinturés de béton dont les fers pointent vers le ciel en attendant les jours meilleurs où la construction reprendra. Sur un autre lot une seule pièce en parpaings est flanquée de divers appentis de torchis couverts de carton bitumé ou de vieilles tôles, pièces "provisoires" ou cuisine. Plus loin encore un lot "vide" est peuplé de décombres, de matériaux de construction, d'ordures, de quelques cahutes ou hangars :

maison du gardien, entrepôt, ou *vecindad* en gestation ? Dans les rues, peu de monde, femmes surtout, enfant en uniformes d'école, groupes de jeunes hommes appuyés sur leurs vélos ou contre leurs vieilles autos.

- Atizapan de Zaragoza

Si le municipe de Neza n'avoue que moins d'un million et demi d'habitants en 1980, doublant largement son chiffre de 1970, celui de Atizapan se serait multiplié par cinq entre les mêmes dates pour aboutir à 200 000 habitants. On est ici dans l'angle nord-ouest de l'agglomération, à 12 Km du centre ville (7 seulement pour Neza). Mais Atizapan n'est pas au bout du monde. D'une part les gros centres d'emploi, essentiellement industriels, sont "proches" : 2 Km pour Tlalnepantla, 5 ou 6 pour Naucalpan ou Lecheria. Et de plus la banlieue a poussé plus loin sur le vieil axe routier montagneux qui aboutit à Villa del Carbón, paradis de la pomme au cœur du pays Otomie. Cette banlieue englobe maintenant diverses anciennes cités de fabriques de la fin du XIXe siècle jusqu'à Nicolas Romero, 10 Km plus loin que le centre d'Atizapan, en une série de lotissements de toutes natures qui sur les collines, plateaux et ravins de laves, ne laissent plus de place au monde rural.

Dépassons le centre du municipe, concentration de bâtiments publics, de marchés, boutiques et supermarchés et gros terminus d'autobus, qu'entourent des lotissements récents de classes moyennes achevés et équipés. A quelques kilomètres, sur la route goudronnée, s'embranche une rue empierrée dont les caniveaux sont menacés de ravinement sur les fortes pentes de ce qui fut sans doute une carrière de pierre ou une sablière. Les minibus Volkswagen font des nuages de poussière au milieu des cailloux et des ornières. De moins en moins de Toyota et de plus en plus de vieilles Ford pour les voitures particulières, et beaucoup de camions peinent, soit citernes d'eau soit matériaux de construction.

15 Quadrillage: singulière écriture du désordre
Petits immeubles: terrasses peuplées de chambres de bonnes et de réservoirs d'eau, verticales du fer à béton, verticales des antennes.

D'un côté de la rue une série de petites villas identiques par leur plan, les unes terminées et peintes en orange ou bleu, les autres encore du gris des parpaings. Des égouts sont en cours de creusement et seront peut être un jour connectés, des tuyauteries en plastique sont en partie à l'air libre et sur les terrasses trônent déjà les réservoirs d'eau en fibrociment, symboles de l'espoir d'avoir de l'eau. Les fils électriques sont assez ordonnés et de premiers arbres ont été plantés, dont certains survivront. Sur de petites parcelles, les logements exigus forment trois pièces... plus une chambre de bonne. Mais en face, sur des parcelles moins régulières et parfois plus vastes surgit de l' "autoconstruction" à tous les stades d'avancement : d'un côté presque tous les lots sont occupés de maisons de toutes tailles -parpaing et terrasses ; de l'autre seulement quelques pièces, quelques fondations sur des terrains vides. Partout des tuyaux improvisés, des fers à bétons qui pointent, des échevaux de fils électriques sur des poteaux de bois, des antennes de télévisions écrivent dans le ciel la singulière écriture du désordre. Nul ne sait maintenant ce qui dans dix ans sera l'image de la classe moyenne ou celle des "colonies prolétariennes" au sein de ce paysage.

La "ceinture de misère", avec ses rues boueuses, mi-égoût mi voie de communication, est déjà plus proche du dépôt d'ordures que d'un quartier d'habitation. Car il semble que l'image des quartiers pauvres de la ville soit celle des déchets, autant humains que materiels, d'une capitale qui use et qui rejette hommes et matériaux qu'elle consomme. Le point extrême est le "basural", la décharge -le terme français est encore plus excessif- au sein de laquelle vivent des êtres dans le dénuement le plus complet et dans l'espace le plus souillé et le plus délétère. Des gens vivent et logent dans ces "dépôts puants... dans ce monde d'odeurs, de couleurs et de débris : verres brisés, bouts de fer oxydés, chiffons souillés, excréments d'hommes et de chiens, souliers sans semelle" (*). Les misérables de la grande ville vivent là-bas, dans "des sacs graisseux, entourés de quelques chats pelés et des chiens faméliques". Les dépôts d'ordures sont leur logement, leur décor et leur seul horizon.

(*) R. López Moreno. *Yo se lo dije al Presidente* .

Cet univers est l'un des visages les plus signifiés par la littérature, non seulement parce qu'il offre le triste pittoresque du misérabilisme, mais aussi parce qu'il semble être la menace de ce qui peut se produire pour tous. Le sentiment qui se dégage en effet de tous les "panoramas" de la capitale, qu'ils décrivent les beaux quartiers où ceux de la classe moyenne, c'est qu'ils sont soumis à une usure rapide, à une inéluctable entropie qui les conduit vers le débris. Nous avons dit plus haut la progressive détérioration de l'image des "lomas" comme visage du luxe et de la richesse. Pour tous les quartiers de la ville, le temps semble de plus en plus rapidement user toute construction, comme si le destin de grands ensembles était la rapide dévastation.

La ville pousse comme un champignon mais passe comme lui et cette accélération du temps d'anéantissement est sa marque la plus distinctive. Le dynamisme de croissance semble porter en lui les germes de sa destruction. José Joaquín Blanco, encore lui, exprime bien cette entropie essentielle de la mégalopole : "Aux abords de l'avenue, dans le petit matin grisâtre et violet d'une ville polluée -un crépuscule matinal parmi des voiles de brouillard industriel et des vents rapides et froids- les immeubles de la cité de Tlatelolco prenaient leur particularité, si semblables au pont dans leur prétention d'aérodynamisme et de modernisation : le grand apport du México de Lopez Mateos au début des années soixante à l'urbanisme mondial : voilà qu'il s'était détérioré à cause des déficiences naturelles et des magouilles, jusqu'à devenir un guetto caractéristique de la classe moyenne de la capitale, si proche de la prolétarisation si l'on n'y prenait garde : il fallait faire attention à ce que les terrasses ne se remplissent pas de "lumpens, de clochards et de voyous" (selon les termes mêmes du chef de la police), et à ce que tous les services sanitaires ne soient pas obstrués par la merde, que ne prolifèrent pas les dégradations, et que les attaques et les viols ne deviennent pas des phénomènes habituels dans les ascenseurs et les petits jardins" (*).

Cette dégradation de la ville, menacée par le bidonville, doit être interprétée à travers trois réalités sociales qui convergent pour créer cette image. Tout d'abord le désordre de l'urbanisation permet qu'à côté d'un lotissement de classe moyenne ou aisée, on laisse subsiter ici une parcelle

(*) J.J. Blanco. *Púberes canéforas* .

occupée par des taudis plus anciens dont les occupants défendent leur droits, ou bien on laisse plus tard se construire là une "invasión" de nouvelles barraques. Sans optimisme excessif on peut dire que souvent la proximité de ce contraste n'est pas vécue comme l'agression des classes dangereuses : garder sa maison fait partie de la routine de tout un chacun.

Une seconde forme de dégradation de tout quartier, même riche, est due au très peu de civisme pratiqué vis à vis des espaces qui ne sont pas appropriés : les parcelles encore vides, surtout si elles ne sont pas closes, les ravins, les abords de voies ferrées, mais même les trottoirs ou les contre-allées, les impasses et cul de sacs sont facilement l'objet d'occupation illégale par quelque abris ou hangar, mais surtout sont transformés par les riverains en décharges publiques sans respect ni discipline vis à vis de ces terrains "libres". Seuls les personnages influents des beaux quartiers obtiennent que les services de voierie nettoient et entretiennent ces recoins en permanence.

Mais il faut surtout envisager une forme de dégradation de l'espace urbain typiquement américaine qui choque l'Européen : aux Etats Unis un quartier de lotissement ancien se dégrade normalement jusqu'à sa démolition suivie d'autres usages ou jusqu'à son remodelage par grosses masses. La différence est qu'à Mexico la dégradation s'accompagne d'une occupation durable par les couches pauvres, numériquement majoritaires et prêtes à supporter des conditions de vie plus que médiocres : le phénomène de Tepito et des quartiers voisins n'est qu'un cas limite exemplaire de ce qui se produit à la dimension d'un immeuble ou d'un îlot dans tout ce qui a été construit depuis plus de vingt ans.

La projection littéraire des images de la ville est donc caractéristique des phénomènes urbains les plus significatifs. Nous avons d'une part les beaux quartiers, très signifiants par leur isolement et leurs différents visages de "pouvoir retranché", de lieux de consommation et de modes et de bon goût aristocratique et discret. D'autre part, le phénomène d'exutoire naturel des parcs et des jardins publics devient de plus en plus illusoire, voire dérisoire. L'activité et le loisir se situent dans le lieu de rencontre et de vie que constitue le centre, point central des affaires et du divertissement. Un nouveau visage apparaît, c'est celui des grands axes et des voies rapides qui constituent un réseau spatial utile mais qui a son envers : il relie et isole. Enfin la misère des constructions improvisées, des taudis et des dépôts d'ordures est comme un cancer qui menace tout paysage urbain. Par dessus tout, la réalité d'une entropie urbaine qui transforme en très peu de temps des résidences modernes en quartier prolétaire est la marque d'un syndrome de vieillissement précoce. Encore une fois, les altérations importantes du temps et de l'espace urbain sont le signe d'une nouvelle structure dont il faut prendre conscience, car ce n'est qu'à partir de ce constat que les remèdes peuvent être efficaces. Dénoncer les effets d'une nouvelle forme de civilisation n'est pas les déplorer, mais mettre l'accent sur des modalités auxquelles il est indispensable de s'adapter.

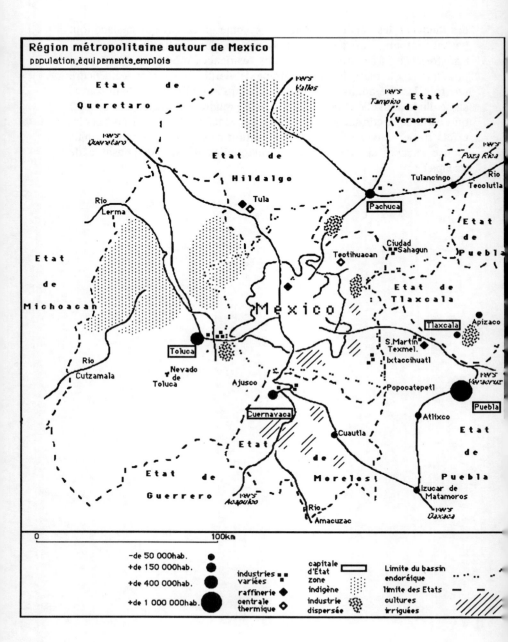

Région métropolitaine autour de Mexico
population, équipements, emplois

Etat de Queretaro

Etat de Veracruz

Etat de Hildalgo

Etat de Puebla

Etat de Michoacan

Etat de Tlaxcala

Etat de Morelos

Etat de Puebla

Etat de Guerrero

Rio Valles

Tampico

Queretaro

Poza Rica

Rio Tecolutla

Rio Lerma

Tula

Pachuca

Tulancingo

Ciudad Sahagun

Teotihuacan

Apizaco

Tlaxcala

Rio Cutzamala

Toluca

Nevado de Toluca

Ajusco

Cuernavaca

S.Martin Texmel.

Ixtaccihuatl

Popocatepetl

Puebla

Atlixco

Cuautla

Izucar de Matamoros

Rio Acapulco

Rio Amacuzac

Oaxaca

México

| 0 | 100km |

- de 50 000hab.
+ de 150 000hab.
+ de 400 000hab.
+ de 1 000 000hab.

industries variées
raffinerie
centrale thermique

capitale d'Etat
zone indigène
industrie dispersée

Limite du bassin endoréique
limite des Etats
cultures irriguées

216

CHAPITRE VII

AU DELA DE LA METROPOLE :
TOURISME ET DESCENTRALISATION
INDUSTRIELLES

Rappelons que la métropole mexicaine est entourée d'un milieu naturel morcelé, particulièrement contrasté ; qu'un réseau urbain ancien, certes moins prestigieux que celui du Bajío, mais très diversifié, peut servir d'appui à une grande variété d'activités nouvelles; et qu'enfin un découpage politique particulièrement complexe permet aux Etats qui ceinturent la capitale un jeu d'influences diversifié. Malgré cela les effets de masse prédominent, tant dans l'implantation d'un tourisme très stéréotypé pour les citadins que dans l'investissement industriel, où l'initiative locale est largement dominée par les actions nationales ou internationales.

DYNAMIQUES DE CROISSANCE ET DECENTRALISATION INDUSTRIELLE

Selon un schéma classique, toutes les recettes proposées depuis les années 1960 pour rééquilibrer l'urbanisation mexicaine en faveur de la province ont porté sur un transfert vers celle-ci de l'investissement industriel. Paradoxalement il semble qu'il s'agisse d'un succès décevant : la cible a été atteinte, mais ce n'était pas la bonne pour bloquer la croissance métropolitaine.

Nuançons ce jugement : cette croissance, unique au monde, n'empêche pas un renversement de tendance indéniable au cours de la décennie 1970 ; certes l'agglomération accroît sa part de la population nationale, mais elle diminue sa part d'une population urbaine en très forte croissance (même en ne retenant que les localitatés de plus de 20.000 habitants) : en 1980, le Grand Mexico n'accueille plus "que" 43 % des urbains du pays... contre 51 % dix ans plus tôt. Comparativement la part des autres grandes métropoles provinciales se renforce, et surtout c'est l'ensemble des autres villes moyennes et grandes qui augmentent leur part démographique. L'image de Mexico seule dynamique dans un marasme provincial dont l'unique Monterrey émergeait vaut pour les années 1950 ou 1960, mais elle est périmée dans un Mexique dont plus de la moitié de la population est devenue urbaine.

Est-ce que le modèle de croissance fondé sur une industrie de substitution d'importations concentrée dans la capitale est révolu ? Oui, à bien des égards, car les services et surtout ceux liés à l'Etat ont créé beaucoupo plus d'emplois que l'industrie de transformation et les ont créé encore massivement à Mexico. Est-ce que la législation de décentralisation au détriment de la capitale a eu des effets ? Oui en ce sens que l'industrie manufacturière -quand elle a certes cessé d'être le principal moteur de la croissance urbaine- s'est localisée différemment dans la décennie 1970-1980, avec 14 % des créations d'emploi du secteur pour le système métropolitain contre plus de la moitié dans la précédente décennie. Ce sont les grandes métropoles industrielles provinciales et de plus en plus la frontière nord qui ont attiré les nouvelles créations manufacturières. C'est que la nouvelle industrie est soit liée directement au boom de l'exportation pétrolière (biens d'équipements...) soit composée d'usines de montages destinés à l'exportation en franchise vers les Etats Unis et implantées sur la frontière *(maquiladoras)* .

Mais plus encore que le tassement industriel de la capitale, c'est le transfert de cette activité à l'intérieur du système métropolitain qui est spectaculaire. Si dès la décennie 1960-1970 les créations d'emploi dans les manufactures étaient aussi nombreuses dans la banlieue appartenant à l'Etat de Mexico que dans le District Fédéral, pendant la décennie suivante, le District Fédéral perd un quart de million d'emplois industriels, pas tout à fait compensés par les créations dans la banlieue hors de celui-ci, pour aboutir à un solde légèrement négatif de l'ensemble : la loi, la fiscalité, le prix des terrains, des infrastructures et des services ont joué pour une déconcentration hors agglomération. Seule une étude fine dirait la part, dans cette photographie, d'une définition statistique plus serrée qu'avant de l'activité manufacturière en 1980, celle de l'élimination réelle de fabriques et ateliers vétustes, et celle des véritables choix de transferts d'usines ou d'implantations nouvelles de celles-ci hors agglomération.

Face à ce solde négatif de l'agglomération, la couronne métropolitaine, composée de villes de toutes tailles très fortement reliées à Mexico au sein de ce que nous appelons système métropolitain, gagnent -modestement- 120 000 emplois industriels nouveaux. Faute d'étudier systématiquement ces implantations, essayons simplement de décrire, pour les cinq Etats concernés par le phénomène, les contextes sociopolitiques et les infrastructures qui l'expliquent pour aboutir à des ensembles urbains originaux.

L'Etat de Mexico, dont en 1980 la banlieue manufacturière équivaut presque à l'industrie en District Fédéral, a bénéficié de 150.000 emplois nouveaux dans ce secteur en 1960-70 et 250.000 pendant la décennie suivante : dynamisme des arrivées de capitaux, des branches technologiques nouvelles, mais aussi mobilisation d'une matière fiscale puissante qui a permis un urbanisme dont la qualité ou le prestige se concentrent principalement dans la Capitale de l'Etat, Toluca : les voies d'accès triomphales la prolongent vers le nord et surtout à l'est vers le District Fédéral où l'autoroute *se rétrécit* en arrivant dans ce chemin, après la déviation vers le nouvel aéroport international de Lerma. Les monuments publics se sont multipliés, depuis les palais officiels du centre et la transformation de l'ancien marché couvert en serre ornée de vitraux jusqu'à l'ensemble de l'Université et de son stade. En bordure de l'autoroute Toluca-Lerma, au nord, la zone industrielle sur des terrains pris essentiellement sur d'anciennes haciendas, au sud une zone complexe d'habitations moyennes ou modestes, de commerces et de services, occupe principalement des terres des vieilles communautés villageoises riveraines.

Mais les moyens financiers de l'Etat de Mexico ont permis aussi la meilleure infrastructure de routes goudronnées et de désserte d'électricité du pays dans les campagnes densément peuplées du bassin de Toluca et de ses bordures. Campagnes traditionnellement médiocres de minifundio où l'emploi non agricole, enraciné dans la tradition de l'artisanat, du colportage ou de la maçonnerie, n'a cessé de se diversifier et de se multiplier. Le mariage de cette tradition et de ces infrastructures a permis l'essaimage de fabriques modernes dans une série de bourgades du bassin, créant des emplois qui s'ajoutent à ceux de Toluca (où l'on peut aller travailler quotidiennement depuis bien des villages) ou à ceux de la Capitale (où des membres de bien des familles rurales vivent et trouvent des ressources en partie dépensées au village).

Symétriquement, le bassin de Puebla-Tlaxcala, appartenant à ces deux Etats, connaît aussi une industrie dispersée dans des bourgades, selon une tradition encore beaucoup plus enracinée dans les ateliers du textile *(obrajes)* qui remontent à la colonie. Cette industrie s'appuie aussi sur un monde paysan où le travail artisanal local et la migration temporaire à la Capitale s'associent aux ressources agricoles des familles. Ici aussi le schéma de la déconcentration industrielle (ou l'automobile triomphe) s'appuie sur l'axe autoroutier tant pour la capitale elle-même que pour San Martín Texmelucan, qui accueille en tête la pétrochimie. La masse industrielle est plus forte qu'à Toluca, tout comme le poids d'une grande ville de province dont les atouts historiques auraient pu rivaliser avec Mexico : centre administratif, religieux, textile, mieux relié au port colonial de Veracruz, Puebla continue à rivaliser avec Ciudad Juarez, à la frontière du Chihuahua, pour le quatrième rang des villes mexicaines. Mais le poids de l'industrie déconcentrée dans le bassin n'est ici qu'un peu plus de la moitié de celle que le bassin de Toluca a su attirer dans la décennie 1970-80 : c'est le prix du handicap représenté par une distance supérieure de 70 Km pour rejoindre la grande métropole.

Le Hidalgo pousse une pointe bien plus proche vers celle-ci et sa capitale, Pachuca en est aussi moins éloignée. Cependant la faible infrastructure urbaine de cette ville ne s'appuie guère que sur un centre minier en décadence au XXe siècle et connaît un climat politique conflictuel durable. De par sa situation suburbaine, le Hidalgo a bénéficié de deux opérations industrielles publiques successives : le symbole de la décentralisation industrielle à la charnière de 1960 fut Ciudad Sahagún, implantée en rase campagne à côté d'un monastère où resida le célèbre moine ethnologue qui lui donne son nom. Ville des automobiles Renault qui ferment en 1986 et de quelques autres usines de mécanique qui n'ont jamais eu une expansion importante (ne pas comparer avec Volkswagen à Puebla !) dans la mesure où le fonctionnement des entreprises d'Etat et de leur système syndical ne s'accrochait ni à un urbanisme préexistant ni à une association à un capital privé méfiant.

Toujours au Hidalgo, le site de Tula s'est imposé dès les années 1950 pour des raisons géologiques (présence de roches calcaires à distance de l'axe volcanique) en faveur de l'implantation de puissantes cimenteries -industries polluantes s'il en est. La position de cette ville par rapport aux grands tracés d'oléoducs l'a doté en outre dans les années 1970 d'une raffinerie et d'une centrale électrique thermique -tout ceci à la limite des ressources en eau locales et pour le service exclusif de la capitale mexicaine. Ajoutons à cela quelques fabriques à Tizayucan, dès que l'on sort de l'Etat de Mexico et de ses limitations légales imposées à la fin des années 1970 ; plus loin sur le même axe routier quelques autres fabriques dans la capitale de Pachuca elle-même, à peu près débarrassée des scories urbaines qui la rendaient peu digne d'une capitale d'Etat au milieu des années 1960, et l'on comprendra que la création d'emplois industriels de la décennie 1970 dans le Hidalgo ne soit pas la moitié de celles de Puebla.

Nous aurons trop à dire sur le Morelos du tourisme, dans le tropique aimable que depuis les beaux quartiers du sud de la capitale on atteint en trois quarts d'heures d'autoroute, pour insister longuement sur l'urbanisme qui accompagne les résidences secondaires, les piscines et les hotels. Celui-ci se greffe sur une très modeste ville coloniale, même si celle-ci fut choyée par H. Cortés : à Cuernavaca, guère de traditions urbaines pour accueillir une capitale d'Etat, tout comme à Pachuca. La fortune vient de la mode touristique qu'inaugurent l'ambassadeur des Etats Unis Morrow et les politiciens de la Révolution au détour de 1930. Beaucoup plus précoce que pour les autres capitales voisines, sa croissance ne se dément pas depuis 1940. Dans la boucle du tronçon d'autoroute de dégagement aménagé au milieu des années 1960, le plus modeste ensemble industriel de la couronne métropolitaine attire moins de 10 000 emplois dans la décennie 1970-80, avec les automobiles Toyota entre autre.

Etranges montages urbains que cette couronne : des villes que la tradition enracine dans des milieux ethniques, ruraux ou miniers que rien ne rapproche assumant d'abord depuis la fin du XIXe siècle des rôles politiques de capitales encore bien dissemblables de par les territoires qu'elles doivent gouverner. Puis politique de décentralisation, puissance de l'industrie automobile et infrastructures d'autoroutes rapprochent leur destin suburbain à l'ombre de la métropole nationale.

Emplois dans l'industrie de transformation :
grands équilibres nationaux

	1960	%	créations 1960/70	1970	%	créations 1970/80	1980	%
Système métropolitain	750	48	322	1072	49	56	1128	44
Grands ensembles urbains								
intérieurs (1)	299	19	138	437	20	155	592	23
Frontière (2)	170	10	46	216	9	109	325	12
Reste du pays	337	33	111	448	22	82	530	21
Total Mexique	155	100	617	2173	402	2575		

(1) Jalisco, Nuevo León, Tabasco, Veracruz
(2) Baja California Norte, Coahuila, Chihuahua, Sonora, Tamaulipas

Population urbaine au Mexique
(localités de plus de 15 000 hab.; en milliers d'hab.)

	1960	%nat.	%urb.	1970	%nat.	%urb.	1980	% nat.	%urb.
agglomération métro.	4947	14	40	8752	18	40	14400	21	42
Guadalajara	851	2.5	6	1456	3	6.5	2856	4	8
Monterrey	708	2	5	1263	2.5	5.5	2166	3	6
autres villes	6241	18	49	10533	21.5	48	15179	23	44
Pop.urbaine totale	12747	36.5	100	22004	45	100	34601	51	100
Population nationale	35000	100	-	48377	100	-	66848	100	-

Emplois dans l'Industrie de transformation :
ville, agglomération, système métropolitain
(en milliers)

	1960	création	1970	création	1980
DF	535	130	665	- 258	407
Banlieue Etat Mexico	53	136	189	193	382
Total agglomération	588	266	854	- 65	789
Etat Mex.hors banlieue	34	23	57	66	123
Hidalgo	27	3	30	12	42
Morelos	12	9	21	8	29
Puebla	75	17	92	28	120
Tlaxcala	14	4	18	7	25
Total couronne metrop.	162	56	218	121	339
Total système métrop.	750	322	1072	56	1128

Population des villes de la couronne
du système métropolitain (1)
(milliers d'habitants)

	1960	1970	1980
Puebla	305	401	772
Toluca	89	114	199
Cuernavaca	77	134	192
Pachuca	64	83	110

LES FINS DE SEMAINE DE L'HOMME DE LA CAPITALE

Le rêve du week-end

Depuis que la ville est un univers qui s'enclot sur lui-même, les citoyens urbains ont toujours éprouvé le désir d'échapper un moment aux nuisances écologiques, d'alterner le temps du travail avec le temps du repos dont l'image est la nature. On en était arrivé à construire un visage ideal et bucolique de la vie champêtre qui connotait le bonheur et venait contaminer, même au sein de la cité, l'univers "concentrationnaire" urbain. La ville ménageait des "espaces verts", des jardins, pour transporter une atmosphère dans une autre.

Dans la mesure où, comme cela se produit à Mexico, le lieu édénique de la vie aux champs est de plus en plus impossible dans l'espace urbain qui ne lui laisse plus de place, nous avons vu que l'image du repos, du loisir et du plaisir tend à glisser vers un autre visage : celui d'un espace de loisir inscrit dans la conformation de la cité. Les "espaces verts", de plus en plus mités et dérisoires, font place à des "zones roses" où l'image du divertissement n'a plus les mêmes couleurs. Cependant, le mythe de l'évasion est encore présent, ce sont ses formes et ses modalités qui se modifient. La société de consommation, la conmmercialisation des plaisirs a changé le contenu de l' "envers" de la ville.

Les agences immobilières urbaines utilisent le mythe de la campagne pour promouvoir l'achat des résidences secondaires ; les agences de tourisme et de publicité exploitent le désir d'évasion pour construire et diffuser des symboles de la nature idéalisée qui sont plus le signe de paradis artificiels que du retour à la terre. La frénétique vocation de la fin de semaine à la campagne que ressent l'homme urbain des classes aisée et moyenne -reportons-nous pour nous en convaincre aux embouteillages dominicaux sur les routes de Cuernavaca, de Toluca, de Querétaro, ou de Puebla- est évidemment provoquée par la nécessité de fuir un milieu asphyxiant, de se mettre à la marge d'un espace et d'un temps usants et délétères. Mais cette nécessité de retrouver la campagne, de la part des gens qui ont désormais perdu la connaissance des signes vrais de la nature, correspond surtout à un rapport problématique, voire fallacieux avec la réalité.

L'homme urbain contemporain, et cela se vérifie particulièrement dans une mégalopole comme Mexico, est submergé par une forêt de symboles, de signifiants conventionnels dans lesquels se confondent constamment la réalité et l'idéalisation bucolique citadine. Dans un tel contexte, sous une telle charge d'images, de mirages et de symboles, le retour alternatif à la campagne, conçu comme une respiration, comme les retrouvailles avec la réalité naturelle, est fortement entaché de fiction. La nature du "week-end" est un *épiphénomène de plus* de la vie urbaine moderne.

La campagne imaginée et réalisée par l'habitant de la capitale fonctionne la plupart du temps avec des signes urbains, une symbolique de l'espace et du contexte de la ville. On peut dire que les rapports dialectiques traditionnels ont été maintenant inversés. Ce n'est plus la campagne qui vient contaminer la vie urbaine pour la faire respirer, c'est la ville, avec ses signes et ses symboles, qui vient contaminer la campagne comme pour la coloniser, l'acculturer en quelque sorte.

La "fin de semaine" du citoyen urbain est la recherche, dans la résidence secondaire ou dans le "séjour tout compris" dans un hôtel d'Acapulco, à Cuernavaca, Tepoztlan ou Taxco, d'un divertissement, exutoire certes, mais qui est beaucoup plus marqué par la culture de la ville que par les modes de vie traditionnels du paysan. L'homme de la ville échappe ainsi aux désagréments de la ville, mais il tient à conserver les avantages de confort, de loisirs sophistiqués et de consommation, construisant ainsi hors de la ville des espaces nouveaux qui essaient de concilier les deux univers. L'un -la campagne- sert de décor et de cadre conventionnel ; l'autre -la vie urbaine- prolonge dans ce décor les artifices d'une vie citadine vouée à la consommation et aux modes. C'est que les exigeances du confort à l'américaine sont exacerbées hors de la ville : les moustiques, les fourmis ou les feuilles mortes sont signes de l'agression d'une nature menaçante, surtout en terres chaudes, qui porte des maladies moins familières que celles de la pollution urbaine quotidienne. De même, comme aux Etats Unis, la mer reste une image et ses dangers sont dès qu'on le peut remplacés par le vrai plaisir de la piscine.

Ce phénomène est beaucoup plus sensible dans un contexte mexicain que dans les milieux européens que nous connaissons. Cela pour deux raisons. La première est que dans une ville hypertrophiée, donc plus envahie par des nuisances, les nécessités d'évasion sont plus fréquentes. Il est plus difficile d'attendre le "congé payé" pour partir en vacances. Alors que dans nos villes européennes, l'homme urbain des classes moyennes repartit son temps entre onze mois de travail à la ville et un mois de détente dans la "nature", malgré les efforts de l'Etat et des métiers du tourisme pour "étaler" les vacances, le Mexicain préfère partir plus souvent pour des séjours plus courts.

Là aussi le modèle des Etats Unis est d'ailleurs présent, où le temps long des vacances est beaucoup moins installé qu'en Europe. Mais en plus la tradition religieuse reste puissante : aux longs week-ends s'ajoutent les trois points forts de la Semaine Sainte, de la fête des Morts et de Noël, cette dernière étirée dpeuis le jour de la Guadalupe (12 Décembre) suivi des Posadas, jusqu'au jour des Rois (6 Janvier). Les retrouvailles familiales en province viennent alors concurrencer les hauts lieux du tourisme.

La deuxième raison a les mêmes effets : dans un pays tropical où les différences climatiques ne sont pas aussi contraignantes qu'en Europe, il n'est pas indispensable d'attendre des "saisons" pour organiser les départs. Toutes les périodes de l'année sont propices à l'évasion par courtes échappées. Les conséquences de cet étalement tout au long de l'année de brèves "respirations" hors de la ville font que les gens de la capitale n'ont pas le temps de se dépayser profondément, de s'intégrer ne serait-ce qu'un peu à la culture de la campagne. Ils doivent se contenter d'amener dans leurs bagages les images stéréotypées qui leur sont offertes par les modes "dans le vent" ou par les marchands d'illusions bucoliques que sont les publicitaires ou les agences de tourisme. Il se constitue ainsi une série de lieux de loisirs et de récréation à la campagne qui sont des espaces intermédiaires, des "coins de paradis" hybrides et bien déterminés où viennent se regrouper à des périodes définies les hommes de la ville sans contact authentique avec le monde paysan. Ces lieux sont d'ailleurs bien particuliers, situés très précisément dans une certaine gamme de signes et de symboles qui dépendent d'un marché touristique de l'offre et de la demande de plaisirs urbains.

Trois images essentielles constituent cet univers de fin de semaine et de courtes vacances pour l'habitant de Mexico. Il y a d'abord *la mer* , avec les plages, les jeux nautiques et les plaisirs nocturnes des hôtels à l'atmosphère internationale. C'est surtout le Pacifique, et Acapulco en priorité, en raison de sa renommée internationale touristique et de sa plus

grande proximité (400 Km) de Mexico, qui joint des faveurs de la clientèle de la capitale. Les plages de l'Atlantique, du côté de Vera Cruz, sont plus lointaines et bénécient d'une image moins luxueuse.

Vient ensuite le stéréotype de *la montagne* : forêts, promenades à cheval, lacs où l'on peut se livrer à des plaisirs nautiques, espaces propices aux randonnées pédestres, aménagement de terrains de tennis... etc... Dans ce domaine, le Mexicain de la capitale a deux possibilités majeures : soit il peut aller passer la journée dans les montagnes boisées toutes proches sur la route de Tolcua (Desierto de los Leones, La Marquesa), soit, pour un séjour plus long ou un week-end, aller à Valle de Bravo, cent kilomètres plus loin dans la même direction, où tous les plaisirs montagnards lui sont offerts.

Enfin, troisième volet principal des loisirs champêtres du citadin, il y a la résidence secondaire dans un petit village proche de la capitale, plus précisément en descendant de la haute vallée de Mexico, vers le Tropique, à Cuernavaca, Tepotzlan ou Cuautla, où le dépaysement de fin de semaine se situe dans la maisonnette ou la résidence hacienda au milieu des fleurs et des jardins, autour d'une piscine. Pour ceux qui n'ont pas les moyens d'acquérir ou de louer une résidence, il y a la possibilité de se délasser soit dans de luxueux hôtels-haciendas qui recréent très artificiellement la campagne tropicale associée au bien-être le plus moderne (Cocoyoc), soit dans des ensembles plus modestes créés par l'Etat et la sécurité sociale (Oaxtepec) qui reconstituent à un autre niveau le même imaginaire de loisir tropical.

Les plaisirs de la vie naturelle mexicaine pour le citadin sont ainsi localisés en catégories bien précises qui essaient de synthétiser, plus ou moins artificiellement, les signes conventionnels, l'imaginaire et les symboles que le citadin attend de la nature. La demande détermine l'offre et la nature est "organisée en fonction de ce que l'on attend d'elle". Encore faut-il préciser, et ce phénomène est d'autant plus significatif de la contamination urbaine, que le phénomène d'entropie joue rapidement dans les modes et les enthousiasmes pour ces lieux de loisir hors de la ville. C'est l'affluence qui définit la "cote" des espaces de fin de semaine ou de vacances privilégiés. Les espaces d'évasion sont d'abord découverts et fréquentés par une "élite" économique urbaine, puis vient l'affluence de la classe moyenne jusqu'à une relative prolétarisation, et les stéréotypes déplacent leur territoire sans changer leur structure fondamentale. La nature a toujours, pour l'homme de la capitale qui a besoin d'échapper à l'atmosphère étouffante de la mégalopole, les trois visages bien codifiés des plaisirs de la mer, de la montagne ou de la campagne tropicale, à grand renfort de construction par les medias, la publicité et le tourisme, de stéréotypes bien précis. Ce n'est pas la nature inconnue, dépaysante, que le citadin va rechercher dans ses courtes évasions de fin de semaine ou de "ponts", c'est l'image pré-établie, pré-illustrée et assénée continuellement dans la vie quotidienne urbaine, aseptisée et chargée d'idéal, qu'il vient retrouver. La nature du week-end devient l'image de la nature que fabrique la ville.

"Your outside is in"

(J. Agustín, *Se está haciendo tarde*)

La littérature contemporaine, là encore, reflète bien cet état de fait. Déjà dans les années 50, quand Carlos Fuentes, avec *La región más transparente* ouvre l'ère de la littérature urbaine et nous situe dans les signes nouveaux de la Capitale, la ville balnéaire d'Acapulco vient s'adjoindre au monde de la mégalopole. La mer et la plage ne sont plus des élèments alternatifs, opposant la nature à la civilisation, mais plutôt un prolongement, un complément à l'atmosphère de la ville qui vient contaminer le décor traditionnellement "élementaire" des vacances.

Le groupe des fêtards aisés de Mexico vient retrouver à Acapulco un décor satellite de ses "parties" capitalines : "Norma se prélassait sur sa plage privée au pied de son énorme maison en terrasses, avec des plantes serrées autour du bar de bambous et de cocotiers. Quelques lumières artificielles étaient accordées par le ciel". La ville d'Acapulco, lieu d'évasion pour le citadin, n'est en fait qu'un quartier chic de la capitale mexicaine, où l'on peut trouver des luxueuses résidences urbaines adaptées au contexte balnéaire. Les plages, dans cette transposition de la ville à la campagne, deviennent les lieux de réunion mondaines : "A une heure de l'après-midi, la plage commençait à se remplir de personnes en maillot de bain, à la main de grands verres de Tom Collins et de Planter's Punch. L'éternel trio de guitaristes, détail inévitable de l'expansion mexicaine, ruminait des chansons sentimentales. Tous ceux qui voulaient être vus à Acapulco venaient s'asseoir à cette heure-là dans le Bar Balí, plein à craquer".

C'est comme si la citadin changeait de lieu non pour se dépayser, mais pour transporter avec lui le décor et la manière de vivre de la capitale. Rien ne manque de la ville à Acapulco, il y a même la transposition balnéaire des quartiers populeux et colorés des classes moyennes et des touristes : "Le cuarcuar des groupes de nord américains avec des chapeaux de paille, jupes multicolores, lunettes noires, cigares et appareils de photo. Les lumières au néon des bars et des hôtels, les odeurs d'essence et de poisson pourri, les claxons insistants, les sifflets des policiers, les boîtes à musique comme des accordéons étouffés de chaleur; les édifices neufs, déjà délabrés... plages recouvertes de mégots et de bouteilles... la mer avec des taches d'huile, les skis eparpillés, les barques qui se balancent. Gin et rhum au rythme du tambour tropical... l'ongle blanc et végétal d'Acapulco incrusté dans le doigt d'alcool, de béton et de dollars". Telle est l'image de la mer et des plages : une projection de tous les syndromes de la grande ville sur une nature, cachée par les gratte-ciel et la plage dans un univers de souillure.

Comme pour souligner la dérision de cette évasion, Carlos Fuentes décrit l'arrivée d'une famille de la classe moyenne dans ce "Paradise in the tropics" : "Le père, la mère, la grand-mère et cinq enfants arrivent à Acapulco dans une Chevrolet 1940 pleine de boue, de peaux de bananes et fleurant le vomi...". Ils cherchent l'hôtel où il y aura une piscine, et comptent leurs sous pour savoir s'ils pourront satisfaire un minimum de consommation de la station balnéaire : les pourboires, les promenades en bateau, les boissons de coco, tout ce qui constitue l'imaginaire exotique des vacances à la mer, stéréotypées et programmées. Tout cela devant le port : "la chaleur suffocante, l'odeur de poissons morts et d'essence". La nature est un produit de consommation par l'homme urbain qui ne retrouve, sous l'évasion exotique si vantée par les agences de tourisme, que des variations apparentes de la structure profonde de la vie dans la ville : l'univers clos, pollué et entropique des plaisirs artificiels. Le monde naturel recherché par le citadin n'est que l'écho de l'univers de la mégalopole.

Un peu plus tard, au moment où la littérature, dans les années 60, devient plus systématiquement urbaine, avec la génération de la Onda, ce phénomène de contamination de la campagne par la ville ne fait que s'amplifier. Après les portraits un peu "typiques" des classes aisées et des prolétaires à la mer chez Carlos Fuentes, les écrivains de la Onda nous montrent, et c'est sans doute plus significatif, ce que représentent la mer et les vacances à la plage pour les jeunes des classes moyennes, à savoir ceux qui sont le visage du futur proche Mexicain.

José Agustín écrit même un roman paradigmatique à cet égard, puisque dans *Se está haciendo tarde (final en laguna)* , nous avons un roman totalement urbain qui se situe uniquement à Acapulco. Le décor est celui du mercantilisme de la zone rose : "Autour des petits restaurants de Caletilla... les vendeurs de sorbets de citron et les serveurs parcouraient les plages en long et en large, sans voir la colline et le vieil hôtel Caleta, la mer tranquille et au loin la petite île de la Roqueta... trois touristes buvaient de l'orangeade... deux vieilles dames buvaient de la vodka tonic ou du martini sec ou des daiquiri... un cireur de chaussures sommeillait, assis sur les marches qui conduisaient à la plage".

Dès le début du roman, l'atmosphère dépeint parfaitement comment le cadre naturel est avant tout un cadre touristique pour habitants de Mexico: "Cette histoire commence à Caleta, qui connut des moments de grande prospérité dans la décennie des 50. Grands hôtels, tourisme international, les cabarets à la mode s'installèrent là-bas. Cependant, au début des années 60 les célébrités et le bruit se déplacèrent au sud d'Acapulco : nouveaux hôtels, cabarets meilleurs et une autre génération moins inhibée...". Pour les jeunes de la capitale, les vacances ne représentent pas un dépaysement qui permet d'échapper aux nuisances de la ville, mais plutôt une accentuation de la fête urbaine, plus purement savourée dans la mesure où elle est détachée du travail et des obligations professionnelles.

La station balnéaire est en quelque sorte l'image du divertissement urbain à l'état pur, où l'on retrouve les plaisirs de la foule, du bruit et de la consommation : "la quantité incontestable de touristes nord-américains lançaient des cris enthousiastes, sous l'effet des Planter's Punch. Les marchands -enfants et femmes pour la plupart- offraient des chewing-gum, des frites à la sauce buffalo, des chapeaux, des sandales, des sorbets, de l'huile de coco, des journaux à trois fois leur prix... "pour un peso je fais la danse du ventre"... quelques baigneurs très mexicains entonnaient des chansons patriotiques en choeur, accompagnés à la guitare et avec une bouteille de rhum mise au frais dans le sable. Et malgré tout ce vacarme et ce bruit, tous semblaient prendre beaucoup de plaisir, ou affectaient de le prendre".

Aucune trace d'un délassement silencieux dans la nature apaisante, mais plutôt un renforcement de l'agitation forcené du divertissement urbain. Aucune trace de la petite maison bucolique et de l'indigène de la campagne. Les pêcheurs ont disparu pour faire place aux loueurs de bateaux de promenade, aux maîtres-nageurs modèles de body-building et aux moniteurs de ski nautique. Le paysage humain est celui des fêtards de la ville : "lunettes sombres, barbes, pipes et cigares de 100 millimètres, verres de wyski "on the rocks" ou cocktails remplis d'herbes et de fleurs, shorts, hotpants, bermudas, chemises à fleurs, bikinis, briquets en or, souliers blancs en peau de chèvre, regards rougis par le manque de sommeil". Dans ce milieu on vit surtout la nuit, dans les "boîtes", et rien ne ressemble plus à cette vie nocture : musique à la mode, alcool, fumée (souvent de la marihuana), flirts, conversations sur les modes, préoccupation por le look, voitures américaines et lumières au néon, que la vie nocturne de la capitale.

Encore une fois, l'imaginaire est emporté avec soi, et la nature balnéaire est une auberge espagnole où l'on trouve ce qu'on y apporte. Un des personnages du roman dit même de façon très significative: "Il fermait et il ouvrait les yeux et c'était la même chose : le monde extérieur était à l'intérieur". Le déplacement dans l'espace ne change pas l'espace que l'homme de la ville porte en lui et en projette le décor, où qu'il se trouve.

A la mer comme à la ville, les jeunes vivent de musique, d'alcool, de fumée et de fêtes, de foule et des plaisirs artificiels. Natura naturans est Natura urbanisans. Comme Agustín, Gustavo Sainz, dans *Compadre lobo* décrit ce que représente l'évasion vers la mer pour les jeunes de la ville. L'un de ses personnages éprouve le besoin de partir de Mexico avec son amie pour retrouver le mythe de la solitude à deux loin de l'atmosphère étouffante de la ville qui use les sentiments. Mais une fois à Acapulco, il vit avec elle la nuit des "boîtes" et des hôtels, des bars et des cabarets, du monde des paris aux jeux nocturnes de pelote basque : "Ils se vautraient sur la plage, avec la gueule de bois de l'alcool et des enthousiasmes fictifs, des joies artificielles. Leurs fêtes se consummaient dans l'inutilité et l'ennui. Et l'on sait bien que les ivrognes ne savent où aller parce qu'un endroit ou un autre, pour eux c'est pareil". La paix des amoureux qu'ils ont recherché ne peut être atteinte. Le personnage prend conscience de cette *immobilité voyageuse* : "Il s'évadait en restant toujours au même niveau, c'est à dire pas plus loin que le bout de son nez". La nature traditionnelle n'est plus qu'un mythe lointain et inaccessible. L'immensité de la mer est cachée, obstruée par les hôtels, les boutiques et les cabarets qui masquent son visage.

Parmi les évasions hors de la capitale, c'est la mer qui est le plus souvent évoquée dans la littérature. Cela semble normal. L'évasion vers la mer est davantage synonime de plaisir de repos et facilite le glissement vers le divertissement. La campagne ou la montagne signifient plutôt le dépaysement par l'effort physique et une rencontre plus corporelle avec la nature : arbres et promenades, contacts plus actifs. Pourtant, ces deux modalités subissent à leur tour la contamination urbaine.

Le roman contemporain, à peu près totalement plongé dans la réalité et les signes de la capitale, ne manque pas d'épisodes d'échappées à la campagne. Elles se situent à peu près toutes sur les hauteurs qui dominent la ville de Mexico : soit au Désert des Lions, La Marquesa, vers Toluca, soit aux Tres Marías sur la route de Cuernavaca, soit encore un peu plus loin quand le relief descend et qui apparaissent les premiers paysages plus tropicaux.

La "Pandilla" de Lobo, dans le roman de Gustavo Sainz, organise des journées à la campagne pour prolonger les nuits de chansons, de danses et de beuveries dans les cabarets de la capitale. Il est significatif que, pour ces évasions champêtres, ils emmènent avec eux les entraîneuses des établissements nocturnes qu'ils fréquentent, et souvent une bonne provision de bouteilles. Cependant, l' "excursion" démarre toujours en fonction d'un imaginaire traditionnel et du mythe écologique : "Nous évoquions le passé plein de fraîcheur des excursions, des randonnées dominicales où la règle fondamentale était de ne pas boire et de dépenser toutes les énergies accumulées pendant la semaine. Nous allions à Palo Bolero, à La Marquesa, à l'Ajusco, à Las Estacas, à Amecameca, à Tulancingo, au Desierto de los Leones et même jusqu'à Valle de Bravo. Le monde pouvait être atroce au-delà de la ceinture humide des montagnes ou de l'extension des vallées, mais pour nous, pour ceux qui nous regroupions pour converser, la quiétude et le silence du paysage était un tranquillisant.

A peine de temps en temps un tas de feuilles mortes ou quelque branche d'arbre paraissaient se secouer un peu..." Ce sont les seules notes quelque peu champêtres de ces moment à la campagne. Nous avons ici l'énumération complète des lieux de promenade des habitants de la capitale et l'évocation de la fonction mythique de la nature : la santé (pas de boisson), l'apaisement (exutoire des énergies de la vie urbaine), quelque frémissement de feuilles. Mais en dehors de ces clichés, aucun contact vrai avec le monde rural. Les jeunes gens se retrouvent pour "converser" plus que pour profiter du décor. D'ailleurs, les bonnes intentions de sobriété sont vite transgressées, on passe vite à la boisson et à la violence dans des bagarres avec les habitants du lieu, le besoin de s'affirmer, d'être le plus fort.

D'ailleurs, comme par dérision, on apprend très vite pourquoi ces jeunes gens ne veulent pas boire quand ils partent en excursion : c'est tout simplement parce qu'un jour ils ont assisté à la noyade d'un citadin qui avait trop forcé sur le rhum. Il semble qu'il y ait impossibilité de pouvoir goûter vraiment le charme de la nature dont on s'est trop éloigné. Au moment où Lobo essaie d'évoquer les rivières et le ciel, son amie a peur de ce monde étranger et le ramène à une réalité plus proche et plus familière. La scène est très symbolique du mur infranchissable qui sépare le citadin des beautés naturelles : "Dans la rivière et dans le ciel les couleurs commençaient à descendre dans leurs tons plus sombres et plus flous, alors que les verts de la forêt devenaient plus épais. Comme celui qui se perd sur les pentes du Popocatepetl, Lobo évoqua ces *étranges* paysages des semaines passées, et à mesure qu'il glissait dans sa nostalgique conversation, Amparo Carmen Teresa Yolanda, dans la demi-obscurité, prit une de ses mains et la plongea au plus profond de ses cuisses, parce qu'elle comprit qu'elle *était en terre étrangère* et que la meilleure solution était de se cacher dans des caresses et dans des gestes qu'elle connaissait, fermant ses oreilles et ses yeux à ces évocations qui l'exasperaient plus qu'elles ne la divertissaient". Cette scène montre bien l'impossibilité ou la peur du milieu naturel, devenu totalement étranger ; paradis perdu à peine retrouvé dans des mythes qui ne persistent que dans des clichés devenus surannés.

Une autre scène du roman est éminemment significative de l'aveuglement du citadin de la capitale pour les choses de la nature. Lobo et ses camarades vont camper près du lac de Tequesquitengo. La seule chose dont ils parlent et qui les intéresse, c'est de plonger pour explorer une maison engloutie : "On passa notre temps à plonger dans les maisons que le lac avait recouvertes il y avait peu de temps. On nageait parmi les meubles qui flottaient, on récupérait des cuillères, une poêle ou des choses sans valeur abandonnées par les habitants". Et aussitôt ils ont des ennuis avec la police qui veille autour du lac, retrouvant ainsi l'atmosphère de leurs larcins urbains, l'argent qu'ils doivent donner au policier corrompu.

La scène est très symbolique : le contexte de la capitale est toujours présent à la campagne et vient toujours recouvrir les élans bucoliques.

Il en est de même pour la montagne qui est rarement évoquée. Sa seule présence est dans les compte-rendus que quelques écrivains ont fait de la grande aventure d'Avándaro, épisode encore une fois fortement connotatif d'une acculturation de la nature par la capitale. En été 1969 a eu lieu aux Etats Unis le festival de Woodstock, qui a représenté pour Norman Mailer une importante mutation, un tournant de notre civilisation : "Comme en réponse au débarquement sur la lune, le festival de musique de Woodstockvint et passa, et quatre cent mille enfants restèrent assis sous la pluie pendant deux jours et deux nuits à écouter de la musique pop, les amplificateurs faisant bondir les nerfs sous les angles des musiciens du Saint des saints... conviction que le siècle était fini, qu'il s'était achevé pendant l'été de 1969".

Ce phénomène s'est reproduit une année plus tard à Mexico, dans les paysages montagneux d'Avándaro, où des milliers de jeunes gens de la capitale ont envahi et "colonisé" la nature, avec des groupes de rock, des marchands de hot-dogs et de coca-cola, des journées passées couchés sur des prés jonchés de papiers et de bouteilles, les yeux fermés à la nature, les oreilles bien ouvertes aux stridences des amplificateurs, la tête embrumée souvent par les vapeurs des drogues douces. Les oiseaux s'étaient tus ces jours là.

Ainsi, l'univers urbain semble envahir toute manière de vivre. Les traditionnelles possibilités d'alternance ente ville et campagne s'effacent. Les structures de la ville s'installent au dehors de la capitale dans des lieux "artificiellement naturels", programmés selon des mythes publicitaires et de consommation, qui ne sont plus que l'écho de l'existence urbaine. Les tropiques et la forêt deviennent satellites de la capitale.

HOMO URBANICUS

L'environnement démographique, écologique et surtout culturel, dans la mégalopole qu'est devenue Mexico, est totalement nouveau. L'homme mexicain urbain a changé, en très peu d'années et radicalement, de "circonstance". Contexte différent, codes différents, par conséquent homme différent. C'est dans le paradigme le plus signifiant de la civilisation contemporaine, à savoir dans la grande ville, que sont les plus perceptibles les marques d'une mutation à peu près totale qui marque les jalons de notre futur. Sans exagérer, on peut affirmer que ce bouleversement est comparable à celui de la Renaissance européenne et à la transformation humaine et sociale stigmatisée par Johan Huizinga dans l'*Automne du Moyen âge* .

Le changement de "ton de vie", pour utiliser son expression est au moins aussi important et annonce un homme nouveau. En ce temps là aussi, et cela est très significatif, c'est dans le passage d'un monde rural à un contexte urbain que se situaient les syndromes du bouleversement. L'Espagne en fut le reflet le plus considérable. Les modes de vie de la ville ont alarmé nombre d'observateurs sociaux et d'écrivains. Ce fut l'époque du "Mépris de Cour et louange du village". L'homme moderne prenait ses nouveaux traits.

Aujourd'hui le glissement s'opère de la ville à la mégalopole, les mutations sont analogues dans tous les domaines. La culture constitutive de l'homme est différente et c'est dans les plus grandes villes que se manifestent les signes de ce bouleversement. La culture urbaine actuelle forge un homme nouveau. Carlos Monsiváis définit cette manière d'être : "J'entends par culture urbaine les éléments (idéologie, phénomènes individuels, situations typiques, répertoire d' "idoles", masse de lieux communs, langage partagé, signes d'identité, pespectives pour vivre et comprendre le quotidien, etc.) intégrés *organiquement* à la conduite et/ou à

la vision des classes majoritaires" (*). C'est l'organisation nouvelle d'un univers social qui va forger l'homme urbain de notre époque ; du futur ?

Quand Mircea Eliade définit pour toute société les éléments déterminants de la formation d'un individu, il parle d'*initiation* et démontre que l'environnement est "un ensemble de rites et d'enseignements qui poursuit la modification radicale du statut idéologique et social du sujet à initier". C'est l'*initiation* qui confère aux hommes leur statut humain, par l'expérience fondamentale qu'elle représente.

Les mythes et les symboles, soit l'univers culturel, ont une fonction pédagogique, organisatrice et régulatrice, puisque les images agissent directement sur la sensibilité et l'imagination. La ville, comme nous avons pu le voir, est un milieu initiatique extrêmement contraignant, puisque la pression des messages y est intense. Le statut humain n'en peut être que modifié, la conduite et les comportements altérés. L'emprise de plus en plus étroite de l'homme sur le monde matériel s'est soldée par une emprise de plus en plus étroite du monde matériel sur l'homme et sur son passé. Les données de la dialectique entre la conscience et le monde extérieur ne sont plus les mêmes, et si elles provoquent un déséquilibre dans le fonctionnement social, ce déséquilibre est la marque d'une mutation qu'il faut considérer plutôt que condamner.

L'homme nouveau urbain, dont l'habitant de la capitale mexicaine, en tenant compte de ses particularités nationales, pourrait être le prototype, est physiquement remodelé. D'une part il accepte et assume la pluralité des apparences : nous avons vu que de la "Juana" ou de la "María" au "jeune cadre dynamique", les registres de présentation sont multiples et coexistent. Les stéréotypes peuvent avoir des origines variées, avec une prédominance pour les modèles émis par le cinéma, les revues, la publicité

(*) C. Monsiváis, "Zócalo, la villa y anexos", *Nexos* , 1-1-78. Mexico.

et en général tous les moyens de communication de masse. L'image physique du Mexicain urbain tend à s'internationaliser, les modes sont émises et imités avec une perméabilité de plus en plus grande, sans résistance "typique" traditionnelle.

Dans *La Princesa del Palacio de hierro* , de Gustavo Sainz, l'héroïne s'extasie de façon très significative devant la beauté d'un de ses amoureux : "Il était beau, beau, avec sa gabardine et son chapeau à bord rabattu, comme un artiste de cinéma". Plus loin : "Son corps avait la splendeur de la vie sportive ; sous le smoking on devinait les muscles vibrants, presque électriques, d'un agent secret ou d'un escroc de haut vol". Les stéréotypes de beauté féminine sont encore plus signifiants puisque les revues, posters et affiches qui occupent largement l'espace de la capitale constituent un miroir de ce qu'il faut être pour plaire.

C'est surtout dans le domaine de la sensibilité que le contexte nouveau urbain est le plus opérant. Les messages, que Mac Luhan a qualifiés de "Massages", transmis par les images et les sons sont plus "impressionnants" que les leçons scolaires, familiales ou étatiques. Carlos Monsiváis écrit : "Le caractère mexicain est pris en charge non par des actions politiques mais par les chansons, la radio, le cinéma et les revues... Grâce aux innovations technologiques, le processus de domination politique et idéologique est en train de déplacer les restes d'une tradition créole et hispanique ; il réprime ou isole les tentatives de maintenir des distances et de préserver des coutumes. Les modèles importés et imités sont les modèles nord-américains, les goûts sont modifiés, les styles de vie se transforment... Televisa est le vrai Ministère de l'Education publique". Les disques, les mythes cinématographiques, les bandes dessinées, les feuilletons et l'exaltation des idoles sportives sont le moyen le plus efficace de pénétration idéologique, de distribution des schémas de la consommation et d'ordonnance des modes "dans le vent".

Les citoyens de la grande capitale sont un "Marché captif" pour les mass-media, ils se voient offrir des perspectives différentes qui orientent ou désorientent leur comportement. Car c'est dans le comportement qu'on peut le mieux juger des effets alterants d'un contexte culturel nouveau pour le statut du citoyen. Les systèmes de relations sont bouleversés, les canaux de communication et de persuasion n'empruntent pas les mêmes voies. On ne calque plus sa conduite sur les modèles traditionnels hérités de valeurs nationales ou familiales, la conscience collective se dénationalise et s'intègre beaucoup plus aux valeurs d'une société marchande internationale qu'un sentiment de communauté nationale. Les relations inter-individuelles s'en trouvent complètement bouleversées. Le respect de l'Autre n'est plus fondé sur l'ascendance des mêmes pouvoirs, l'utilisation des mêmes codes et des mêmes langages.

Reste à évaluer la portée de la transformation culturelle et de relativiser les considérations alarmantes des observateurs et des sociologues. Bien sûr, ce déséquilibre structural a des effets qui peuvent être considérés comme inquiétants. On peut voir dans la violence, le stress, la solitude dans la foule, la passivité devant les modes, le désengagement politique des jeunes et une forme de cynisme la marque d'un danger pour la santé sociale. On peut parler de destruction de l'imagination critique, d'organisation d'un saccage des valeurs et d'un "affolement sémantique permanent". La surenchère dans les sentiments et les émotions, le "surmaquillage" des apparences, l'agressivité dans les rapports et la passivité culturelle peuvent être considérés comme les syndromes dangereux de la mégalopole.

Il est certain que ces syndromes doivent être analysés, afin que les individus qui les présentent prennent conscience de leur danger. Mais ce serait une erreur que de s'en tenir aux éléments négatifs d'un tel bouleversement. Toute mutation sociale est effrayante par définition, puisqu'elle détruit une image de l'homme sur laquelle repose notre confiance dans l'humanité. Elle est aussi porteuse de possibilité de rénovation des idées et des comportements reçus. Le changement des moeurs, des signes et des codes est inéluctable dans une société où, après une étape de *Renaissance* , au cours de laquelle les mot ont remplacé les choses, nous accédons au temps où la technologie se substitue aux mots. Et pour employer des termes adaptés à ce nouveau milieu, si les cadres changent, il ne faut pas se laisser noyer dans cette nouvelle immersion. Il convient plutôt de procéder à un "transcodage" qui doit permettre une meilleure adaptation à des réalités nouvelles.

Le poids des signes passés, pour la plupart révolus, ne devrait pas écraser le citoyen qui les reçoit. La seule possibilité de salut social est de se "re-alphabétiser" pour s'exprimer plus convenablement, en accord avec une circonstance qui exige une nouvelle dialectique. La ville de Mexico peut être considérée comme le pôle d'un phénomène de mutation sociale. On peut y voir les syndromes de la détérioration de l'image de l'homme dont nous avons hérité. Mais on peut aussi déceler, dans des effets tels que la pluralité assumée, les autres formes de solidarité et de prise de conscience démontrées dans des catastrophes ou des maux urbains, une nouvelle naissance à des données différentes. A l'époque troublée et troublante de puberté qu'elle est en train de vivre peut succéder l'avénement d'une maturité culturelle mieux signifiante et créatrice.

"La ville que nous voulons"

C'est sous ce titre que le Comité de rédaction de la revue *Nexos* a publié, le 24 septembre 1985, une déclaration destinée à manifester l'état d'urgence provoqué par le tremblement de terre du 19 septembre. Au delà de la situation ponctuelle, qui leur paraissait être la révélation d'un contexte urbain pathologique, les rédacteurs mettaient l'accent sur la nécessité immédiate d'une prise de conscience :

> "Il est indispensable de remettre en question le sens lui même de la ville et son caractère profond... Nous connaissons les énormes difficultés que représentent cette mise en cause, pour le futur, de la vie de la ville ainsi que la mise en place d'instances génératrices de justice sociale et de démocratisation citadine, mais nous savons aussi que le modèle ancien est parvenu à ses limites et on ne peut plus rien attendre de lui sinon de nouvelles catastrophes et une plus grande décomposition. L'heure est venue d'ouvrir les yeux et la sensibilité à cette évidence et de commencer à construire les fondations d'une autre vie urbaine... La réorganisation de la société civile comme corps participant est la voie essentielle de la reconstruction".

L'événement du tremblement de terre a mis en lumière, par delà le caractère ponctuel de la catastrophe, l'irruption de forces jusque là inconnues qui doivent modifier durablement notre conception de la vie urbaine et de sa réalité institutionnelle, de l'organisation sociale et administrative du District Fédéral. Il est urgent d'élaborer des projets constructifs, de tracer les voies de nouvelles conditions d'existence en sachant que la ville a atteint un seuil historique.

Notre but, dans cet ouvrage, n'a pas été différent. Guidés par la passion que nous avons pour le pays et pour la capitale, nous avons voulu faire une analyse, certes non exhaustive, d'un monde urbain en mutation. La réalité institutionnelle, tant civile qu'imaginaire, présente les fissures d'une modification structurale. Des structures s'écroulent, délétères ; d'autres se mettent en place, porteuses d'espoir d'une vie différente. C'est le temps d'une puberté de la ville. L'agglomération urbaine est un organisme vivant qui croît, se nourrit, dépérit et prolifère, qui aussi pense, rêve et imagine. Cet organisme se modifie, parfois radicalement comme aujourd'hui, avec les accidents pathogènes qu'implique cette entropie. Mais cette évolution est un signe de vie et de dynamisme ; elle est la voie, parfois difficile à définir, d'une fonctionnalité mieux adaptée aux données nouvelles de notre civilisation.

Les données physiques, sociales, psychologiques sont bouleversées; les signes et les symboles changent et la mutation est tout autant dans les éléments quotidiens que dans le savoir. C'est le constat de cette mutation que nous avons voulu faire. Il peut être instructif pour tous parce que, nous l'avons dit, le Mexico actuel est l'avenir de tous, qui sommes entraînés dans un mouvement d'urbanisation souvent effréné.

En premier lieu, l'environnement atmosphérique. Constater la pollution, la prolifération des nuisances tant visuelles qu'olfactives ou qu'auditives ne revient pas à dénoncer un irrémédiable état d'atmosphère invivable. Toute ville, pour si peu qu'elle soit industrialisée, comporte le danger de contamination atmosphérique dans notre système de civilisation. En suggérer les effets signifie la nécessité de trouver des remèdes de la façon la plus efficace et la plus urgente. Sans vouloir revenir à "La région la plus transparente", il est essentiel de prendre des mesures réalistes pour protéger les citoyens. Toutes les civilisations urbaines, de tous temps, ont eu, à leur mesure, à affronter ce problème. Peut-être notre ère technologique a les moyens de pallier, en toute relativité, ce fléau urbain.

Chez l'homme de la ville contemporaine, le rythme de l'existence et l'élargissement de l'espace du vécu a provoqué une altération des catégories mentales traditionnelles qu'il conviendrait de mettre à jour sans faire appel à des valeurs humanistes inactuelles. Les notions de temps et d'espace sont dans une large mesure modifiées, pour ne pas dire bouleversées ; il serait vain, voire dangereux et "stressant" de conserver la perception des données temporelles et spatiales d'un contexte vécu révolu.

La conscience qu'a l'homme de sa place au milieu des autres est également modifiée par l'explosion démographique dont Mexico est le parfait paradigme. Comme au temps du Siècle d'Or en Espagne où le passage de la vie rurale à la première vie citadine a fait réviser la notion d'individu au sein du groupe humain, nous assistons ici à une remise en cause des relations de groupe, dont il convient de s'accomoder pour parvenir à se situer par rapport aux autres. Ce qui était devenu au déclin du Moyen

âge l'avènement de l'anonymat peut se transformer, et les récents témoignages du tremblement de terre le prouvent, en prise de conscience d'une appartenance commune et de la nécessité d'être solidaires dans une cohésion de foule où l'individu retrouve sa place et sa vraie relation à l'autre.

Ainsi se transforment, non sans mal mais inéluctablement, les valeurs sociales de relations humaines, de communication et d'information. Les symboles et les signes qui régissent les liens sociaux, les mythes qui commandent les comportements ne sont plus de même nature. La participation à un langage nouveau et la création individuelle pour éviter la passivité annihilante deviennent une condition indispensable de l'existence réelle de l'homme dans la ville. La culture a de nouvelles voies, de nouvelles voix, et la plénitude de l'homme urbain, la voie d'accès à son accord aux autres et à un monde en mutation passe par l'apprentissage et l'adaptation au nouveau langage des relations de l'homme aux autres et au monde, s'il ne veut pas être enfermé dans un autisme destructeur, comme ces "chevaux masqués" des corridas dont parlait Henry François Rey pour définir l'homme contemporain.

Enfin, c'est un nouvel imaginaire que nous offre la grande ville, et les oeuvres artistiques qu'elle génère montrent à l'évidence que les clichés sur lesquels nous avons vécu jusqu'ici sont pour la plupart en discordance totale avec le monde qui nous entoure. Nombre de nos visions héritées d'une culture sont aujourd'hui périmées et l'adaptation lucide, sans rejet systématique ni adhésion inconsidérée, à un nouveau contexte est plus que jamais nécessaire, si nous voulons conserver nos possibilités d'action sur le monde que nous habitons.

En un mot, les avatars de la mégalopole que nous nous sommes attachés à signaler ne sont pas les signes négatifs d'apocalypse. Ils ont valeur d'exemple et visent à souligner les nouvelles modalités d'existence de l'homme urbain. On ne peut pas modifier le cours d'une civilisation pour protéger l'homme. Il faut que l'homme apprenne à se modifier en fonction des nouvelles données pour se protéger du cours d'une civilisation.

Plutôt qu'un déclin, c'est l'éveil d'un monde nouveau que nous signifient les syndromes pathologiques de la mégalopole. Considérer ces syndromes, si apparents dans une ville telle que le Mexico d'aujourd'hui, n'est pas proférer une condamnation au nom de la nostalgie d'un âge d'or

qu'il faudrait retrouver. Cette attitude serait reactionnaire au plein sens du terme. S'alarmer ne signifie pas déplorer ou condamner mais bien plutôt donner l'alarme.

Loin de toute complaisance au misérabilisme, à laquelle donne lieu trop souvent la vision du Mexico d'aujourd'hui, notre projet a été de définir des syndromes de mutation pour susciter la recherche de remèdes et l'adaptation plus adéquate de l'homme nouveau urbain à sa circonstance. Un diagnostic n'est pas une condamnation, bien au contraire.

On a cru pouvoir attribuer la prolifération de la ville de Mexico au fonctionnement, bon ou mauvais, d'un "modèle de croissance", celui du Mexique, commun à ce pays et à d'autres d'Amérique latine. Notre hypothèse est que c'est l'assemblage et pour tout dire le bricolage unissant divers moteurs de croissance, y compris toute une série de disfonctionnements et d'effets pervers supportés, assurés et reutilisés, qui permet de comprendre cet ensemble social -comme bien d'autres.

Ce fut d'abord l'alliance d'un Etat organisateur d'industries de substitution d'importation avec une classe moyenne en expansion qui permit la croissance urbaine. Rien ne sert de vouloir déterminer si l'Etat se mit au service de ces classes moyennes ou s'il a suscité leur croissance : les deux sont vrais et les interactions et interpénétrations sont innombrables entre cet Etat et ces classes moyennes. Déjà alors ce "moteur" entraine parallèlement la formation d'une vaste classe urbaine pauvre et rien ne sert de parler à son sujet plutôt d'armée de reserve de main d'oeuvre attirée ou d'effet pervers de formation d'une classe dangereuse non souhaitée.

La plus forte croissance (1970-82) repose encore sur l'alliance de l'Etat et des classes moyennes, mais à travers les moteurs des profits pétroliers et des ressources de l'endettement sur le marché international des capitaux : plus que des emplois industriels, la ville multiplie ses emplois dans les services ; elle crée une infrastructure qui s'autoentretient et permet d'accueillir une proportion de population pauvre encore très forte. Sur le temps long des quatre décennies cet accueil des pauvres n'est compréhensible qu'au sein d'un système où l'illégalité et la corruption (peut-être faut-il appeler ceci un autre droit parallèle) ne cessent de se reproduire et de se diversifier.

Nous savons que désormais sans revenus croissants du pétrole et des emprunts internationaux le système urbain de Mexico ne s'est pas effondré : il a subi le tremblement de terre sans se briser, il a passé avec succès l'examen du Mundial, même si ce fut sans mention. Comment va-t-il continuer, par quelles adaptations et quels bricolages ? Qu'est-ce qui se détériore et quels fonctionnements vont s'améliorer grâce à quelles inventions ? Nous ne le savons pas, mais nous ne pouvons ignorer où se situent les articulations fragiles de ce système. Si aucun moteur économique nouveau ne surgit, comment se répartit la pénurie entre classe moyenne et monde du sous emploi, ce dernier ayant peut être mieux résisté que le premier pendant trois ans ? Si l'émergence d'un nouveau sens de la personne et de la solidarité se confirme comme le laisse entrevoir le tremblement de terre, comment l'irrespect généralisé vis à vis de la loi peut-il évoluer ? Si la paix chez son voisin et par voie de conséquence dans la plus grande ville du monde est une nécessité pour les Etats Unis, de quels arrangements et de quelles subventions sont-ils prêts à la payer, en tolérant quel degré d'osmose au profit des millions de gens qui jouent sur les deux pays ?

TABLE DES MATIÈRES

La composition
la mise en page
et le formatage
de cet ouvrage
ont été achevés par les soins de
Annie Alvinerie et Stella Buna
sur logiciel Writter plus
de Macintosh
en Février 1988

Les photographies sont de Pedro Tzontemoc
(droits gracieusement cédés par la Secretaria de Educación Pública
du Mexique)

Les cartes ont été dessinées par C. Bataillon
sur logiciel Mac Paint de Macintosh

Achevé d'imprimer
Sur les presses de l'imprimerie Tardy Quercy
46001 Cahors
N° d'impression : 80314A. — Dépôt légal : avril 1988

Imprimé en France